ALTE ABENTEUERLICHE REISEBERICHTE

Matthew Flinders im Alter von 27 Jahren

Matthew Flinders

Die erste Umsegelung Australiens

1801 – 1803

Nach der ersten deutschen Ausgabe
von Ferdinand Götze
neu herausgegeben von Wolf-Dieter Grün

EDITION ERDMANN

Inhalt

Einleitung des Herausgebers

Aus Terra Australis Incognita wird Australien

»Dürfte ich mir einen Änderungsvorschlag erlauben, dann den, den Namen in *Australien* zu ändern, was dem Ohr angenehmer und den Namen der anderen Kontinente ähnlicher ist.« Dies schrieb Matthew Flinders, und seine Beiträge zur Erforschung des fünften Erdteils gaben ihm das Recht dazu. Seiner Anregung folgend, sprechen wir heute von »Australien«. Denselben Vorschlag hatten übrigens andere schon vor ihm gemacht; wir sollten deshalb zunächst einen Blick in die Entdeckungsgeschichte des Kontinents werfen, denn Flinders' Bericht erweist diesen Vorgängern mehrfach Reverenz.

Die ersten »Entdecker« dieses Kontinents waren die Vorfahren der australischen Ureinwohner, die vor etwa 13 500 Jahren über Neuguinea eingewandert sind. Die weitere Entdeckungsgeschichte des Kontinents liegt bis zum Jahre 1601 ziemlich im Dunkeln. Schon früh müssen andere Völker dieses geographischen Raumes – Chinesen, Malaien und die seefahrenden Völker Ozeaniens – von Australien gewußt haben. Wir kennen sogar den Namen, den die Maori Neuseelands dem Land im Westen gegeben haben, nämlich »Ulimaroa«, aber unsere sonstigen Kenntnisse sind sehr dürftig.

Für unseren Kulturkreis beginnt die Entdeckungsgeschichte Australiens schon in der Antike. Gelehrte, die sich Gedanken über die Gestalt der Erde gemacht hatten, waren zu der Überzeugung gekommen, sie sei eine Kugel. Damit diese aber nicht ins Trudeln komme, glaubten sie, die Kontinente müßten auf der Nord- und auf der Südhalbkugel ziemlich gleichmäßig verteilt sein. Die Bewohner der südlichen Gegenden nannten sie »Antipoden« (Gegenfüßler), weil sie ihrer Theorie zufolge kopfunter an der Erde hängen mußten, eine Vorstellung, die weithin auf Unglauben stieß oder ihren Anhängern Hohn und Spott eintrug. Die Erdanziehung war ja noch ebensowenig bekannt wie die Vorstellung von einem Weltall ohne »Oben« und »Unten«.

Vermutlich waren die ersten Reisenden aus der Welt des Altertums, die das Land der »Gegenfüßler« zu Gesicht bekamen, Ägypter oder unter deren Oberhoheit stehende Phönizier. Hinweise darauf geben verschiedene Münzfunde. Zum Beispiel wurde 1909 in einem Flußlauf bei Cairns an der Ostküste von Queensland eine Münze aus der Zeit des ägyptischen Königs Ptolemaios IV. (221 bis 203 v. Chr.) gefunden; in der Nähe des Daly River, im nördlichen Westaustralien, wurde ein Skarabäus gefunden; weitere Fundorte sind Geraldton und Perth an der Westküste, Wollongong und Newcastle an der Ostküste.

Über die frühesten Entdeckungsreisen europäischer Seefahrer nach Australien lassen sich nur vage Vermutungen anstellen. Sie dürften im 16. Jahrhundert stattgefunden haben und wurden wahrscheinlich von Portugiesen durchgeführt. Ergebnisse solcher Reisen sind nie veröffentlicht worden. Das war damals auch nicht üblich; denn jedes Land wollte sich die Ausbeutung möglicherweise neu entdeckter Schätze selbst vorbehalten und keine unliebsamen Konkurrenten auf lohnende Ziele aufmerksam machen. Logbücher und sonstige Aufzeichnungen verschwanden deshalb nach entsprechender Auswertung durch die Behörden, z. B. für Seekarten, in aller Regel im allgemeinen Papierwust der Archive. Dort müßten sie theoretisch noch heute aufzufinden sein, aber der sprichwörtliche Zahn der Zeit hat sie vernichtet. Was uns blieb, sind Karten aus dem 16. Jahrhundert, in die Küstenabschnitte eingezeichnet sind, die damals offiziell noch gar nicht entdeckt waren. So war also trotz der Geheimniskrämerei der seefahrenden Nationen einiges über die Erkundung Australiens an die Öffentlichkeit gelangt.

Der erste namentlich bekannte Europäer auf australischem Boden war der Portugiese Godinho de Eredia, der 1601 in der Nähe des Kaps Van Diemen an der Nordküste landete. 1602 näherten sich gleich zwei Expeditionen dem Kontinent. Im Norden entdeckte der Niederländer Willem Janszoon auf dem Schiff »Duyfken« den Carpentariagolf und landete an der Kap-York-Halbinsel; von Osten her näherte sich eine kleine spanische Flotte von drei Schiffen, die aus Peru kamen. Das Kommando führte der religiöse Phantast Pedro Fernandez de Quiros, eher ein Heiliger als ein Schiffskapitän. Er war unterwegs, um die Millionen von Heiden, die er auf dem unbekannten Südkontinent vermutete, zum katholischen Glauben zu bekehren. Er entdeckte unter anderem eine Insel der Neuen Hebriden und nannte sie »Australia del Espiritu Santo«, weil er sie für einen Teil des gesuchten Südlandes hielt, das in den zeitgenössischen Karten als Terra Australis Incognita verzeichnet war.

Quiros, oft als der »Kolumbus Australiens« bezeichnet, bekam den eigentlichen Kontinent indes nie vor Augen, denn infolge widriger Winde gab er sein Vorhaben auf, um vorzeitig nach Peru zurückzukehren. Die beiden anderen Schiffe seiner Flotte segelten unter dem Kommando von Luis Vaez de Torres weiter nach Westen, erforschten das südliche Neuguinea und fuhren dann durch die Torresstraße, wo sie »viele Inseln« sichteten. Ihre Beschreibung der dort angetroffenen Bevölkerung paßt nur auf die Australier. Die Passage durch die Torresstraße war eine bedeutende Entdeckung, weil sie die Inselnatur Neuguineas bestätigte. Sie war überdies eine navigatorische Meisterleistung, denn diese Gewässer sind bis heute gefürchtet. Erst 1762, als die Engländer Manila eroberten und die dortigen Archive sichteten, wurde diese Fahrt bekannt, und Alexander Dalrymple veröffentlichte den Originalbericht 1767 in seinem Werk »An account of the discoveries made in the Pacifick Ocean, previous to 1764«.

Trotz der Glanzleistung des Spaniers Luis Vaez de Torres, blieb Australien für die nächsten Jahrzehnte überwiegend Schauplatz niederländischer Entdeckungsreisen. Dies erklärt auch die bis nach 1800 übliche Bezeichnung Neuholland. 1616 kam Dirk Hartog mit dem Schiff »Eendracht« an das Eendrachtsland, die Umgebung der Shark Bay von der Dirk-Hartogs-Insel bis zum Nordwestkap. Der nächste war 1618 Haewick Claes mit dem Schiff »Zeewolf«, der in die Gegend der Montebelloinseln gelangte. Im folgenden Jahr erreichten Frederik de Houtmann und Jacob d'Edel (oder Dedel) mit den Schiffen »Dortrecht« und »Amsterdam« das Edelland (oder Dedelland) zwischen der Dirk-Hartogs-Insel und dem heutigen Perth. Schon 1617 soll Cornelius d'Edel (oder Dedel) Neuguinea und den Carpentariagolf erreicht haben. 1622 gelangte das Schiff »Leeuwin« an die Südwestspitze des Festlandes, das nun seinen Namen trägt.

Die Gefahren an den klippenreichen West- und Nordwestküsten Australiens bewogen die niederländische Regierung in Batavia, dem heutigen Djakarta, die Küsten systematisch erforschen zu lassen. So befuhr Jan Carstensz 1623 die Ostküste des Carpentariagolfes und gelangte bis zum Staaten- oder zum Gilbertfluß. Durch einen Schiffbruch an den Houtmann Abrolhos lernte Pelsaert 1629 die Küstenstrecke zwischen Edelland und Eendrachtsland kennen. Pieter Nuyts hatte schon 1627 den westlichen Teil der Südküste besucht. Das De-Witts-Land im Nordwesten zwischen dem Exmouthgolf und dem De-Grey-Fluß wurde 1628 entdeckt. 1636 erforschte Pieter Pieters Arnhem- und Van-Diemens-Land zwischen dem Carpentaria- und dem Cambridgegolf. So waren um 1640 weite Strecken der Küsten im Norden und Westen Australiens bekannt und schienen die Vermutungen über ein riesiges Südland zu stützen.

1642 gab der niederländische Statthalter in Batavia, Anton van Diemen, dem Kapitän Abel Janszoon Tasman den Auftrag, das Südland zu umsegeln. Tasman segelte weit südlicher als jeder andere vor ihm, weshalb er auch die Südküste Australiens verfehlte, dafür aber am 24. November 1642 Tasmanien entdeckte. Er nannte es zu Ehren seines Auftraggebers Van-Diemens-Land – und diesen Namen behielt es bis 1856. Damit gab es in Australien 200 Jahre lang zwei Regionen desselben Namens. Von Tasmanien aus, von dem er nicht wußte, ob es eine Insel oder australisches Festland war, setzte Tasman seine Reise nach Osten fort und erreichte schließlich am 13. Dezember 1642 die Küste der Südinsel Neuseelands, von der er meinte, sie hänge mit der Staateninsel (südlich von Südamerika) zusammen. Auch wenn er mit seiner Reise, von der Entdeckung Tasmaniens abgesehen, nicht viel zur Erforschung Australiens beigetragen hat, so liegt sein Verdienst doch darin, die Vorstellung zerstört zu haben, Australien stehe mit dem rätselhaften Südland in Zusammenhang. Nach seiner Rückkehr erhielt Tasman 1644 den Auftrag zu einer zweiten Reise, in deren Verlauf er den Carpentariagolf und die Nordwestküste des Kontinents bis zum südlichen Wendekreis erforschte. Leider ist sein Tagebuch verlorengegangen; in den Archiven konnten bisher nur die Instruktionen für diese Reise und einige Karten entdeckt werden, in denen kartographische Ergebnisse seiner Erkundungen verzeichnet sind. Tasmans Auftraggeber waren vom Erfolg seines Unternehmens sehr enttäuscht und warfen ihm vor, »nichts gefunden zu haben, was Profit verspricht, sondern nur nackte, strandräubernde elende Wichte, ohne Reis, furchtbar arm und an vielen Stellen von schlechter Art«.

1699 erhielt der ehemalige Pirat William Dampier den Auftrag, die Ostküste Australiens zu erkunden. Nach kleineren Entdeckungen an der Nordwestküste wandte er sich Neuguinea zu, wo er seine bedeutendsten Leistungen vollbrachte. Die Ostküste Australiens hat er nie erreicht.

Die Fahrten über den Pazifik, die zur Entdeckung zahlloser Inseln in dieser schier endlosen Wasserwüste führten, die Reisen der Briten Byron, Carteret, Wallis, Anson und des Franzosen Bougainville, haben Australien nicht berührt. James Cook war es vorbehalten, die Erkundung des fünften Kontinents fortzusetzen und einen bislang noch unbekannten Küstenabschnitt zu entdecken. Am 27. April 1770 erreichte er das Festland südlich des heutigen Sydney. Er folgte der Küste nach Norden, passierte das Große Barriereriff und durchfuhr anschließend die Torresstraße. Dies war so gut wie eine Neuentdeckung; denn erst seit Dalrymples Veröffentlichung vor einigen Jahren wußte man von der Existenz dieser Wasserstraße und davon, daß Luis Vaez de Torres sie eineinhalb Jahrhunderte zuvor durchfahren hatte. Ein weiteres Ergebnis dieser Expedition lag auf einem ganz anderen Gebiet: Der Botaniker von Cooks Expedition, Joseph Banks, konnte in Batavia eine geringfügig gekürzte Abschrift der Instruktionen für Abel Tasmans zweite Reise erwerben. Erst durch die Veröffentlichung dieses Manuskriptes kamen Einzelheiten über die niederländischen Reisen entlang der australischen Küste ans Licht. Auch Flinders' Wissen über die Entdeckungsgeschichte Australiens stammte nicht zuletzt aus diesem Dokument.

Nach den Reisen Cooks war die Vorstellung von einem ausgedehnten Südland nicht mehr länger aufrechtzuerhalten. Man wollte nun nicht einmal mehr an festes Land um den Südpol glauben, vielmehr sollte es nach den neuesten Erkenntnissen da »unten« nur unendlich viel Wasser und einige Eisberge geben.

Auch von Australien selbst hatte man noch keine richtige Vorstellung. Die östliche Hälfte der Südküste war unbekannt, und man vermutete, daß es dort eine Wasserstraße zum Carpentaniagolf geben könnte, die den Kontinent in zwei große Inseln teilen würde. Auch von der Inselnatur Tasmaniens wußte man noch nicht. Tobias Furneaux, der Kapitän des Schiffes, das James Cook auf dessen zweiter Expedition begleitete, untersuchte im März 1773 die Ostküste Tasmaniens und entdeckte weiter nördlich eine Inselgruppe, die schließlich nach ihm benannt wurde. Furneaux steuerte von hier aus ebensowenig wie ein Jahr zuvor der Franzose Marion du Fresne in die Bass-Straße, so daß die Frage einer Landbrücke zwischen Tasmanien und dem Festland weiterhin offenblieb.

Der Abfall der britischen Kolonien in Nordamerika und die Gründung der Vereinigten Staaten gaben den Anstoß zu einer neuen Phase in der Erforschung Australiens. Wirklich unentdeckt nach Cooks Tod waren neben kürzeren Strecken an den anderen Küsten die östliche Hälfte der Südküste des Kontinents, dessen Südostküste, Tasmaniens Nordküste und die Bass-Straße.

1787 entsandte die englische Regierung unter dem Kommando von Kapitän Phillip zwei Kriegsschiffe zur Gründung einer Kolonie an der Ostküste. Sie erfolgte 1788 unter dem Namen Port Jackson an der Stelle des heutigen Sydney. Wenige Tage später erreichte eine französische Expedition unter Jean François de Galaup, Comte de la Pérouse, die neugegründete Kolonie. Die Expedition war schon seit 1785 unterwegs, um die Forschungen des in Frankreich sehr bewunderten James Cook fortzuführen. Nachdem La Pérouse Port Jackson wieder verlassen hatte, sollte es 38 Jahre dauern, bis man etwas über seinen Verbleib erfuhr. Seine Expedition erlitt auf einer Insel der Neuen Hebriden Schiffbruch, und niemand überlebte.

1791 nahm der Brite George Vancouver, der auch schon an der zweiten und dritten Reise Cooks teilgenommen hatte, die Südwestküste von Kap Chatham bis Point Hood genauer auf. Im gleichen Jahr verließ eine französische Expedition unter dem Befehl des Admirals Joseph Antoine Bruni d'Entrecasteaux den Hafen von Brest mit dem Auftrag, La Pérouse zu suchen, der seit seiner Weiterreise von Port Jackson verschollen war. Diese Expedition hielt sich 1792 bis 1793 an der westlichen Hälfte der Südküste und an den West-, Süd- und Ostküsten Tasmaniens auf. Zur Aufhellung des Schicksals von La Pérouse konnte sie freilich nichts beitragen.

Zwischen 1795 und 1801 entwickelte sich Port Jackson zum Ausgangspunkt der weiteren Erforschung des Kontinents. Matthew Flinders und George Bass untersuchten – teils alleine, teils gemeinsam – die südöstliche Küste Australiens, entdeckten dabei die Bass-Straße und umrundeten Tasmanien. Kleinere Expeditionen wurden von James Grant und John Murray durchgeführt; auch die ersten, noch unbedeutenden Vorstöße ins Innere des Kontinents fallen in diese Zeit.

1801 bis 1803 fanden die beiden konkurrierenden Expeditionen von Flinders und Baudin statt. Danach blieb, was die Umrisse Australiens anbelangte, nicht mehr viel zu tun übrig. Die letzten »Lücken« füllte zwischen 1817 und 1821 Phillip Parker King, der die Nordwestküste zwischen dem Kap Wessel und dem Nordwestkap, die Nordostküste innerhalb des Großen Barriereriffs und die Flußmündungen der Südküste erforschte.

Damit war der Rahmen für die Erkundung des Landesinneren abgesteckt, aber dies ist ein anderes Kapitel.

Am 16. März 1774 wurde Flinders in Donington (Lincolnshire, England) als Sohn eines Chirurgen geboren. Wäre es nach den Vorstellungen seiner Eltern gegangen, hätte er in die Fußstapfen seines Vaters und seines Großvaters treten sollen. Er besuchte zuerst die Donington Free School und wechselte mit zwölf Jahren auf die Horbling Grammar School über. Dort studierte er bei Reverend John Shinglar neben römischen und griechischen Klassikern auch höhere Mathematik, was ihm später noch sehr zugute kommen sollte. Entgegen den Wünschen seiner Familie zog es den jungen Matthew in die Marine und zur Seefahrt. Er selbst soll einmal gesagt haben, den Wunsch, zur See zu fahren, habe er zuerst beim Lesen des »Robinson Crusoe« verspürt. Es mag aber auch die praktisch vor der Haustür gelegene Nordsee ihre Faszination auf den jungen Burschen ausgeübt haben.

Mit 15 Jahren schrieb er an seinen Onkel John, einen Unterleutnant der Marine. Der war aber durch seinen langsamen Aufstieg in der Karriereleiter so enttäuscht, daß er ihm dringend von seinen Plänen abriet – vergebens, wie sich zeigen sollte. Es war damals nicht ganz einfach, als Offiziersanwärter in die Königliche Marine aufgenommen zu werden. Üblicherweise war dazu die Empfehlung eines erfahrenen Seeoffiziers nötig. Außer seinem Onkel John hatte Matthew keinen männlichen Verwandten, der ihm den Weg hätte ebnen können. Da kam ihm der Zufall in Gestalt seiner Cousine Henrietta Flinders zu Hilfe. Sie war Erzieherin im Hause von Kapitän T. S. Pasley, stellte ihren Vetter dem Kapitän vor, und noch vor seinem 16. Geburtstag ging Matthew Flinders im Oktober 1789 an Bord des in Chatham vor Anker liegenden Ausbildungsschiffes »H. M. S. Alert«. So erhielt er seine seemännische Grundausbildung auf einem

Schiff, das nie den Hafen verließ. Wesentlich für seine weitere Karriere war aber, daß Kapitän Pasley während dieser Zeit den echten Seemann in ihm erkannte.

Nach acht Monaten kam Matthew zu Kapitän Pasley auf die »Scipio« und folgte ihm später als Junior Midshipman (Fähnrich zur See) auf die »Bellerophon«. Auf diesen Schiffen lernte er die Härte des Seemannslebens kennen; von Romantik keine Spur! Als Midshipman lebte er in den engen und stinkenden Mannschaftsquartieren unter Deck, und das Essen war auch nicht mit dem zu vergleichen, was er von zu Hause gewöhnt war.

Nach seiner Zeit auf der »Bellerophon« diente Flinders kurze Zeit auf der »Dictator«, aber auf keinem der Schiffe bekam er etwas von der Welt zu sehen. Für einen jungen Burschen, der sich beim Lesen des »Robinson Crusoe« vom Fernweh hatte anstecken lassen, war dies gewiß nicht das Richtige.

Um dem abzuhelfen, bewarb er sich als Midshipman auf der »Providence«, und dank der Fürsprache von Kapitän Pasley bekam er die Stelle. Als er sich seinem neuen Kapitän vorstellte, stand er einem schweren, aber nicht sonderlich großen Mann mit schwarzen Haaren, bleicher Gesichtsfarbe und blauen Augen gegenüber: William Bligh. Die Erinnerung an die Meuterei auf der »Bounty« war noch frisch und lieferte endlosen Gesprächsstoff, nicht nur in den Kneipen um die Häfen. 1790 war seine Darstellung der Meuterei als Buch erschienen und wurde umgehend in mehrere Sprachen übersetzt. Da sich andere Autoren sogleich des Themas annahmen, war für dessen weiteste Verbreitung gesorgt. Jedenfalls wirbelte die Sache in England so viel Staub auf, daß jedermann davon wußte. Bligh galt als rücksichtslos und hart. Seine aufbrausende, unbeherrschte Art machte ihn unberechenbar. Später gab es noch zwei weitere Meutereien gegen ihn, und er stand mehrfach vor dem Kriegsgericht, kam aber immer ungeschoren davon. Die Admiralität schätzte Männer wie ihn. Sein Metier, die Navigation, beherrschte er; seine Fahrt durch unerforschtes Meeresgebiet über 3600 Seemeilen von Tofua nach Timor in einem Boot von achteinhalb Meter Länge mit 18 Menschen an Bord gehört zu den bedeutenden Leistungen der Seefahrtsgeschichte.

Die Verpflanzung von Brotfruchtsetzlingen von Tahiti nach Westindien war bei der Fahrt mit der »Bounty« mißglückt. Sie sollte nun mit zwei Schiffen, der »Providence« und der »Assistant« erneut versucht werden. Diese Route entsprach schon eher den Vorstellungen Flinders'. Die Reise führte über das Kap der Guten Hoffnung, das im Oktober 1791 erreicht wurde, nach Süden in den Gürtel der »Roaring Fourties«, der heulenden Vierziger, so genannt, weil die ständigen Westwinde dort oft recht stürmisch sind. Mit diesen Winden fuhr Bligh nach Osten, bis er im Südpazifik nach Norden steuerte und am 10. April 1792 Tahiti erreichte. Auf dieser Reise lernte Flinders das unbeherrschte Wesen Blighs kennen, seine gewöhnlich von einem Schwall heftiger Worte begleiteten Temperamentsausbrüche, aber er nahm das harsche Wesen seines Vorgesetzten mit derselben Gleichgültigkeit hin wie die Maden im Fleisch der kärglichen Essensrationen.

Für den jungen Midshipman war die Reise unter Blighs Kommando sehr lehrreich; begierig nahm er Wissen und Erfahrung auf, und dieser Kapitän war in Theorie und Praxis der Navigation ein Pedant. Flinders oblag die Überwachung der für die Längenbestimmung so wichtigen Chronometer. Die Rückfahrt führte durch den Pazifik zur Torresstraße, über die er Jahre später schrieb: »Wahrscheinlich enthalten keine dreieinhalb Längengrade mehr Gefahren als die Torresstraße, aber mit Vorsicht und Ausdauer überwanden die Kapitäne Bligh und Portlock sie in einer annehmbaren Zeit.«

Auf dieser Reise nahm Flinders eine kartographische Aufnahme der Adventure Bay vor und führte ein Tagebuch mit eigenen, unabhängig angestellten Beobachtungen und Berechnungen. Die Route führte weiter nach Timor, dann quer über den Indischen Ozean zum Kap der Guten Hoffnung und von dort über den Atlantik zur Karibik nach Jamaika, wo die Brotfruchtpflanzen, sehr zur Zufriedenheit der Pflanzer, in gutem Zustand ankamen. Am 7. August 1793 kam Flinders nach einer Abwesenheit von fast genau zwei Jahren wieder in England an – um viele wertvolle Erfahrungen reicher.

Eine wichtige Bewährungsprobe stand dem jungen Seemann allerdings noch bevor. England und Frankreich befanden sich damals im Krieg. Flinders kam wieder unter das Kommando seines väterlichen Freundes, des inzwischen zum Konteradmiral aufgestiegenen T. S. Pasley, und zwar als Adjutant auf der »Bellerophon«. Sie gehörte zu einer Flotte, deren Aufgabe es war, den für Frankreich lebenswichtigen Nachschub aus Amerika zu unterbrechen. Dabei nahm Flinders an einer Seeschlacht teil und hatte damit die für seine weitere Laufbahn unerläßliche »Feuertaufe« erhalten.

Er war nun 20 Jahre alt, und bis dahin hatten zwei Männer seinen Lebensweg beeinflußt: Pasley, ein treusorgender Berufsoffizier und Taktiker, und Bligh, ein Zuchtmeister alter Schule und glänzender Nautiker in Theorie und Praxis.

Im Oktober 1794 heuerte Flinders als Master's Mate auf der »Reliance« an, die den neuen Gouverneur nach Neusüdwales bringen sollte. Sie verließ am 15. Februar 1795 den Hafen von Plymouth. Linienschiffe begleiteten sie, bis man außerhalb der Reichweite französischer Kriegsschiffe war. Man befürchtete, die Franzosen würden, nachdem sie die Niederlande besetzt hatten, auch nach deren Kolonialbesitz greifen. Deshalb mied man den

Weg um das Kap der Guten Hoffnung und segelte über Rio de Janeiro. Auch während dieser Reise führte Flinders ein Tagebuch, in das er seine Beobachtungen eintrug. Er bestimmte auch die Lage des östlich von Rio gelegenen Cabo Frio genauer, was als wertvoller Beitrag für die Navigation angesehen wurde. Am 7. September 1795 wurde Port Jackson erreicht. Auf dieser Fahrt freundete der 20jährige Master's Mate sich mit dem Schiffsarzt George Bass an, der davon schwärmte, die Küsten Australiens zu erforschen, und der zu diesem Zweck ein kleines Boot mitgebracht hatte; in der Kolonie war der Bootsbau nämlich verboten. Beiden war klar, daß die Verwirklichung ihrer Pläne schwierig würde. Der Gouverneur John Hunter bot ihnen indes Unterstützung an, denn er war von dem politischen Wert der Erforschung und Kolonisation Australiens überzeugt. Er teilte nicht nur die Befürchtung, der Feind werde das Kap der Guten Hoffnung an sich reißen, sondern sah das revolutionäre Frankreich über kurz oder lang vor den noch weitgehend unerforschten Küsten des fünften Erdteils auftauchen, um auch hier einen der Freiheitsbäume als Zeichen seines Herrschaftsanspruchs zu errichten.

Nach der Ankunft der »Reliance« in Port Jackson zeigte sich dann allerdings, daß die Unterstützung nicht sehr großzügig ausfallen konnte. Für den Gouverneur gab es Probleme an allen Ecken und Enden: Nahrung war knapp, die Verbindung zu einer Tochterkolonie auf den Norfolkinseln, 1000 Seemeilen östlich im Pazifik, mußte aufrechterhalten und neue Unterkünfte für Sträflinge, die schon auf Schiffen unterwegs waren, mußten errichtet werden. So konnte Hunters Hilfe nur darin bestehen, daß er den beiden dienstfrei gab. Am 26. Oktober 1795 brach die »Expedition« auf: Matthew Flinders, George Bass und sein Diener, ein Junge namens William Martin. Sie fuhren mit dem von Bass mitgebrachten Boot, das wegen seiner

Abmessungen von 2,4 m Länge und 1,5 m Breite den treffenden Namen »Tom Thumb« (Däumling) erhalten hatte, entlang der Küste nach Süden bis zur Botany Bay, erforschten den Georges River auf 20 Meilen Länge und kehrten am 4. November 1795 wieder zurück. Von ihrem Bericht und den vorgelegten Kartenskizzen war der Gouverneur so angetan, daß er dort die Gründung einer Siedlung namens Bankstown anordnete.

Diese erste Reise hat den Entdeckerdrang der beiden erst richtig geweckt. Ihren nächsten »Forschungsurlaub« bekamen sie am 24. März 1796. Mit einem etwas größeren Boot, das aber wiederum zu Recht den Namen »Tom Thumb« trug, fuhren sie erneut nach Süden, dieses Mal bis in die Gegend des heutigen Port Kembla. Unterwegs wurde dem jüngsten Mitglied der Expedition eine besondere Ehre zuteil, denn eine Inselgruppe erhielt den Namen Martinsinseln. Es gab aber auch handfestere Ergebnisse: So entdeckten die Forscher ein Steinkohlelager. Am 2. April kamen sie wohlbehalten wieder in Port Jackson an.

Die nächsten Reisen machten sie getrennt. Bass stieß bis in die Gegend des heutigen Melbourne vor, Flinders bekam den Auftrag, während Überlebende und die Ladung eines nordöstlich von Tasmanien gescheiterten Schiffes geborgen wurden, Beobachtungen und Vermessungen durchzuführen.

Danach unternahmen die Freunde wieder gemeinsame Expeditionen. Der Gouverneur stellte ihnen die »Norfolk« (25 t) zur Verfügung und beauftragte sie, Tasmanien zu umsegeln. Diese Reise dauerte vom 7. Oktober 1798 bis zum 11. Januar 1799 und erbrachte den Nachweis, daß Tasmanien eine Insel ist.

Vor seiner Rückkehr nach England führte Flinders im Juli und August 1799 noch eine Erkundung der Moreton- und der Herveybai durch.

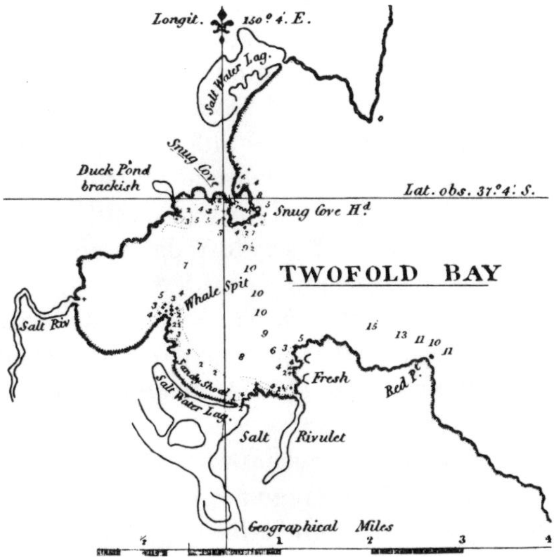

Die Twofold Bay wurde von Flinders auf einer seiner früheren Reisen kartographisch aufgenommen

Am 26. August 1800 kam Matthew Flinders in Portsmouth an, bearbeitete das Material seiner Reisen für die Karten der Admiralität und veröffentlichte einen Bericht über seine »Beobachtungen an den Küsten von Van-Diemens-Land und Teilen der Küste von Neusüdwales«. Diese Schrift widmete er Sir Joseph Banks, dem Präsidenten der Royal Society und Ratgeber von König George III. in allen wissenschaftlichen Angelegenheiten. Banks hatte, wie schon erwähnt, in jungen Jahren James Cook auf seiner ersten Reise (1768 bis 1771) als Botaniker begleitet und war nun der einflußreichste britische Wissenschaftler. Am 6. September schrieb Matthew Flinders ihm einen Brief und führte aus, Terra Australis sei noch nicht ausreichend erforscht, nicht einmal die Gestalt des Kontinents kenne man in ihren Umrissen. Flinders bot seine Dienste für eine Expedition an. Große Worte für einen jungen Mann von gerade 26 Jahren! Aber sein Angebot kam genau zum richtigen Zeitpunkt: Großbritannien war im Zugzwang, denn die Franzosen rüsteten gerade eine große Expedition aus, und da durfte man nicht nachstehen, wollte man nicht das Nachsehen haben.

Wettlauf um Australien

Die Vorgeschichte beider Expeditionen begann im Jahre 1798 in Paris. Der junge Alexander von Humboldt berichtet darüber in einem Brief an den befreundeten Botaniker Karl Ludwig Willdenow:

»Der alte Bougainville projektierte eine neue Reise um die Welt, besonders nach dem Südpol. Er beredete mich, ihm zu folgen, und da ich mich gerade damals mit magnetischen Untersuchungen beschäftigte, so leuchtete mir eine Reise nach dem Südpol (...) ein (...). Von diesen weit aussehenden Hoffnungen war ich voll, als auf einmal das Direktorium den heroischen Entschluß faßt, nicht den 70jährigen Bougainville, sondern den Kapitän Baudin eine Reise um die Welt machen zu lassen. Kaum hörte ich von diesem Beschlusse, als auch schon die Regierung mich einladen läßt, mich auf dem ›Vulkan‹, einer der drei Korvetten der Expedition, einzuschiffen. Alle Nationalsammlungen wurden mir geöffnet, um von Instrumenten auszulesen, was ich wollte. Bei der Wahl der Naturforscher, bei allem, was die Ausrüstung betraf, ward ich um Rat befragt. Viele meiner Freunde waren damit unzufrieden, mich den Gefahren einer fünfjährigen Seereise ausgesetzt zu sehen, aber mein Entschluß stand eisern fest, und ich würde mich selbst verachtet haben, wenn ich eine solche Gelegenheit, nützlich zu sein, versäumt hätte. Die Schiffe waren bemastet. Bougainville wollte mir seinen 15jährigen Sohn anvertrauen, damit er sich früh an die Gefahren des Seelebens gewöhne. Die Wahl unserer Gefährten war vortrefflich, lauter junge, kenntnisvolle, kräftige Menschen (...). Das erste Jahr sollten wir in Paraguay und im Patagonenlande, das zweite in Peru, Chile, Mexiko und Californien, das dritte im Südmeere, das vierte in Madagaskar und das fünfte in Guinea zubringen (...). Welch ein unnennbarer Schmerz, als in 14 Tagen alle, alle diese Hoffnungen scheiterten. Elende 300 000 Livres und der gefürchtete nahe Ausbruch des Krieges waren die Ursachen. Mein persönlicher Einfluß bei François de Neufchateau, der mir sehr wohlwill, alle Triebfedern, die sonst in Bewegung gesetzt wurden, waren umsonst. In Paris, das von dieser Reise voll gewesen war, glaubte man uns schon abgesegelt. Das Direktorium setzte durch einen zweiten Beschluß die Abreise bis zum künftigen Jahr aus.«

Alexander von Humboldt hatte das Warten satt, er beschloß eigene Wege zu gehen. Aimé Bonpland, ein Wissenschaftler, der ebenfalls zum Expeditionsaufgebot gehört hatte, begleitete ihn nach Amerika. Humboldt hoffte, sich von dort aus der Expedition noch anschließen zu können. Doch daraus wurde nichts, denn die Expedition erhielt ein anderes Aufgabenfeld zugewiesen: Australien.

Sie sollte zunächst Tasmanien vermessen, dann den bisher unbekannten Küstenverlauf zwischen der Ost- und der Südwestküste des Kontinents ermitteln. Man hielt es nicht für ausgeschlossen, in diesem Gebiet eine Durchfahrt zum Carpentariagolf zu finden, die den Kontinent in zwei große Inseln aufspalte. Diese Frage sollte endgültig geklärt werden. Anschließend war die Erforschung der Westküste vorgesehen, besonders die exakte Vermessung der wichtigsten Landmarken. Nach der Überwinterung in Timor sollte dann die Aufnahme des Carpentariagolfes erfolgen, um den westlichen Anschluß an die Arbeiten James Cooks herzustellen. Die Rückkehr der Expedition über Mauritius nach Frankreich wurde für das Frühjahr 1803 erwartet.

Am 19. Oktober 1800 verließ Baudin Le Havre. Im Juni 1800 hatte man – sicher ist sicher, und die Zeiten waren schlecht; jederzeit konnte zwischen England und Frankreich ein neuer Krieg ausbrechen – die Engländer um einen Paß für die Expedition gebeten, eine Art Freibrief, der sie vor eventuell auftretenden Schwierigkeiten bewahren sollte. Auf diese Art erfuhr man in London von den Plänen der Franzosen und befürchtete – angesichts Napoleons imperialer Absichten wohl nicht ganz zu Unrecht –, das Unternehmen solle auch territoriale Ansprüche begründen. Schließlich hatte England erst vor 24 Jahren seine nordamerikanischen Kolonien verloren, die sich nicht zuletzt dank französischer Hilfe als »Vereinigte Staaten von Amerika« unabhängig gemacht hatten. Dafür hatte man Ersatz gesucht und in Neuholland schließlich auch gefunden: Arthur Phillip hatte die Kolonisation Australiens mit der Deportation von Sträflingen eingeleitet; 1788 war das heutige Sydney mit dem Hafen Port Jackson gegründet worden.

Die britische Regierung gewährte den gewünschten Paß, begann aber ihrerseits umgehend mit eigenen Expeditionsplänen. So traf Matthew Flinders' Angebot genau zum rechten Zeitpunkt ein. Man kann sicher sein, daß Sir Joseph Banks und Earl Spencer, Erster Lord Commissioner der Admiralität, ihre Erkundigungen einzogen. Was sie erfuhren, ließ an der Eignung des jungen Mannes wenig Zweifel: sorgfältige seemännische Ausbildung unter Kapitän Pasley, nautische und kartographische Ausbildung bei Kapitän Bligh, Forschungsreisen im offenen Boot entlang der australischen Küste in eigener Verantwortung und unter den wachsamen Augen von Kapitän Hunter. Angesichts solcher Qualifikationen schien für die wichtige Aufgabe niemand besser geeignet zu sein als Flinders.

Schon am 19. Januar konnte er das Kommando der

»Investigator« übernehmen. Das Schiff sah nach außen hin ganz passabel aus; schließlich war es einige Jahre zuvor neu mit Kupfer beschlagen worden. Aber der Augenschein trog: Wie bei vielen englischen Schiffsexpeditionen bestand die Besatzung hauptsächlich aus zum Dienst gezwungenen Seeleuten oder Sträflingen. Außerdem war die »Investigator« in gefährlichem Ausmaß morsch.

Zum wissenschaftlichen Stab der Expedition gehörten Robert Brown, 27jähriger Botaniker aus Schottland, William Westall, 19 Jahre alter Landschafts- und Figurenzeichner, und der österreichische Pflanzenmaler Ferdinand Bauer, 41 Jahre alt. Zu erwähnen wäre noch, daß Flinders' Bruder Samuel als Zweiter Leutnant mitfuhr, ihr Vetter John Franklin war als Midshipman dabei. Er sollte später als Erforscher des arktischen Nordamerika noch eine bedeutende Rolle spielen und war für einige Jahre Gouverneur von Tasmanien. Noch ein Familienmitglied war zunächst an Bord: Im April 1801 hatte Matthew Flinders die junge Annette Chappell geheiratet. Es war nicht ungewöhnlich, daß die Admiralität ein Auge zudrückte, wenn die Frau des Kapitäns mit auf Reisen ging; dennoch wollte der junge Ehemann die Anwesenheit seiner Angetrauten zunächst geheimhalten, weil er nicht wußte, wie die Admiralität und »sein großer Freund«, so nannte er Sir Joseph Banks, das aufnehmen würden.

Als Flinders das Schiff von Sheerness nach Spithead überführte, lief es auf eine Sandbank auf, die in die amtlichen Karten nicht richtig eingezeichnet war. Einigen an Bord befindlichen Seeleuten gelang dabei die Flucht. Die »Investigator« kam zwar wieder flott, aber Flinders erhielt in Spithead überraschend Besuch von Vertretern der Admiralität. Diesen paßte es offensichtlich nicht, daß seine Frau mit an Bord war. Umgehend erhielt Flinders denn auch einen Brief von Banks, der ihm mitteilte, die Admiralität mißbillige die Anwesenheit von Mrs. Flinders.

Der Brief schloß mit der Warnung, er werde seines Kommandos enthoben, sollte sie bei der Ankunft in Australien immer noch an Bord sein. Man gab ihr sogar die Schuld am Auflaufen des Schiffes, denn sie habe ihren Gatten abgelenkt.

Am 18. Juli 1801 verließ die Expedition Spithead. Schon auf dem Weg zum Kap der Guten Hoffnung zeigte das Schiff erste Mängel: Es drang Wasser ein. Am Kap wurde der Rumpf neu kalfatert, und weiter ging die Reise. Am 6. Dezember 1801 erreichte man den Südwesten Australiens in der Nähe des Kaps Leeuwin. Nach einem fast einmonatigen Aufenthalt im King-George-Sund tastete sich Flinders entlang der Südküste nach Osten vor, von Kap zu Kap, von Bucht zu Bucht. Beim Cape Catastrophe (Katastrophenkap) verlor er durch ein Bootsunglück acht Mann seiner Besatzung. Als er wenig später den Spencergolf und den Saint-Vincent-Golf untersuchte, glaubte er zunächst die vermutete Wasserstraße zum Carpentariagolf gefunden zu haben, mußte dann aber bald seinen Irrtum einsehen. Am 8. April 1802 begegnete er in der Encounter Bay erstmals seinem französischen Kontrahenten, Kapitän Nicolas Baudin.

Ausgerechnet an der Stelle des Zusammentreffens beider Expeditionen haben die Entdecker etwas Wichtiges übersehen. Hier nämlich mündet der größte Fluß Australiens, der Darling, ein bequemer Weg in das Landesinnere.

Die Wege beider trennten sich nun wieder; Baudin fuhr weiter nach Westen, um seine Aufnahme der Südküste fortzusetzen, Flinders segelte nach Osten und traf in Port Jackson auf das andere Schiff der französischen Expedition.

Von Port Jackson aus setzte Flinders seine Reise mit der »Lady Nelson« als weiterem Schiff fort. Mit ihr war erstmals auf dem Wege von England nach Port Jackson die Bass-Straße passiert worden. Es handelte sich um eine eigenartige Konstruktion mit flachem Boden und drei hintereinanderliegenden, in der Höhe verstellbaren Kielschwertern, ähnlich den heutigen kleinen Segelbooten. Diese Bauweise sollte das Schiff für flache Gewässer und für die hohe See gleichermaßen geeignet machen. Auf dieser Expedition bewährte es sich allerdings nicht, und Flinders mußte es zurückschicken, noch ehe er das Große Barriereriff durchquerte. Sein nächstes Ziel war die Torresstraße, die er in damaliger Rekordzeit passierte. In seiner Beschreibung untertreibt er allerdings die Gefahren dieses auch heute noch gefürchteten Wasserweges. Weiter führte die Reise entlang den Küsten des Carpentariagolfes. Bei einer wegen eindringenden Wassers notwendig gewordenen Überholung des Schiffsrumpfes wurde festgestellt, daß die »Investigator« völlig morsch war – zu reparieren gab es nichts mehr! Ein schwerer Schlag für Flinders. Vielleicht liegt hierin die Ursache für eine Vernachlässigung der bisher eingehaltenen Hygiene- und Ernährungsregeln, welche die Mannschaft von England bis dahin gesund erhalten hatten. Die Folge zeigte sich nur zu bald, denn viele der Seeleute und Flinders selbst bekamen Skorbut. Später brach auch noch die Ruhr aus. Die »Investigator« lief Kupang auf Timor an, aber auch dort konnte man den Erkrankten nicht helfen. Vier Mann der Besatzung desertierten. Flinders ergänzte die Vorräte, und mit einem Schiff voller Kranker machte er sich auf den Weg, um entlang der West- und Südküste nach Port Jackson zu segeln. Sechs Mann starben, bevor er am 9. Juni dort einlief. Die Kranken wurden in das Hospital gebracht, und zur Inspektion der »Investigator« wurde eine Kommission zusammengerufen. Das Ergebnis war niederschmetternd. Das Holz des Rumpfes war teilweise so morsch, daß man Planken mit einem Stock durchstoßen konnte. Jetzt erst wurde sich Flinders klar,

Die Schiffbrüchigen auf dem Wreck Reef

welch hohen Einsatz es bedeutet hatte, die Fahrt von Timor aus fortzusetzen. Ein Sturm hätte genügt, um das Schiff auf der Stelle zum Sinken zu bringen. Für die »Investigator«, so lautete das einstimmige Ergebnis der Kommission, war die Reise beendet.

Aber Flinders' Aufgabe war noch nicht gelöst. Er entschloß sich schweren Herzens zur Rückkehr nach England, um dort seine bisherigen Ergebnisse vorzulegen und eine Fortsetzung der Expedition mit einem neuen Schiff zu erreichen.

Am 10. August 1803 verließ er Port Jackson als Passagier an Bord der »Porpoise«. Sie zerschellte schon eine

Woche später an einem bis dahin unbekannten, 200 Meilen vor der Küste liegenden Riff, das nach diesem Ereignis den Namen Wreck Reef (Wrackriff) erhielt. Ein begleitendes Schiff ließ die Gestrandeten, die sich auf eine Sandbank retten konnten, im Stich. In einem kleinen Boot kehrte Flinders nach Port Jackson zurück und holte Rettung herbei. Er selbst trat die Rückreise nach England auf dem Schoner »Cumberland« an, diesmal nicht als Passagier, sondern wieder als Befehlshaber. Der Weg führte durch die Torresstraße nach Timor. Er mußte feststellen, daß er schon wieder ein halbes Wrack erwischt hatte; denn das Schiff leckte so stark, daß man mit dem

Pumpen kaum nachkam. Es erwies sich als unausweichlich, nicht wie geplant das Kap der Guten Hoffnung, sondern die damals noch französische Insel Mauritius anzulaufen. Flinders konnte nicht wissen, daß inzwischen Krieg zwischen England und Frankreich ausgebrochen war, und selbst wenn ihm das bekannt gewesen wäre, hätte er sich mit dem von der französischen Regierung erteilten Paß sicher gefühlt. Darin sollte er sich täuschen. Der Generalkapitän der Insel, Charles Matthieu Isidore Decaen, ließ die »Cumberland« beschlagnahmen und Flinders festsetzen.

Dieser »Napoléon en miniature« nahm Flinders alle Papiere ab und demütigte ihn, wo er nur konnte. Aufforderungen aus Paris, wo die britische Regierung vorstellig geworden war, den Gefangenen freizulassen, ignorierte er. So erhielt Flinders am 22. Juli 1807 Kenntnis von einem Brief des französischen Marineministers vom 21. März 1806 (!), worin es hieß, daß »er General Decaens Betragen billigte und nun bloß aus einem edelmütigen Gefühle Kapitän Flinders die Freiheit gebe und ihm sein Schiff zurückgebe«. Unter dem Vorwand, daß genaue Ausführungsbestimmungen, insbesondere das Entlassungsdatum fehlten, ließ der Generalkapitän seinen Gefangenen weiter warten. Erst als die Briten 1810 eine Blockade über die Insel verhängten, mußte er nachgeben, und Flinders verließ am 13. Juni an Bord des Cartelschiffes »Harriet« nach einer Gefangenschaft von sechs Jahren und fünf Monaten Mauritius. Am 24. Oktober 1810 betrat er in Spithead, wo seine Reise vor über neun Jahren begonnen hatte, wieder englischen Boden.

Im Dezember 1813 erkrankte Matthew Flinders schwer. Als man ihm das erste gedruckte Exemplar seines Expeditionsberichts ans Bett brachte, war er schon ohne Bewußtsein. Einen Tag darauf, am 19. Juli 1814 starb er, gerade 40 Jahre alt. Sein Bericht umfaßt zwei große

Quartbände, dazu gehört ein Atlas mit Karten im Format 80 mal 100 cm. Sie waren so genau, daß sie zum Teil noch im Zweiten Weltkrieg benutzt wurden. Ein finanzieller Erfolg wurde sein Bericht allerdings nicht, dafür war er einfach zu teuer; zwölf Pfund Sterling sechs Schillinge waren damals eine Menge Geld.

Zum Text

Flinders' umfangreicher Expeditionsbericht erschien in Deutschland erstmals 1816 unter dem Titel »Reise nach dem Australlande...« in Weimar. Diese Ausgabe hatte ein kleineres Format und war gegenüber dem Original gekürzt, umfaßte aber immerhin noch 740 Seiten. Ihr Herausgeber war Ferdinand Götze, Redakteur der »Allgemeinen Geographischen Epherimiden«, der damals bedeutendsten geographischen Zeitschrift in Deutschland. Diese Übersetzung liegt der vorliegenden Ausgabe zugrunde. Ganz wurde auf Flinders' detaillierte Darstellung der Entdeckungsgeschichte Australiens verzichtet, ebenso auf seine Rückreise nach England mit dem Schiffbruch der »Porpoise« und der Gefangenschaft auf Mauritius. Auch der eigentliche Bericht über die Umsegelung Australiens wurde verschiedentlich gekürzt. Einige Kapitel, die sich ausschließlich mit wissenschaftlichen Beobachtungen befassen, entfielen völlig, im laufenden Text wurden u. a. die Barometerbeobachtungen und die Nadelabweichungen des Kompasses ganz und die Angaben über Ebbe und Flut weitgehend gestrichen. Dafür wurden einige Teile erstmals aus dem Originaltext ins Deutsche übersetzt.

Schwierig gestaltete sich die Schreibung der geographischen Namen. Um dem Leser die Möglichkeit zu geben, Flinders' Reiseroute auf einer modernen Karte nachzuvollziehen, mußten deutsche und englische Bezeichnungen nebeneinander verwendet werden. Daher ergeben sich geringe Abweichungen in der Schreibung zu den beigefügten Ausschnitten aus den Originalkarten von Flinders. Auf die Beigabe einer Karte von Australien wurde verzichtet. Sie wäre, bedingt durch das Buchformat, zu klein gewesen, um genügend Einzelheiten zu zeigen.

A

VOYAGE

TO

TERRA AUSTRALIS;

UNDERTAKEN FOR THE PURPOSE OF COMPLETING THE DISCOVERY OF THAT VAST COUNTRY,

AND PROSECUTED IN THE YEARS

1801, 1802, AND 1803,

IN

HIS MAJESTY'S SHIP THE INVESTIGATOR,

AND SUBSEQUENTLY IN THE ARMED VESSEL PORPOISE AND CUMBERLAND SCHOONER.

WITH AN ACCOUNT OF THE

SHIPWRECK OF THE PORPOISE,

ARRIVAL OF THE CUMBERLAND AT MAURITIUS, AND IMPRISONMENT OF THE COMMANDER DURING SIX YEARS AND A HALF IN THAT ISLAND.

BY MATTHEW FLINDERS,

COMMANDER OF THE INVESTIGATOR.

IN TWO VOLUMES, WITH AN ATLAS.

VOL. I.

LONDON:

PRINTED BY W. BULMER AND CO. CLEVELAND-ROW,

AND PUBLISHED BY G. AND W. NICOL, BOOKSELLERS TO HIS MAJESTY, PALL-MALL.

1814.

(Titelblatt der Originalausgabe)

Erstes Kapitel

*Die Ausrüstung des »Investigators«.
Instruktionen*

Am 19. Januar 1801 ward im Hause der Admiralität eine Verordnung unterzeichnet, die mich zum kommandierenden Leutnant der königlichen Korvette »Investigator« (Forscher) ernannte, wodurch zugleich dieses Schiff, das vorher »Xenophon« hieß, einen anderen Namen erhielt. Da Kapitän John Henry Martin Befehl erhalten hatte, sich als entlassen zu betrachten, übernahm ich am 25. desselben Monats zu Sheerness das Kommando.

Der »Investigator« war ein im nördlichen England gebautes Schiff von 334 Tonnen und glich im Bau fast der Art von Schiffen, die Kapitän Cook für Entdeckungsreisen am zweckmäßigsten hielt. Vor wenigen Jahren war es für den Königlichen Dienst erworben worden. Da es neu mit Kupfer beschlagen und ausgebessert war, hielt man es für das beste Schiff, das damals für die beabsichtigte Reise nach dem Australlande dienen konnte.

Das Schiff ward gerade neu ausgerüstet, da ich aber von der Schiffahrtskommission Erlaubnis erhielt, es ohne Rücksicht auf die gewöhnlich von Schiffen dieser Art eingenommenen Vorräte so auszurüsten, wie ich es für nötig erachtete, wurden alle vorhandenen Vorräte zurückgegeben und andere, bessere und in größeren Mengen verlangt. Diejenigen von den Offizieren und der Schiffsmannschaft, die alt waren oder nicht freiwillig an dieser Expedition teilnehmen wollten, erhielten ihren Abschied, und statt ihrer wurden fähige junge Männer vom königlichen Schiffe »Zealand« gewählt. Als damals elf Freiwillige vom »Zealand« übernommen werden sollten, gab es ein gutes Beispiel für den Unternehmungsgeist britischer Seeleute. Gegen 300 dienstfähige Männer wurden aufgerufen und mußten auf der einen Seite des Decks antreten. Nachdem ihnen das Ziel der Reise und die Zahl der fehlenden Mannschaft angedeutet war, wurden die, welche freiwillig diesen Dienst tun wollten, aufgefordert, auf die andere Seite des Decks zu gehen. Es begaben sich nicht weniger als 250 dahin, von denen sich die meisten sehr um Aufnahme bemühten; und die elf gewählten bewiesen mit einer einzigen Ausnahme, daß sie der Wahl würdig waren.

Bei den verschiedenen Änderungen, die am Schiff für eine solche Reise nötig waren, unterstützte mich der zu Sheerness residierende Schiffskommissar, Herr Isaak Coffin (jetzt Vizeadmiral und Baronet). Nach seinem Rate ließ ich das Schiff zwei Streifen höher mit Kupfer beschlagen, als es vorher der Fall gewesen war, und nahm ein Steuerruder an Bord, welches aber, nachdem es eingesetzt war, zerbrach. Herrn Whidbey, dem Lotsenmeister, der Kapitän Vancouver auf seiner Fahrt diente, bin ich gleichfalls für Rat und Tat bei der Auswahl der erforderlichen Vorräte sehr verpflichtet. Beide Offiziere suchten ein Vergnügen darin, alles, was sie für diese Reise tauglich hielten oder was sie zu unserer Bequemlichkeit oder unserm Genusse dienlich fanden, herbeizuschaffen. Zuweilen wurden unsere Bedürfnisse, ja selbst unsere Wünsche früher gestillt und erfüllt, als wir sie geäußert hatten.

Am 16. Februar erhielt ich den Rang als Kapitän und am 14. März zwölf Sechspfünder mit Munition und eine Kiste mit Feuerwerk. Da nun aller Proviant und alles, was sonst noch erforderlich war, am 27. an Bord und das Schiff fertig zum Auslaufen war, segelten wir aus der Nore. Ich wünschte sehr, an den Küsten des Australlandes zeitig genug anzukommen, um den ganzen südlichen Sommer vor mir zu haben. Aber mehrere Umstände verzögerten unsere Abreise. Unter anderem war ein Paß der französischen Regierung, um Hindernisse bei der Reise zu vermeiden, noch nicht angekommen. Ich nutzte diese Verzögerung, um einem Mangel abzuhelfen, den wir sonst wahrscheinlich empfunden hätten. Die Menge der notwendig mitzunehmenden Vorräte ließ für nur 50 Tonnen Wasser Raum. Wurden aber zehn von den Sechspfündern abgegeben und statt derselben einige leichte Carronaden an Deck aufgestellt, so konnten wir zehn Tonnen Wasser mehr einnehmen, ohne unsere Verteidigungsmittel zu schwächen. Denn das Schiff lag zu tief im Wasser, als daß man Kanonen bei schlechtem Wetter hätte gebrauchen können, dagegen die Carronaden zu jeder Zeit brauchbar waren. Mein Wunsch nach dieser Auswechslung ward am 20. Mai erfüllt. Am 22. erhielten wir auf Befehl des Schiffahrtsbüros eine Anzahl astronomischer und geodätischer Instrumente und verschiedene Artikel zu Geschenken für oder zum Tauschhandel mit den Ureinwohnern der zu untersuchenden Gegenden, auch manche zu unserem eigenen Gebrauche und unserer Bequemlichkeit. Darunter befanden sich mehrere Reisebeschreibungen in den Großen Ozean, welche mit unseren eigenen Sammlungen und der Britischen Enzyklopädie, die uns der verdiente Herr Joseph Banks schenkte, eine Bibliothek zum Gebrauche aller Offiziere bildete. Jede Karte aus der Sammlung der Admiralität, die sich auf das Australland und die benachbarten Inseln bezog, ward unter Aufsicht des verstorbenen Hydrographen Alexander Dalrymple für uns kopiert. Durch Exemplare derjenigen seiner Werke, die sich für unsere Reise eigneten, hat er auch unseren Vorrat an belehrenden Schriften vermehrt.

Die Ausstattung der Offiziere mit einer Ausrüstung für mehrere Jahre ward durch die Freigebigkeit der Ostindischen Kompanie sehr erleichtert. Die Summe von 600

Pfund Sterling ward von den Direktoren als ein Geschenk für die Gelehrten und die Offiziere des Schiffs sowie für mich, und zwar für unseren Tisch, bewilligt. Eine gleiche Summe sollten wir bei unserer Rückkehr erhalten. Dieses Geschenk machten uns die Direktoren, weil unsere Reise in Gegenden führte, die der Kompanie ihrem Privilegium nach zustehen, und zum Teil, wie sie sagten, wegen meiner früheren Verdienste. Sie hofften, daß unsere Untersuchungen und Entdeckungen ihrem Handel Nutzen bringen würden.

Am 26. erhielt ich Befehl, nach Spithead zu gehen. Da aber der Wind immer von Westen kam, langten wir dort erst am 2. Juni an. Wie nötig es sei, die königlichen Schiffe mit richtigen Karten zu versehen, wie dieses auch in der Folge geschehen ist, zeigt folgender Vorfall. Da kein Lotse auf dem »Investigator« angestellt, auch kein Offizier auf demselben mit der Schiffahrt im Kanale genau vertraut war, ich selbst den größten Teil meines Lebens auf auswärtigen Seereisen zugebracht hatte, so war ich genötigt, nachdem ich den Lotsen in den Downs verabschiedet hatte, mich fast einzig auf meine Karte von Herrn J. H. Moore zu verlassen. Als wir am 28. Mai in die Gegend von Dungeness kamen, richteten wir uns nach der Küstengegend, wo nach der Karte die Stadt Hythe liegen sollte, gerieten aber etwas nach sechs Uhr abends auf eine Sandbank, von der wir jedoch offenbar ohne Beschädigung des Schiffs loskamen. Auf den Karten der Admiralität ist sie unter dem Namen Roar verzeichnet. Sie reicht von Dungeness bis nach dem Folkstone und ist zweieinhalb bis vier Seemeilen von der Küste entfernt. Wegen dieses Vorfalls liefen wir am 10. Juni in den Hafen und die Docks zu Portsmouth ein. Da dort festgestellt ward, daß das Schiff keinen Schaden genommen habe, so kehrten wir am folgenden Tage nach Spithead zurück und ankerten daselbst, um weitere Befehle zu erwarten. Am 18. Juni zahlte der Kommissar, Herr Charles Sarton, der Schiffsgesellschaft ihren Sold bis zu Ende des Mai und zwei Monate voraus. Den Offizieren stand es frei, sich gegen Quittungen ihren Sold drei Monate vorausbezahlen zu lassen.

Am 17. Juli erhielt ich folgende Instruktionen für die Ausführung der Reise:

Von den Kommissarien des Lord Großadmirals des Vereinigten Königreiches Großbritannien und Irland.

Da die Korvette, die Sie kommandieren, für eine Reise in entlegene Gegenden bestimmt und ausgerüstet ist, und da es unser Wille ist, daß Sie auf ihr nach der Küste von Neuholland, an dessen Ostküste Seiner Majestät Kolonie von Neusüdwales gelegen ist, um dieselbe genau zu untersuchen und aufzunehmen, segeln sollen, so erhalten Sie hierdurch die Weisung, bei dem ersten guten Wind und Wetter in See zu gehen und mit mindestem Zeitverluste oben erwähnten Dienst zu verrichten, wobei Sie Madeira und das Kap der Guten Hoffnung anlaufen können, um Lebensmittel und Wasser, wenn Mangel daran wäre, einzunehmen.

Ist dieses geschehen, so eilen Sie nach der Küste von Neuholland und folgen ihr von 130° ö. L. bis zur Bass-Straße (indem Sie, finden Sie es nötig, um die Vorräte zu ergänzen und frisches Wasser aufzunehmen, in den König Georg III. Hafen einlaufen können, bevor Sie ihre Vermessungen beginnen). Dann bieten Sie alles auf, die in diesen Gegenden befindlichen natürlichen Häfen aufzufinden. Im Fall Sie irgendeine kleine Bucht oder Öffnung in der Küste entdecken, die vielleicht zu einem Binnensee oder einer Straße führen könnte, so steht es Ihnen frei, sie zu untersuchen oder nicht, wie Sie es für richtig halten, bis eine bessere Gelegenheit dieses Ihnen zu tun gestattet.

Scheint es Ihnen nötig, so gehen Sie nach Sydney Cove, um Ihre Mannschaft zu erfrischen, die Korvette auszubessern und mit dem Gouverneur von Neusüdwales über die beste Art, die Küsten aufzunehmen, zu beratschlagen. Haben Sie von ihm die Belehrungen, die er mitteilen kann, erhalten und die Brigg »Lady Nelson«, die Sie zu Sydney Cove erwarten können, unter Ihr Kommando genommen, so beginnen Sie Ihre Vermessung wieder, indem Sie die Küste von der Bass-Straße bis zu König Georg III. Hafen aufnehmen, welches Sie entweder durch eine westlich längs der Küste oder, wäre es ratsamer, von genanntem Hafen östlich gehende Fahrt bewirken können.

Sie können von Zeit zu Zeit, wenn die Jahreszeit es nicht gestatten will, daß Sie Ihre Aufnahme fortsetzen, nach Sydney Cove zurückkehren, von wo Sie jedoch so bald als möglich zur Ausführung dieser Instruktionen wieder auslaufen werden.

Bei Untersuchung der besagten Küste bieten Sie die größte Aufmerksamkeit auf und tragen Sie jeden Umstand, der zu einer vollständigen Kenntnis derselben gereicht, in Ihr Tagebuch ein, als da sind: die Winde und die Witterung, die gewöhnlich in den verschiedenen Jahreszeiten herrschen; die Erzeugnisse und die verhältnismäßige Fruchtbarkeit des Bodens; die Sitten und Gebräuche der Bewohner der Küstenstriche, die Sie erforschen können. Vorzüglich aber bestimmen Sie, wenn dieses in Ihrem Vermögen steht, die Längen und Breiten der wichtigsten Kaps, Baien und Häfen durch astronomische Beobachtungen, vermerken die Abweichungen der Kompaßnadel und die gerade Richtung und den Lauf der Fluten und Strömungen sowie die senkrechte Höhe der Fluten. Sollten Sie während Ihrer Vermessung irgendeinen Fluß entdecken, so fahren Sie entweder selbst denselben mit der Brigg so weit als möglich hinauf oder gebieten dem Befehlshaber derselben, in denselben einzufahren und so weit darin vorzudringen, als die Umstände gestatten wollen. Sorgfältig sind dann der Lauf und die Ufer desselben aufzuzeichnen und die Tiefen anzugeben, erstere zu untersuchen, so oft es wahrscheinlich ist, daß eine bedeutende Verschiedenheit in Hinsicht der Erzeugnisse des Bodens oder der Sitten der Urbewohner stattfinde und das Land so weit nach innen zu erforschen, als dieses mit der kleinen Zahl der Personen, die auf dem Schiffe entbehrt werden können, ohne Gefahr geschehen kann, wenn hier ein Anschein zur Entdeckung von etwas Nützlichem für den Handel oder die Manufakturen des Vereinigten Königreichs sich ergeben sollte.

Wenn Sie die ganze Küste von der Bass-Straße bis zu König Georg III. Hafen vollständig untersucht haben, so erforschen Sie zu den Jahreszeiten, die sich am besten für diese Absicht eignen – was Sie aus Herrn Dalrymples Aufsatz, von dem hier ein Auszug beigelegt ist, am besten entnehmen können –, die Nordwestküste von Neuholland, wo wegen der von Dampier beobachteten ungemein hohen Fluten wahrscheinlich mancher gute Hafen entdeckt werden kann.

Ist diese Aufgabe gelöst, so untersuchen Sie den Carpentariagolf und dessen westliche Teile zwischen 130 und 140° ö. L. und tragen Sie Sorge, daß dieses, sobald es die Jahreszeit und die herrschenden Winde gestatten, geschehe.

Haben Sie den Carpentariagolf und dessen westliche Teile erforscht, so schreiten Sie zu einer genauen Aufnahme und sorgfältigen Untersuchung der Torresstraße, und ist diese vollendet, so erforschen Sie alle noch übrigen Nord-, West- und Nordwestküsten Neuhollands und vorzüglich die Teile derselben, auf die Ostindienschiffe auf ihren auswärtigen Handelsreisen treffen können. Hauptsächlich untersuchen Sie so genau, als es die Umstände gestatten, die Sandbank, die sich von den Trialfelsen gegen Timor zieht: in der Hoffnung, daß durch Bestimmung der Tiefen und Beschaffenheit des Ankergrundes in dieser Gegend großer Vorteil für die Schiffe der Ostindischen Kompanie erwachsen dürfte, im Falle sie diese Straße in der Folge oft besuchen sollten.

Sowie Sie alle erwähnten, Ihnen aufgegebenen Untersuchungen und Vermessungen vollendet haben, so schreiten Sie zu einer sorgfältigen Erforschung der Ostküste Neuhollands, welche Kapitän Cook vom Kap Flattery bis zur Bay of Inlets (Einfahrtsbai) gesichtet hat. Um Ihre Mannschaft zu erfrischen und den Malern den Vorteil verschiedener Ansichten zu gewähren, können Sie die Fidschi- oder andere Inseln der Südsee berühren.

Während der Vermessung werden Sie die Brigg so viel als möglich benutzen und den »Investigator« bloß von einem Hafen zum anderen, so wie sie entdeckt werden, führen, damit die Naturforscher Zeit haben, die Erzeugnisse des Bodens zu sammeln und zu ordnen, und die Maler ihre begonnenen Abbildungen vollenden können. Haben Sie alle erwähnten Untersuchungen und Erforschungen vollbracht, so verlieren Sie keine Zeit, mit der unter Ihrem Kommando stehenden Korvette für weitere Befehle nach England zurückzukehren, indem Sie auf Ihrem Wege, wenn nötig, das Kap der Guten Hoffnung anlaufen, sobald wie möglich von da nach Spithead auslaufen und dort unserem Sekretär von Ihrer Ankunft Nachricht geben.

Während Ihres oben erwähnten Dienstes senden Sie bei jeder Gelegenheit unserem Sekretär zu unserer Information Nachrichten über Ihr Verfahren und Kopien der Vermessungen und Zeichnungen, die Sie gemacht haben, auch solche Schriften und Blätter, die der Naturforscher und die Maler, die auf dem Schiffe angestellt sind, für gut genug befinden, um sie nach Hause zu senden. Nach Ihrer Ankunft in England werden Sie unmittelbar vor dieser Stelle erscheinen, um uns den ausführlichen Bericht Ihres Vorgehens während der ganzen Reise vorzulegen, indem Sie, ehe Sie die Korvette verlassen, von Offizieren und Unteroffizieren die Log- und Tagebücher, welche sie geführt, und die Zeichnungen und Karten, die sie gemacht haben, abverlangen, um sie uns versiegelt zu überliefern.

Und da Sie mit einem Gewächshaus versehen sind, um darin solche Pflanzen, Sträuche, Bäume usw., als während oben erwähnter Aufnahme gesammelt worden, aufzunehmen, so lassen Sie bei Ihrer Ankunft in Sydney Cove besagtes Gewächshaus durch den Zimmermann auf dem Achterdeck der von Ihnen befehligten Korvette seinem Zwecke gemäß errichten und sorgen für Verfertigung von Gefäßen, die, mit Erde gefüllt, die gesammelten Pflanzen aufnehmen können. Diese Gewächshäuser stellen Sie unter die Aufsicht und Sorge des Naturforschers und des Gärtners und veranlassen, daß dann während der Vermessung

Flindersia Australis

solche Pflanzen, Sträucher und Bäume aufgenommen werden, als Sie solche tauglich für die königlichen Gärten zu Kew halten. Sooft Sie nach Sydney Cove zurückkehren, lassen Sie besagte Gewächse in des Gouverneurs Garten unter dessen Aufsicht bringen, bis zu Ihrer Rückkehr nach Europa. Sobald Sie sich zu dieser vorbereiten, so lassen Sie das Gewächshaus vom Achterdeck der Korvette wegnehmen und das größere von dem »Porpoise« an seine Stelle bringen. In diesem Behälter haben der Naturforscher und der Gärtner alle Gewächse, die während der Reise gesammelt worden sind, aufzustellen, um solche für Seine Majestät nach Hause zu bringen. Sobald die Korvette in irgendeinem englischen Hafen vor Anker gegangen ist, geben Sie sogleich Seiner Majestät Gärtner zu Kew von Ihrer Ankunft Nachricht und übersenden ihm ein Verzeichnis der gesammelten Gewächse, welches der unter Ihnen angestellte Gärtner liefern muß.

Gegeben unter unserer Unterschrift am 22. Juni 1801

(Unterzeichnet:)
St. Vincent
T. Troubridge
J. Markham

An Matthew Flinders, Esq.
Kommandanten der
königlichen Korvette »Investigator«
zu Spithead.

Auf Befehl Ihrer Herrlichkeiten
(Unterzeichnet:)
Evan Nepean.

Dieser Instruktion war ein Auszug aus einer Abhandlung des Herrn Dalrymple über die vorzüglich an der Südküste des Australlandes zu erwartenden Winde und Witterung und folgender Paß der französischen Regierung beigelegt:

DER ERSTE KONSUL DER FRANZÖSISCHEN REPUBLIK hat, betreffend den Bericht der Anfrage des Lord Hawkesbury an den Bürger Otto, Beauftragter der französischen Regierung in London, bezüglich eines Passes für die Korvette »Investigator«, die von der englischen Regierung entsandt wird zu einer Entdeckungsreise in den Pazifischen Ozean und deren Beschreibung im folgenden ausgefertigt ist, bestimmt, daß dieser Paß gewährt werde und dieser Expedition, deren Aufgabe es ist, das menschliche Wissen zu erweitern und die Fortschritte der nauti-*

* Napoleon Bonaparte. (Anm. des Hrsg.)

»Investigator«

schen Wissenschaft und der Geographie zu sichern, von Seiten der französischen Regierung die notwendige Sicherheit und Unterstützung gewährt wird.

Der Minister der Marine und der Kolonien ordnet im folgenden allen Kommandanten von Kriegsschiffen, den Agenten aller französischen Kolonien, den Kommandanten von Postschiffen und allen anderen an, die genannte Korvette »Investigator«, ihre Offiziere, ihre Mannschaft und ihre Sachwerte während der Dauer ihrer Reise frei und ohne Behinderung passieren zu lassen, ihnen zu erlauben, sowohl in Europa als auch in anderen Teilen der Welt die verschiedenen Häfen der Republik anzulaufen, sei es, daß sie durch ungünstige Witterung dazu gezwungen sind, dort Schutz zu suchen, sei es, daß sie um die zur Fortsetzung ihrer Reise notwendige Hilfe und die Mittel zur Wiederherstellung ersuchen.

Indessen sollen sie derartigen Schutz und Beistand nur finden, wenn sie nicht von sich aus von der vorgeschriebenen Route abweichen oder die Absicht bekunden, irgendeinen feindseligen Akt gegen die Französische Republik oder einen ihrer Verbündeten zu unternehmen, wenn sie nicht unseren Feinden helfen oder versuchen zu helfen und weder Handel noch Schmuggel betreiben.

*Gegeben zu Paris, den 4. Prairial im Jahre 9 der Französischen Republik.**

Der Minister der Marine und der Kolonien.

Ausgefertigt vom Minister der Marine und der Kolonien

Ch^es. M. Jurien.

Beschreibung der Korvette.

Die Korvette »Investigator« besitzt eine Tragfähigkeit von 334 Tonnen. Ihre Mannschaft besteht aus 83 Männern, dazu fünf Gelehrten. Die Bewaffnung besteht aus sechs Carronaden zu zwölf, zwei derselben zu 18 und zwei Kanonen zu sechs und zwei Pfund.

Der Unterzeichnende, Kommissar der französischen Regierung zu London, bestätigt die vorstehende Beschreibung als mit der Note, die ihm vom Minister seiner Britischen Majestät übermittelt wurde, übereinstimmend.

*London, den 4. Messidor des Jahres 9.***

Otto.

Diesem Passe gemäß erhielt ich von der Admiralität die Weisung, mich in jeder Hinsicht gegen französische Schiffe so zu benehmen, als seien beide Länder nicht im Kriege, und hinzugefügt war, in Hinsicht auf Schiffe anderer Mächte, die mit England im Kriege sind, mich womöglich mit ihnen in keine Verbindung einzulassen und keine anderen Briefe oder Pakete anzunehmen, als die ich von dem Admiralitätsbüro oder dem königlichen Staatssekretariat erhielt.

* 24. Mai 1801. (Anm. des Hrsg.)
** 23. Juni 1801. (Anm. des Hrsg.)

Von Seiner Gnaden, dem Herzog von Portland, erhielt ich einen Befehl an den Gouverneur von Neusüdwales, die Brigg »Lady Nelson« unter mein Kommando zu stellen, und von der Admiralität einen andern an denselben mit der Weisung, »als älterer Seeoffizier den ›Investigator‹ nicht anders als seinem Auftrage gemäß zu gebrauchen, vielmehr alle ihm zu Gebote stehenden Mittel aufzubieten, das Schiff in den dazu erforderlichen Stand zu setzen«.

Sowie ich Befehl zum Auslaufen erhielt, sendete ich ein Gesuch um Ersatz des während des Aufenthaltes in Spithead verzehrten Proviantes an Land, der am folgenden Morgen an Bord kam. Wir konnten für zwölf Monate Proviant laden, ausgenommen Brot, von dem wir nur für sieben Monate, und darunter noch etwas Mehl, einnehmen konnten. Von Pökelfleisch hatte ich Vorrat auf 18 Monate, da ich schon wußte, wie wenig dieser Artikel in der Kolonie auf Neusüdwales zu haben war. Um alle Hindernisse der Reise wegen Mangel an Vorräten zu beseitigen, ließ ich eine Bittschrift an die Admiralität zurück, in der ich um einen zwölfmonatlichen Vorrat bat, der mir nachgeschickt und in den Magazinen zu Port Jackson ausschließlich zu unserem Gebrauche niedergelegt werden sollte.

Von den verschiedenen zur Erhaltung der Gesundheit der Mannschaft auf den königlichen Schiffen dienlichen Mitteln hatten wir einen reichen Vorrat, und der Chirurgus war ebenso freigebig mit antiskorbutischen Heilmitteln versehen.

Die Besatzung des »Xenophon« bestand aus 75 Mann. Da dieses Schiff aber seinen Namen und seine Bestimmung änderte, so betrug sie 88 Mann. Aus diesen bemerken wir hier nur den Astronomen John Crosley, der aber schon am Kap der Guten Hoffnung seine Funktion verließ, weshalb Kapitän Flinders und dessen Bruder seine

Stelle vertreten mußten; den Naturforscher Robert Brown, den naturgeschichtlichen Maler Ferdinand Bauer, den Landschaftsmaler William Westall, den Gärtner Peter Good, den Bergmann John Allen, den Kapitän Matthew Flinders, die Leutnants Robert Fowler und Samuel William Flinders, den Master John Thistle und den Chirurgus Hugh Bell.

Zweites Kapitel

Von Spithead zum Kap der Guten Hoffnung (18. Juli bis 13. November 1801)

Am 18. Juli 1801 segelten wir von Spithead ab. Am 30. Juli waren wir unter 30°5′ n. Br. und 15°31′ w. L. und erblickten nachmittags Porto Santo. Am 31. wurden zwei Schildkröten gefangen, von denen eine 30 Pfund wog. Am 1. August waren die Desertas genannten felsigen Inseln neuneinhalb Seemeilen von uns entfernt. Ihre Südspitze liegt nach unseren Beobachtungen unter 32°24′20″ n. Br. Ich fuhr am folgenden Morgen mit den Herren Brown und Bauer nach der südlichsten, Bujio genannten Insel. Unterwegs schoß ich einige Taucherenten. Auf der Insel sahen wir kein anderes Tier als einige Vögel, die grünen Hänflingen glichen. In Madeira sagte man uns, dies wären Kanarienvögel gewesen. Die Spitze der Insel konnten wir nicht ersteigen.

Am 3. August ankerten wir auf der Reede von Funchal. Zu Madeira herrscht im Sommer gewöhnlich der Nordostwind und oft mit großer Stärke. Der Südwestwind ist der Seewind von Funchal und erhob sich, während wir hier auf der Reede lagen, früh um acht oder neun Uhr und hatte auf der See drei bis vier Seemeilen von der Reede bis Sonnenuntergang das Übergewicht.

Wir trafen hier den »H. M. S. Argo«, und ich besuchte dessen Kapitän James Bowen gleich nach meiner Ankunft. Leutnant Flinders ward sogleich an den portugiesischen Gouverneur abgesendet, um ihm meine Ehrerbietung zu bezeigen und ihn zu ersuchen, unsere Vorräte ergänzen zu dürfen und den uns begleitenden Gelehrten, solange unser kurzer Aufenthalt dies erlaube, eine Untersuchung der Naturerzeugnisse der Insel zu gestatten. Die erste Bitte bewilligte der Gouverneur in höflichen Ausdrücken und versprach seine Hilfe zu deren Erfüllung. Aber die Beantwortung der zweiten ward verschoben, bis er mich gesprochen hätte.

Am 4. August bewirkte ich durch Beistand des britischen Konsuls, Herrn Joseph Pringle, daß von der Küste Boote für unsere leeren Wasserfässer geschickt wurden. Ein Ochse ward für unsern Bedarf geschlachtet und Wein zum Einschiffen vorbereitet. Der Gouverneur hatte den Mittag dieses Tages bestimmt, um meinen Besuch zu empfangen. Ich wartete ihm also in gebührender Weise auf, begleitet vom Konsul, der als Dolmetscher diente. Der Gouverneur wiederholte seine Anerbietungen, uns zu unterstützen, und da wir ihm den Zweck der Exkursionen, die unsere Gelehrten in das Innere der Insel zu machen wünschten, erklärt hatten, so gab er sehr gern seine Einwilligung dazu. Nachdem ich einige Fragen über die politischen Angelegenheiten in Europa beantwortet hatte, verabschiedeten wir uns und wurden von den wachhabenden Offizieren begleitet und von der Wache salutiert. Am 6. erhielten wir die Ergänzungen unserer Vorräte, auch kehrten unsere Gelehrten von ihrem Ausflug nach dem Pico Ruivo, dem höchsten Berge der Insel, zurück. Sie hatten ihn nicht ersteigen können, kamen spät zur Küste zurück. Als sie sich einschifften, überschwemmte eine Woge ihren Kahn, und sie verloren den größten Teil ihrer Sammlungen und Zeichnungen.

Wasser, Wein und frisches Rindfleisch waren die Vorräte, die wir auf Madeira einnahmen. Die Gallone Wein für die Mannschaft mußte zu dem hohen Preise von fünfeinhalb Schillingen, das Pfund Rindfleisch zu neun Pennies bezahlt werden. Daher nahm ich von beiden nur kleine Quantitäten. Für die Pipe guten Madeira zahlten wir 40 Pfund Sterling. Früchte und Zwiebeln waren im Überflusse vorhanden, und diese waren ohne Zweifel für die Gesundheit der Mannschaft nicht minder vorteilhaft als die teureren Artikel. Die Breite der Reede von Funchal wurde auf 32°37′44″ nördlich und die Länge der Stadt auf 16°56′ westlich bestimmt.

Am 9. August ward die Insel Palma und am 15. die nordwestlichste der Kapverdischen Inseln, San Antonio, gesichtet.

Mit dem Anhalten des Südwestwindes nahm das Lecken des Schiffes zu und betrug am Ende der Woche in der Stunde fünf Zoll hoch Wasser im Raum. Es schien jedoch, daß die Lecks zumeist über der Wasserlinie lagen, denn als der Wind auf Westen drehte, verminderte es sich auf zwei Zoll. Dieses Arbeiten des Wergs in den Fugen zeigte einen Grad der Schwäche an, der bei einem Schiff, das bestimmt war, jeder Gefahr zu trotzen, nicht ohne Besorgnis betrachtet werden konnte.

Am 16. Oktober 1801 erblickten wir das Kap der Guten Hoffnung und ankerten in der False Bay (Falsche Bai).

In dieser Zeit stand keiner auf der Krankenliste. Sowohl Offiziere als Untergebene waren so gesund wie bei der Abfahrt von Spithead. Ich hatte zeitig denselben nützlichen Plan zu befolgen begonnen, den zuerst der große Kapitän Cook ausübte und bekannt machte. Es gehörte zur Tagesordnung des Schiffes, daß an jedem schönen

Tage das untere Deck und die Kajüten ausgefegt, gescheuert, durch Kohlenpfannen getrocknet und mit Weinessig besprengt wurden. An feuchten und trüben Tagen wurden sie nur gereinigt und getrocknet, nicht aber gescheuert. Man ließ die Mannschaft nicht an Deck, noch in ihrer nassen Kleidung schlafen. Alle zwei oder drei Wochen, wie es die Umstände gestatteten, wurden ihre Betten und der Inhalt ihrer Kisten oder Säcke der Wirkung der Sonne und der Luft ausgesetzt. Sonntags und donnerstags ward die Mannschaft morgens gemustert, und jeder erschien rein barbiert und gekleidet. Waren schöne Abende, so kündeten Trommel und Flöte an, daß das Vorderdeck zum Tanze bestimmt sei. Auch gestattete ich andere scherzhafte Vergnügungen, die mehr nach dem Geschmacke der Seeleute und nicht unanständig waren.

Innerhalb der Wendekreise ward Limettensaft und Zucker als hinreichend gegen den Skorbut gehalten. Unter höheren Breiten trat Sauerkraut und Weinessig an deren Stelle. Die Malzessenz ward für die Fahrt nach Neuholland und für künftige Gelegenheiten aufbewahrt. Mit Zustimmung des Chirurgus hielt ich es für nützlich, einige kleine Änderungen bei der Verteilung der Lebensmittel vorzunehmen. Hafergrütze ward an vier Tagen in der Woche, statt an dreien, zum Frühstück gekocht, und ward Reis nach der Verteilung von Käse gegeben, so ward er die übrigen drei Tage gekocht. An vier Tagen in der Woche ward wie üblich Erbsensuppe zum Mittagsmahl bereitet, und die übrigen drei machten zwei Unzen von zu Tafeln eingedickter Fleischbrühe mit Zwiebeln, Pfeffer usw., wie sie viele Suppen besitzen, für jeden Mann eine angenehme Zugabe zum Pökelfleisch. Weder während dieses noch während irgendeines folgenden Teils der Reise waren Offiziere und Mannschaft auf eine bestimmte Menge Wasser beschränkt. Sie tranken nach Belieben aus dem gefüllten Fasse und nahmen, unter Aufsicht des wachhabenden Offiziers, alles das, was für die Küche nötig war. Oft wurden in einer Woche zwei Faß Wasser zur Reinigung der Wäsche der Mannschaft gegeben.

Mit dieser Anordnung und einer strengen Disziplin sah ich zu meiner Zufriedenheit meine Untergebenen ordentlich und voll Eifer für den Dienst, dem sie verpflichtet waren, und in einem solchen Zustande von Gesundheit, daß wir uns am Kap der Guten Hoffnung nicht länger aufzuhalten brauchten, als zur Ausbesserung unseres Schiffs erforderlich war. Ich hoffte, einen bedeutenden Teil des südlichen Sommers an der Südküste des Australlandes zubringen zu können.

Die Spitze des Kaps der Guten Hoffnung liegt unter 34°23′ s. Br. Sie ist von Klippen umgeben. Unfern derselben befanden sich zwei Walfische und einer oder mehrere Schwertfische in einem furchtbaren Kampfe, etwa eine Viertelstunde vom Schiffe. Die Nervenkraft des Schwertfisches mußte sehr groß sein, denn er erhob nicht nur seinen Schwanz hoch aus dem Wasser, um seinen Gegner zu treffen, sondern schwang seinen ganzen großen Körper oft mehrere Fuß über die Meeresfläche empor, um auf ihn mit desto größerer Gewalt niederzustürzen. Ihr Kampf bedeckte die See mehrere Faden im Umkreis mit Schaum.

Am 16. Oktober um drei Uhr nachmittags trafen wir das in der Simonsbai liegende britische Geschwader aus den Schiffen »Lancaster«, »Jupiter«, »Diomede«, »Imperieuse«, »Hindustan«, »Rattlesnake« und »Euphrosyne« unter dem Kommando des Vizeadmirals Sir Roger Curtis. Der Lotse des »Lancasters« kam an Bord, um das Schiff an einen passenden Ankerplatz zu führen, und ich ging an Land, um dem Vizeadmiral meine Aufwartung zu machen. Als ich ihm meine Befehle zeigte und ihm ein Verzeichnis unserer Bedürfnisse überreichte, auch den

Wunsch äußerte, den »Investigator« wieder in den Zustand zu versetzen, den er hatte, als ich England verließ, fand ich, daß die Schiffsmagazine nur einen Teil liefern könnten, manche Artikel aber, vorzüglich Schiffszwieback, nicht zu erlangen wären. Doch befahl der Oberbefehlshaber aus Achtung vor der Aufgabe, die ich erfüllen sollte, daß jede Forderung entweder in den aufgezeigten Artikeln oder durch ähnliche erfüllt werden solle, und da ein vollständiges Kalfatern der Bordwände, sowohl von innen, wie von außen die notwendigste Arbeit sei, ward ein Trupp Kalfaterer, von dem Geschwader abgezogen, am folgenden Morgen an Bord geschickt.

An der Küste der Simonsbai ward eine Sternwarte aufgestellt; allein der bei jedem Luftzuge sich erhebende Sand war den Instrumenten sehr nachteilig. Auch ging der Weg von Simons Town nach dem Garten der Kompanie dicht neben dieser Sternwarte vorbei, welches der einzige Spazierweg in der Umgebung war, den die Anwohner und die zum Geschwader gehörenden Personen benutzen konnten. Sowohl Personen ersten Ranges, die ihren Morgenritt machten, als Matrosen, die am Sonntagabend schwankten, und Sklaven mit ihren Bündeln Feuerholz blieben bei der Sternwarte stehen, um zu sehen, was da vorging.

Ende Oktober waren unsere Vorräte verstaut, die Segel untersucht, an Bord des »Lancaster« ausgebessert und wieder angebracht. Die Kalfaterer hatten ihre Arbeit vollendet und das Schiff frisch angestrichen. Andere nötige Reparaturen an den Masten und dem Tauwerke wurden bis zur Ankunft im King-George-Sund verschoben und hier am Schiff nicht mehr getan als unbedingt nötig war. Ich wollte die Zeit, welche zu einer vollkommenen Ausbesserung erforderlich war, lieber in einem Hafen zubringen, in dem zugleich Vermessungen und astronomische Beobachtungen angestellt werden konnten und wo die Naturforscher ein noch unbekanntes Feld vor sich hatten, als in einer schon gut bekannten Bai, deren Umgebung so oft schon untersucht worden war.

Herr Crosley war während der Fahrt von Madeira oft kränklich gewesen und entschloß sich, nachdem er einige Tage an Land zugebracht hatte, die Expedition zu verlassen und am Kap der Guten Hoffnung zurückzubleiben. Die vom Längenbüro gelieferten Instrumente überließ er nach einer Beratung mit Sir Roger Curtis meiner Sorge. Ich fühlte tief den Verlust des Astronomen, da ich bei den Vermessungen seiner genaueren Beobachtungen beraubt war und seine Stelle nun nach meinen Kräften ausfüllen mußte. Die Pflichten eines Befehlshabers, verbunden mit den Aufgaben eines Vermessers, ließen mir wenig Zeit zu anderen Beschäftigungen. Doch hoffte ich, mit vermehrter Anstrengung und dem Beistande meiner Offiziere die Aufnahmen und die mir von der Längen-Kommission erteilten Vorschriften zugleich erfüllen zu können. Herr Crosley gestattete mir, eine Abschrift von seinen Instruktionen zu machen. Den trefflichen Chronometer Nr. 465 von Earnshaw, der Herrn Crosleys Eigentum war, und den Troughton'schen Reflektionskreis Nr. 74 behielt er für sich, und beide waren mir ein neuer Verlust. Mahons Sternwarte in Kapstadt liegt unter 18°23′7″ und die Mitte der Simonsbai unter 18°25′7″ ö. L. Letztere besitzt Vorzüge vor der Tafelbai.

Drittes Kapitel

Vom Kap der Guten Hoffnung zum King-George-Sund (4. November 1801 bis 5. Januar 1802)

Am 4. November 1801 verließ ich bei Tagesanbruch Simonsbai. Für diese Jahreszeit erschienen mir die Gegenden des 37. südlichen Breitengrades für die Fortdauer der westlichen Winde besonders günstig. Einerseits sind sie weit genug entfernt von den Breiten des Südostpassates, andererseits nördlich genug, um den Stürmen in höheren Breiten auszuweichen.

Vom Kap der Guten Hoffnung bis zur Insel Amsterdam war der Wind nie so stark, daß die Bramsegel gerefft werden mußten, und Flaute hatten wir in 19 Tagen nur während sieben Stunden. Im Durchschnitt legten wir täglich 140 Seemeilen zurück, und der »Investigator« war keine Fregatte, sondern ein stark beladenes Kohlenschiff. In den zwölf folgenden Tagen von der Insel Amsterdam bis zum Südwestkap von Neuholland hatten wir denselben Wind, ohne Änderung der Windrichtung und ohne Flaute, und legten im Durchschnitt täglich 160 Seemeilen zurück. Die Insel Amsterdam (unter 77°40′ ö. L. und 38°43′ s. Br.) ward wegen trüber Witterung nicht gesehen.

Wir waren bemüht, die Räume des Schiffs rein, trocken und luftig zu erhalten und die Kleider und Decken der Mannschaft sowie die Segel an Deck zu trocknen und zu lüften. Bei gutem Wetter exerzierten wir mit dem Geschütz und kleinem Gewehr. Bei schlechtem Wetter waren wir trübe und mißmutig und konnten wenig verrichten. Daß das häufige Auspumpen des Schiffsraums jetzt nicht mehr erforderlich war, da das während dieser Fahrt

Cape Leeuwin

eindringende Wasser kaum zwei Zoll in der Stunde betrug, war sehr erfreulich. Die gegen Skorbut ausgegebenen Mittel waren Sauerkraut und Weinessig. Eine halbe Stunde vor Mittag erhielt jeder eine Pinte starker Bierwürze, die durch Aufguß siedenden Wassers auf Malzextrakt bereitet war. Diese ward an Deck getrunken und bildete mit einem halben Zwieback ein Frühstück für Offiziere und Mannschaft. Eine halbe Stunde nach dem Mittagessen ward die Portion Grog ausgeteilt.

Am 6. Dezember war unsere Position 35°10′ s. Br. und 117°39′ ö. L., so daß wir uns 65 Seemeilen südsüdwestlich der westlichsten Inseln am südwestlichen Kap Neuhollands nach ihrer von Konteradmiral d'Entrecasteaux angegebenen Lage befanden; von dessen Karte dieser Küste hatte ich eine Kopie vom hydrographischen Büro der Admiralität erhalten. In den kürzlich erschienenen Karten von der französischen Entdeckungsreise in diese Gegenden heißen sie Iles St. Alouarn.

Die Untersuchung von Leeuwins und Nuyts' Ländern war mir in meiner Instruktion für diese Zeit nicht aufgegeben. Es macht keinen großen Unterschied, ob man entfernt oder nahe unter dem Lande fährt und dabei eine flüchtige kartographische Aufnahme anfertigt. Ich hielt es für ratsam, alles zu tun, was mir die Umstände gestatteten. Zu meiner Freude billigte später die Admiralität diese geringe Abweichung von ihren Vorschriften.

Am 7. Dezember bemerkten wir, daß die größte der St. Alouarns-Inseln mit dem Lande zusammenhängt und damit ein Kap bildet. Ich nannte es Kap Leeuwin. Sein höchster Hügel liegt unter 115°6′ ö. L. und 34°19′ s. Br. Es ist eine steil abfallende Landspitze von etwa 600 Fuß Höhe. Sie schien felsig, doch mit einigen Sträuchern und

Cape Chatham

Bäumen bestanden zu sein. An der Ostseite des Kaps Leeuwin dehnt sich das Land acht bis zwölf Seemeilen nordostwärts aus, biegt dann nach Südosten und bildet eine weite, dem Anschein nach ganz den Südwinden ausgesetzte Bucht. Zu Mittag befand sich das Schiff unter 115°30′ ö. L. und 34°32′40″ s. Br. Die Küste sah sehr unfruchtbar aus, und es deutete kein Zeichen darauf hin, daß sie bewohnt sei. Bald nach vier Uhr passierte das Schiff in einer Entfernung von vier Seemeilen ein steiles, felsiges Vorgebirge, welches auf der französischen Karte Point d'Entrecasteaux benannt ist. Ich bestimmte seine Lage mit 116°1′ ö. L. und 34°52′ s. Br. Am 8. ward ein glatter, steiler Felsen, eine Seemeile vor der Küste gelegen, den Kapitän Vancouver zuerst erblickt und Kap Chatham genannt hatte, mit 116°29′ ö. L. und 35°3′ s. Br. bestimmt. An der Küste um Kap Chatham wechseln sich steile Klippen und kleine sandige Buchten ab, das mäßig hohe Binnenland ist besser bewaldet als das vorher beschriebene. An der Ostseite von Kap Chatham zieht sich die Küste nordwärts zurück und bildet eine Bucht, in der sich ein kleines Felsenriff befindet. Dann springt sie in einem felsigen Kap vor, das auf der französischen Karte Kap Nuyts genannt wird, wahrscheinlich nach der Vermutung, daß Nuyts hier im Jahre 1627 zuerst Land sah. Hinter dieser Spitze verläuft die Küste fast gerade gegen Osten, bildet aber mehrere Vorsprünge, von denen einige hoch, die anderen niedrig sind. Zwischen ihnen liegen sandige Buchten, in denen kleine Schiffe gegen alle Nordwinde Zuflucht finden können. Die hinter dieser Küste liegenden Hügel scheinen unfruchtbar zu sein, doch wachsen an ihren östlichen Abhängen Bäume in Menge, die aber nicht hoch sind. Das Schiff befand sich am Mittage unter 116°50′ ö. L. und 35°7′ s. Br., kam bald nach zwei Uhr bei einer steilen Spitze vorbei, die den Namen Point Hillier erhielt und unter 117°9′ ö. L. und 35°4′ s. Br. liegt. Von hier erstreckt sich die Küste beinahe gegen Südosten ohne bedeutenden Vorsprung, ausgenommen das äußerste, von dort aus sichtbare Ende, Vancouvers Kap Howe, das um 4.30 Uhr erreicht ward. Da an derselben Küste noch ein weiteres, von Cook so benanntes Kap Howe liegt, so will ich dieses Westliches Kap Howe nennen. Dieses felsige Vorgebirge liegt unter 117°40′ ö. L. und 35°8′30″ s. Br. Am Abend ward der King-George-Sund erreicht, der uns zur Vorbereitung auf die Untersuchung der Südküsten des Australlandes dienen sollte, und ich suchte den möglichsten Nutzen von den Vorteilen zu ziehen, die er bieten konnte. Die wichtigste Voraussetzung war ein gut gesicherter Platz, an dem die Masten erneuert, das Tauwerk und die Segel in Ordnung gebracht und Verbindung mit der Küste unterhalten werden konnte, ohne von den Elementen dabei gestört zu werden. Dies erwartete ich aber nach Kapitän Vancouvers Karte und Beschreibung nicht von dem äußeren Sund. Die Leichtigkeit, den Princess Royal Harbour (Hafen der königlichen Prinzessin) bei einem Winde, welcher der weiteren Erforschung der Küste günstig wäre, zu verlassen, ließ mich diesem vor dem Oyster Harbour (Austernhafen) so sehr den Vorzug geben, daß ich beschloß, jenen zuerst zu untersuchen.

Am Morgen, als wir rund um das Schiff die Wassertiefe gelotet hatten und fanden, daß es vorerst dort bleiben könne, bestieg ich in Begleitung des Masters und des Landschaftsmalers in der beschriebenen Absicht ein Boot. Der Naturforscher und andere Männer gingen gleichfalls an Land, um in der Umgebung von Bald Head zu botanisieren.

Seal Island (Robbeninsel), das wir zuerst anliefen, ist

eine Granitmasse, die bloß an ihrem Westende zugänglich ist. Nachdem wir einige Robben am Ufer erschlagen hatten, erstiegen wir den Hügel, um die daselbst 1791 von Kapitän Vancouver zurückgelassene Flasche und Urkunde zu suchen, konnten aber von beiden ebensowenig eine Spur entdecken wie von dem aufgestellten Flaggenstock und zusammengetragenen Steinhaufen. Es war unwahrscheinlich, daß seitdem die Eingeborenen vom Festland hier herübergekommen waren. Ich vermutete daher, ein anderes Schiff sei vor uns hier angekommen.

Von Point Possession an der Südseite der Einfahrt in den Princess Royal Harbour hatten wir einen guten Überblick über diese ausgedehnte Wasserfläche. Bäume schien es an den Ufern im Überflusse zu geben, und deshalb erregte eine zwei bis drei Seemeilen lange, in südwestliche Richtung verlaufende bewaldete Halbinsel zuerst meine Aufmerksamkeit. Aber die Wassertiefe war zu gering, um mit dem Schiff nahe genug ans Ufer zu kommen, außerdem gab es in der Nähe kein Süßwasser. Jemand, wenn auch nicht Kapitän Vancouver, hatte aber hier Holz geschlagen. Denn mehrere Bäume waren durch Beil und Säge gefällt. Unfern davon stand eine Anzahl aus Baumrinde erbauter Hütten, die denen der Eingeborenen, die in den Wäldern hinter Port Jackson wohnen, glichen und ein kleines Dorf zu bilden schienen, das aber längst verlassen war. Als wir von der bewaldeten Spitze nach der Nordseite des Hafens ruderten, fanden wir keine Viertelstunde vom Ufer entfernt drei Faden Tiefe, und von da nahm sie zur Ausfahrt hin zu, wo sie fünf bis sieben Faden betrug. Die Durchfahrt war aber zu eng, um sie ohne günstigen Wind und große Vorsicht passieren zu können.

Am 10. ward der Steuermann ausgeschickt, um die Nordseite des Hafens nach Holz und Wasser zu untersuchen, und wir fuhren mit dem Schiff bis zur Einfahrt. Um elf Uhr ward der Anker in sechs Faden Tiefe, eine

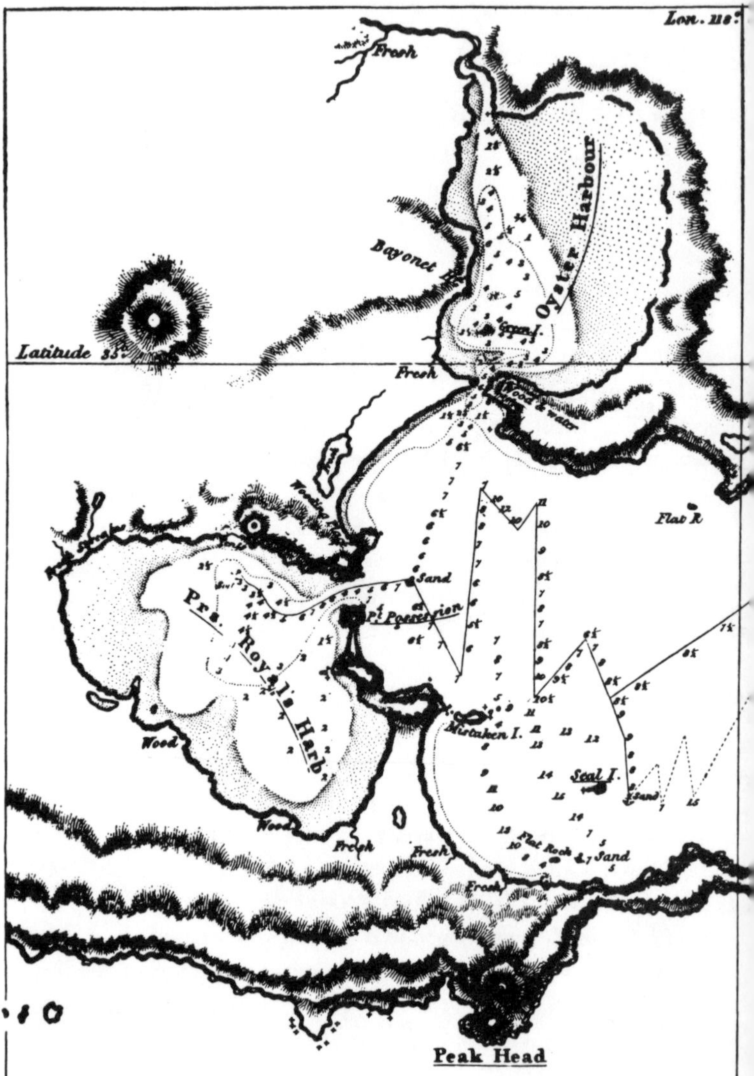

Lon. 118°
Fresh
Oyster Harbour
Bayonet H.
Green I.
Latitude 35°
Fresh
Wood & water
Wooding Place
Flat R.
Sand
Prs. Royal's Harb.
Pt. Possession
Mistaken I.
Wood
Seal I.
Sand
Wood
Fresh
Fresh
Flat Rock
Sand
Fresh
Peak Head
Vancouver's Breakers

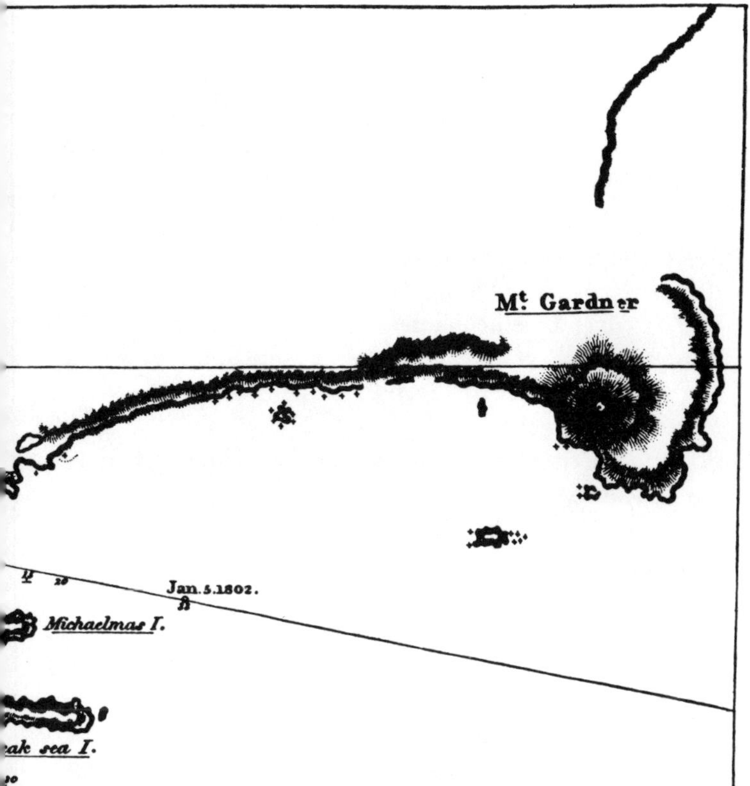

Mt. Gardner
Jan. 5. 1802.
Michaelmas I.
ak sea I.
KING GEO. SOUND
with its Harbours;
by M. Flinders, commr. of H. M. S. Investigator.
Jan. 1802.
Lat. of the Tents in Pr. Royal Harb. .... 35° 2' 5" S.
Longitude .... 117° 48' 10" E.
Dip of the south end of the needle .... 64° 1'
Variation of the compass .... 7° 0' W.
High water once a day, between six and twelve at night.
Tide rose 2 ft. 8 in. to 3 ft. 2 in.

Viertelstunde von der Possession-Spitze entfernt, geworfen. Da ich über den Erfolg des Steuermanns im Zweifel war, bestieg ich ein Boot, um in Begleitung von Leutnant Flinders den Oyster Harbour zu untersuchen. Wir fuhren auf dessen Einfahrt zu und fanden überall eine Wassertiefe von sechs oder sieben Faden. Als die Michaelmasinsel und Break Sea Island draußen im Sunde dicht beieinander zu liegen schienen, nahm die Tiefe in der Einfahrt von fünf bis auf zweidreiviertel Faden ab. Westlich davon hatten wir nur eine Tiefe von sechs Fuß, aber östlich steuernd stieg sie auf 17, als die Ostseite der Einfahrt auf einer Linie mit der Mitte eines hohen flachen Landes im Hinterlande des Hafens lag. Wir nahmen diese Richtung und maßen drei bis sechs Faden, letztere im engsten Teil der Einfahrt.

Da ich vorhatte, den King-George-Sund neu zu vermessen, landeten wir, um eine Reihe von Winkelmessungen vorzunehmen, auf der kleinen, in der Mitte desselben gelegenen Insel, die Kapitän Vancouver als mit üppigem Grase und anderen Gewächsen bedeckt beschreibt und auf die er Weinschößlinge, Brunnenkresse und die Samen verschiedener Früchte pflanzte und säte. Von diesen schätzbaren Geschenken ist keine Spur mehr da, obgleich nichts anzeigt, daß die Insel seitdem besucht worden sei. Zu unserem Verdrusse trug der dünne Sandboden, der überall von Rattenlöchern durchbohrt war, nur noch eine Vegetation aus Büscheln von Wirrgras und ein paar verkrüppelten Sträuchern.

Von dieser Insel ruderten wir in verschiedene Richtungen, um die Tiefen des Hafens zu erforschen. Aber das Boot konnte sich selten der Küste bis auf die Länge eines Kabeltaus nähern. An der Südwestseite waren zwei kleine Bäche, von denen der eine süßes, aber stark gefärbtes Wasser hatte. Zur Einfahrt zurückgekehrt, landeten wir auf der Ostseite und fanden eine sechs bis acht Quadrat-

Seal Island in King Georges Sound

fuß große, umgegrabene, wie ein Gartenbeet zurechtgemachte Fläche, auf der ein Stück Kupferblech mit folgender Inschrift lag:

27. AUGUST 1800. CHR. DIXSON
SCHIFF ELLIGOOD.

Damit war das Rätsel der gefällten Bäume und das Verschwinden von Vancouvers Flasche gelöst. Wie ich an dieser Stelle nachgrub, fand ich, daß hier süßes Wasser, zwar stark gefärbt, aber von gutem Geschmacke, erhalten werden könnte. Holz war im Überflusse vorhanden, und die Tiefe der Einfahrt gestattete dem Schiff, fast an die Küste dieser Insel zu kommen, so daß dies eine für die beabsichtigte Reparatur geeignete Gegend war, vorausgesetzt, daß man das Schiff über die Untiefe vor der Einfahrt hinwegbringen konnte.

Der Bericht des Steuermanns über den Princess Royal Harbour lautete, daß man an der Nordseite durch Graben in Ufernähe Wasser erhalten könne, Holz aber nur in weiter Entfernung zu haben sei. Ich sendete ihn also am folgenden Morgen ab, um die Naturforscher am Eingange des Oyster Harbour landen zu lassen und dann die Untiefe zu sondieren. Da ich seinem Bericht, sie sei nicht 14 Fuß tief, nicht traute, weil Kapitän Vancouver sie mit 17 angegeben hatte, so begab ich mich mit dem Theodoliten und der Signalflagge auf das nächste Vorgebirge, um seine Bewegungen zu leiten. Nur 13 Fuß Tiefe konnten an der seichtesten Stelle gemessen werden. Mithin ward der Plan aufgegeben, das Schiff im Oyster Harbour auszubessern. Das Boot, das Herrn Brown und seine Begleiter am Abend zurückführte, brachte eine bedeutende Menge Austern und große Fächermuscheln von den Untiefen mit.

Da der widrige Wind das Einlaufen in den Princess Royal Harbour verhinderte, so ward am nächsten Morgen ein Trupp zum Holzfällen in eine Bucht an der Nordseite der Einfahrt abgesendet, wo sich das Holz besser bearbeiten ließ als an anderen Orten. Eine andere Gruppe fuhr mit dem Boot an dieselbe Stelle, um die Netze auszuwerfen. Wir warpten das Schiff unter Bramsegeln (damit es nicht aus dem Ruder lief) in den Hafen, indem ein Anker mit dem Boot vorausgefahren und versenkt wurde. Durch Einholen des Ankertaues ward dann das Schiff in den Hafen gezogen. Am 12. Dezember ankerten wir um elf Uhr auf lehmigem Grund in 17 Fuß Tiefe, eine Drittel Seemeile vor der Küste unter dem höchsten Hügel. Sowie das Schiff sicher lag, landete ich mit den Naturforschern, und nachdem ich einen Platz für unsere Zelte bestimmt hatte, bestieg ich den höchsten Hügel, um für die Vermessung Winkel zu nehmen. Unter anderem fielen mir zwei entfernte Wasserflächen auf, die hinter der Bucht bei dem westlichen Kap Howe lagen. Ob sie aber Binnenseen oder Buchten des Meeres waren, konnte man nicht unterscheiden. Unsere Zelte wurden am Abend unter Bewachung eines Teils der Seesoldaten aufgeschlagen und am anderen Morgen unter Aufsicht von Leutnant Flinders, der mich als Astronom unterstützte, die Instrumente an Land gebracht.

Daß die Umgegend bewohnt war, davon fanden sich überall Spuren. Bald wurden wir mit den Ureinwohnern bekannt. Sie waren scheu, aber nicht furchtsam, schienen auch keine Lust zu haben, sich mit uns bekannt zu machen. Geschenke achteten sie wenig, brachten aber wohl den ganzen Morgen bei unseren Zelten zu, um unser Tun und Lassen zu beobachten.

Am 23. und 24. wurden die am 12. gesehenen beiden Wasserflächen besucht. Die östliche maß von Osten nach Westen eineinhalb Seemeilen und war eine Seemeile breit. Sie war von zahlreichen Sümpfen umgeben. Der südwestliche See war größer und sein Wasser salzig. Die ganze Gegend, durch die wir kamen, ist wenig zu loben. Die steinigen Hügel der Seeküste waren zwar im allgemeinen mit Strauchwerk bedeckt, aber fast nirgends hatte die Humuserde einige Dicke, und Waldung fehlte ganz. Hinter diesen Hügeln senkt sich allmählich das Land. Das an ihrem Fuße hervordringende Wasser bildet eine Reihe von Sümpfen, die sich vom Princess Royal Harbour bis zu den Seen ausdehnen. Hier ist der Boden mit Gras und Strauchwerk bedeckt, und auf einigen Höhen wachsen Waldbäume. Dessen ungeachtet ist der Boden zu feucht und ungeeignet zur Kultur.

Am 30. Dezember waren unsere Arbeiten hier beendigt, für Holz und Wasser gesorgt, das Tauwerk und die Segel ausgebessert und das Schiff zur Abfahrt fertig. Unsere Freunde, die Eingeborenen, fuhren fort uns zu besuchen, und da mehrere an diesem Morgen bei den Zelten waren, so befahl ich, der Trupp der Seesoldaten solle am Ufer exerzieren. Die roten Röcke mit den gekreuzten weißen Gurten wurden sehr bewundert, da sie Ähnlichkeit haben mit der Art, wie sie sich selbst verzieren. Die Trommel, vorzüglich aber die Flöte, erregten ihr Erstaunen. Wie sie aber diese schönen, rot und weißen Männer mit ihren glänzenden Musketen in einer Linie stehen sahen, schrien sie vor Entzücken. Auch hörten ihre wilden Bewegungen und Ausrufe nicht eher auf, als bis das Exerzieren begann, dem sie still ernsteste Aufmerksamkeit erwiesen. Mehrere bewegten unwillkürlich ihre Hände so wie die Soldaten, und ein alter Mann stellte sich an das Ende der Reihe mit einem kurzen Stabe in der Hand, den er schulterte, präsentierte, neben den Fuß

Der King-George-Sund von Süden

setzte wie die Seesoldaten ihre Musketen. Ich glaube, er wußte nicht, was er tat. Als gefeuert werden sollte, machte man den Eingeborenen das, was geschehen sollte, bekannt, so daß die Salven wenig Schrecken erregten.

Die Frauen hielten sie scheinbar aus Eifersucht von uns entfernt, und die Männer schienen dasselbe Benehmen bei uns zu vermuten, nachdem sie sich überzeugt hatten, daß die Bartlosen, die sie bei den Zelten sahen, zu demselben Geschlechte gehörten. Der Glaube, daß Weiber auf dem Schiff wären, veranlaßte zwei von ihnen, an einem Morgen unserem Zureden zu folgen und das Boot zu besteigen, um an Bord zu gehen. Aber ihr Mut sank bald, sie wünschten wieder an Land gesetzt zu werden und gaben durch Zeichen zu verstehen, daß das Schiff zu ihnen ans Ufer kommen solle.

Mit einigem Erstaunen sah ich die Ähnlichkeit der Urbewohner der Ostküste mit denen der Südküste Neuhollands. Diese brechen zwar zur Zeit der Mannbarkeit keinen Zahn aus dem Oberkiefer, wie dies um Port Jackson üblich ist, bedienen sich auch nicht des Bumerangs oder des Wurfspießes, aber ihre Hautfarbe, ihre Haare, ihr Körperbau sind dieselben. Ihre Gesänge haben denselben Vortrag. Die Art, sich zu bemalen, ist ähnlich. Ihre Gürtel und Haarnetze werden auf gleiche Art verfertigt und angewendet. Der kurze Pelzumhang aus Känguruhfellen, der über den Schultern getragen wird, wogegen der übrige Leib nackt bleibt, ist mehr den Waldbewohnern, die westlich von Port Jackson leben, als den Küstenbewohnern eigen. Alles, was wir sahen, bestätigt die Vermutung Kapitän Vancouvers, daß sie mehr von der Jagd als vom Fischfang leben. Keine der kleinen Inseln ist von ihnen besucht worden, man sah hier keine Kähne, und in den Wäldern ward kein Baum gefunden, von dem man die Rinde abgeschält hatte, um einen Kahn zu bauen. Dem Wasser gegenüber sind sie ängstlich. Wir konnten ihnen nie den Gebrauch der Fischangel deutlich machen, obgleich sie unsere Zeichen über andere Gegenstände begriffen.

Das Benehmen dieses Volkes ist rasch und heftig und ihre Unterredungen schreiend, wie bei vielen ungebildeten Völkern. Es schien keinen Begriff von unserer Überlegenheit zu haben. Im Gegenteil verließ es uns nach der ersten Zusammenkunft mit einer Art von Verachtung wegen unserer Kleinmütigkeit, die wahrscheinlich von dem Wunsche herrührte, freundlich mit ihnen umzugehen. Diese Meinung schienen sie aber bei ihren folgenden Besuchen nicht beibehalten zu haben.

Trotz der Ähnlichkeit in Gestalt und Sitten dieser Eingeborenen mit den um Port Jackson lebenden ist doch ihre Sprache sehr verschieden. Ihre Aussprache fanden wir schwer nachzuahmen. Manche englischen Worte sprachen sie richtig aus, nur die nicht, in denen ein »f« oder ein »s« vorkam.

Unser Chirurgus, Herr Hugh Bell, nahm an einem der bestgewachsenen Eingeborenen anthropologische Messungen vor.

Am 30. Dezember 1801 war alles zu unserer Abreise fertig. Aber ein Südostwind, der auf Ost und Nordost drehte und eine Zeit hindurch sehr heftig blies, verhinderte unsere Abfahrt bis zum 3. Januar 1802, an dem wir nachmittags aus dem Princess Royal Harbour steuerten. Meine Absicht war es nicht, sogleich in See zu gehen; ich benutzte daher die Gelegenheit, im Sunde mit dem über Bord geworfenen Zug- und Austernnetz rück- und vorwärts zu fahren. Eine Menge kleiner Fische wurden gefangen, die zum Essen wenig taugten. Aber die Muscheln, Meerespflanzen und Korallen boten den Naturforschern und Zeichnern Vergnügen und Beschäftigung. Eine schöne Seepferdchenart, die nicht selten war, ward allgemein bewundert.

Viertes Kapitel

Vom King-George-Sund zur Fowlersbai (5. bis 27. Januar 1802)

Als wir an dem westlich des King-George-Sundes gelegenen Teil entlangfuhren, bemühte ich mich, so dicht unter dem Lande zu bleiben, daß die Brandung von Deck aus gesehen werden konnte. Dadurch dürften uns kaum Irrtümer bei den geschätzten Entfernungen unterlaufen sein, auch sind uns wohl kaum Flüsse oder Einfahrten entgangen. Dieser kurze Abstand konnte allerdings nicht überall eingehalten werden, besonders dort nicht, wo die Küste stark zurückwich. Aber er wurde beibehalten, wo immer es praktikabel und nicht mit zu viel Gefahr oder Zeitverlust verbunden war. Wenn es nicht anders ging, war ich gewöhnlich mit einem Fernrohr im Masttop.

Alle Winkelmessungen wurden auf der Stelle niedergeschrieben, während noch das Land in Sicht war, und bevor ich mich zur Ruhe begab, machte ich es mir zur Gewohnheit, die Kartenskizze für den verflossenen Tag zu entwerfen, ebenso mein Journal der astronomischen Beobachtungen, der Winkelmessungen und der allgemeinen Bemerkungen zu führen.

Wenn wir nachts von der Küste wegsteuerten, wurden Vorkehrungen getroffen, um sicherzustellen, daß wir am nächsten Morgen so früh als möglich nach Tagesanbruch wieder an der gleichen Stelle waren. Sobald die Position des Schiffes zum Lande wieder die gleiche war wie am Vorabend, wurde die Fahrt entlang der Küste wieder aufgenommen. Dieses Vorhaben, alles selbst zu sehen und niederzuschreiben, erforderte meine ständige Aufmerksamkeit und viel Arbeit, war aber absolut notwendig, um die Genauigkeit zu erreichen, die ich zu erreichen wünschte. Und jetzt, als ich daran ging, die Aufnahme vom King-George-Sund aus nach Osten fortzusetzen, ging ich auf die gleiche Weise vor, und sie wurde, wenn auch nicht ausdrücklich erwähnt, auf allen folgenden Abschnitten der Reise beibehalten.

Am 5. Januar steuerte ich zwischen der Michaelmassinsel und dem festen Lande hindurch, kam an dem hohen, kegelförmigen und wahrscheinlich aus Granit bestehenden Mount Gardner und d'Entrecasteaux' Ile pelée (Bald Island, Kahle Insel), die etwa fünfviertel Stunden lang ist und deren Südende unter 118°29′ ö. L. und 34°55′ s. Br. liegt, vorbei. Letztere liegt vor einem felsigen Ausläufer des Festlandes, auf dem eine Bergkette endet, die sich neun Seemeilen längs der Küste von der Bucht hinter Mount Gardner erstreckt. Auf dem Gipfel dieser Kette liegen eine Menge kleiner Spitzen, daher ich ihr den Namen Mount Manypeak gegeben habe. Nachdem ich durch die Straße bei Bald Island gekommen war, fand ich, daß sich die niedrige, sandige Küste gegen Nordosten erstreckte. 24 Meilen innerhalb des Landes dehnte sich eine Kette ungleich hoher Berge aus, von denen ich den östlichen und höchsten, der nordwestlich von meiner Fahrt lag, Mount Rugged nannte. Um sechs Uhr kamen wir zu einem steilen, eine Seemeile vor der Küste gelegenen Felsen und fuhren dann gegen den Wind der Küste zu, um da die Nacht zu verbleiben. Dieser Fels, den ich Haul off Rock nannte, liegt unter 118°39′ s. Br. und sechs Seemeilen südwestlich einer felsigen Spitze, die auf der französischen Karte Cap Riche heißt.

Am 6. Januar ward ein zwei Meilen in die See vorspringendes Vorgebirge, das wegen der Felsmassen auf seinem Gipfel Cape Knob (Knaufkap) genannt ward, entdeckt, als der »Investigator« unter 119°15′ ö. L. und 34°35′20″ s. Br. war. An beiden Seiten desselben ist die Küste sandig. Um vier Uhr war Vancouvers Point Hood passiert, und da man einen etwa eine halbe Stunde breiten Kanal zwischen dieser Spitze und den beiden äußersten seiner Doubtful Islands entdeckte, so sendete ich den Master ab, der die Öffnung sehr eng und nicht mehr als zwei Faden tief an ihrem seichtesten Teile fand. Um acht Uhr fuhren wir südlich auf die Doubtful Islands zu. An der Nordseite dieser Inseln und des Point Hood zieht sich die Küste fünf bis sechs Seemeilen nach WSW zurück, bevor sie sich nach Norden krümmt, und gewährt guten Schutz gegen alle Winde, die nicht zwischen O und NO strenge werden. Erwähnte Spitze und Inseln sind steil und felsig, aber die westlichen Küsten dieser großen Bucht sind mehrenteils sandige Gestade. An der Nordwest- und Nordseite erhoben sich einige Massen hohen Landes, das granitisch zu sein schien. Um sie auf der Karte zu unterscheiden, erhielten sie die Namen West, Middle und East Mount Barren. Am 7. Januar steuerten wir mehr gegen die Nordküste der Doubtful Island Bay und befanden uns mittags unter 119°47′ ö. L. und 34°16′40″ s. Br. Am 8. ward eine kleine, felsige, von Robben besuchte Insel unter 120°28′ ö. L. und 34°6′ s. Br. in einer Entfernung von acht bis neun Seemeilen vom Lande entdeckt. Um fünf Uhr waren wir einem hervorspringenden Teile der Küste gegenüber, auf dem die Sandhügel weiße Klippen zu bilden schienen. Es heißt auf d' Entrecasteaux' Karte Cap des Basses. Die ganze Küstenstrecke ist hier niedrig und sandig. Vor Sonnenuntergang war die westlichste Insel von d'Entrecasteaux' Archipel de la Recherche etwa in einer Entfernung von sechs Seemeilen in Sicht. Der französische Admiral hatte mehrenteils nur den Außenrand dieses Archipels beschifft, welches mir hinreichende Veranlassung war, mitten durch ihn hinzufahren, da die Witterung diesen Versuch nicht gefährlich machte. Sie war zu dieser Zeit schön und der Wind mäßig aus SSW.

Am 9. Januar war mittags die Zahl der uns umgebenden, über das Wasser hervorragenden Klippen, das Brechen der Wogen und die Zahl der Inseln umher so groß, daß wir beidrehen mußten, um die Winkel so vieler Gegenstände mit einiger Genauigkeit aufzunehmen. Das Schiff befand sich damals unter 121°49′45″ ö. L. und unter 35°0′25″ s. Br. Bloß die Karte kann einen richtigen Begriff von diesem Labyrinthe von Inseln und Klippen und unserer Fahrt in demselben bis nach halb fünf Uhr abends geben. Wir waren dann der Isle du Mondrain gegenüber, und der Anblick vom Mastkorbe aus war immer noch so überladen. Doch waren die Inseln kleiner und die niedrigen Felsen und Brecher zahlreicher. Da ich keine Wahrscheinlichkeit sah, einen Platz mit ruhigerem Wasser zu finden, an dem ich während der Nacht bleiben konnte, und keine Aussicht hatte, Schutz unter einer der Inseln zu finden, so faßte ich notgedrungen mit Einwilligung des Masters den gewagten Entschluß, gerade auf das feste Land zuzusteuern. Um sieben Uhr gelangten wir in eine kleine sandige Bucht, die überall, außer gegen SW, Schutz gab, und ankerten hier. Die gefährlichen Umstände, unter denen sie entdeckt ward, gaben Veranlassung, daß ich sie Lucky Bay (Glücksbai) nannte.

Ich wollte unsere Fahrt am folgenden Tage, dem 10. Januar, durch den Archipel fortsetzen, als die mich begleitenden Gelehrten den Wunsch äußerten, das Schiff möge noch einige Tage hier verweilen, um die Erzeugnisse der Gegend kennenzulernen. Ich erfüllte diesen Wunsch und begab mich gleichfalls an Land, um über den Gang der Chronometer Beobachtungen anzustellen, und bestieg dann im Hintergrund der Bucht einen Hügel, um mit dem Theodoliten Winkel zu nehmen. Ein Teil meiner Gefährten war auf dem Gipfel und aß eine Frucht, die einer grünen Walnuß glich. Man bot mir auch davon an. Da ich gefrühstückt hatte und ihr Geruch mir nicht angenehm vorkam, so kostete ich nur ein wenig davon. Herr Thistle und andere, die mit davon genossen hatten, wurden krank und blieben den folgenden Tag unpäßlich. Die Pflanze, welche diese Nüsse erzeugte, war eine Art der *Zamia,* eine Pflanzenart, die, nahe mit der dritten Palmengattung verwandt, von Kapitän Cook auch an der Ostküste getroffen ward und deren Frucht an Bord der »Endeavour« dieselben nachteiligen Wirkungen veranlaßte.

Das Wetter war leider für meine Vermessungen zu trübe, so daß ich selbst die auffälligsten Gegenstände in einer Entfernung von 12 bis 16 Seemeilen nicht wahrnehmen konnte. Mein Verzeichnis enthielt jedoch 45 Inseln und Klippengruppen, ohne manche Brecher, von denen nichts über dem Wasser zu sehen war. Doch waren die meisten im westlichen Teile dieses Archipels, teils wegen ihrer Entfernung, teils weil sie von anderen Inseln verdeckt wurden, unsichtbar.

Wendet man den Blick von diesen verwickelten Gefahren auf das Binnenland, so ist die Ansicht wenig besser. Sand und Steine mit einer leichten Pflanzendecke zeigten sich überall in den Niederungen, und manche in die Augen fallenden Teile der Hügelseiten schienen noch unfruchtbarer zu sein. Die Vegetation bestand wirklich aus einer großen Vielfalt von Gesträuchen und kleinen Pflanzen und gewährte den Botanikern eine reiche Ernte. Aber dem Hirten und dem Landmanne versprachen sie nichts. Nicht ein Grashalm, nicht ein Quadratyard Boden, von dem man den anvertrauten Samen wieder erwarten durfte, konnte das Auge beim Überblicken dieser dürren Ebenen entdecken.

Auf einem Felsen an der Seite des Hügels fand ich ein großes Nest, ähnlich den im King-George-Sund gesehenen. In mancher Hinsicht glichen die Auswürfe denen, welche die Haare und Knochen von Mäusen enthalten und von den Eulen in England ausgewürgt werden, wenn das Fleisch verdaut ist. Aber diese Auswürfe waren größer und bestanden aus den Haaren von Robben und Landtieren, den schuppigen Federn der Pinguine und den Knochen von Vögeln und kleinen Säugetieren. Vielleicht ist der Erbauer solcher Nester eine ungemein große Eule. Ist dies der Fall, so ist die Ursache, daß man diesen Vogel, dessen Nester nicht selten sind, noch niemals sah, daß er nur in der Nacht auf seinen Raub ausgeht. Doch möchte ich wegen der offenen und ungeschützten Lage, in der man diese Nester findet, lieber glauben, es sei eine Art von Adler, dessen Kraft so groß sei, daß jeder Angriff, den die Eingeborenen gegen seine Jungen machen möchten, fruchtlos wäre.

Am folgenden Morgen sendete ich den Master aus, um eine kleine, zwei Seemeilen westlich von Lucky Bay gelegene Bucht zu untersuchen. Sein Bericht war, daß sie ein Schiff sicher aufnehmen und Holz und Wasser ihm leicht liefern könne. Nach seinem Namen ward diese kleine, aber nützliche Entdeckung Thistle's Cove (Thistles Bucht) genannt. Sie scheint viel vorzüglicher zu sein als Lucky Bay, wo weder Holz noch Wasser ohne großen Zeitverlust und viele Mühe erlangt werden kann und welche keinen so sicheren Zufluchtsort gewährt.

Am 12. Januar ward Herr Thistle zur Untersuchung der östlich gelegenen Küste und Inseln abgesendet und fand den Archipel in dieser Richtung ebenso gefährlich und mit Klippen und Inseln gefüllt als gegen Westen. Wir erlegten an diesem und dem vorigen Tage mehrere Robben, auch wurden einige Fische vom Schiffe aus gefangen. Unser Erfolg ward aber sehr durch drei gewaltige Haifische gehindert, in deren Nähe sich kein anderer Fisch sehen läßt. Nach einigen Versuchen gelang es uns, einen derselben zu fangen, allein ihn an Bord zu bringen, erforderte ebensoviel Zurüstung als das Einholen des Bootes. Seine Länge betrug nur zwölf Fuß drei Zoll, aber der Umfang seines Leibes war acht Fuß. Unter der großen Menge von Substanzen, die sein Magen enthielt, war auch eine große entzweigebissene Robbe, die mit der Hälfte des Speeres, mit dem sie wahrscheinlich ein Eingeborener getötet hatte, hinabgeschlungen war. Der Gestank dieses räuberischen Ungeheuers war schon vor seinem Tode stark, und wie sein Magen eröffnet war, ward er unerträglich.

Da am 13. der Wind frisch von Osten kam und wir nicht segeln konnten, begaben sich Leutnant Fowler und Herr Thistle nach der Mondraininsel, der größten, die wir noch in diesem Archipel gesehen hatten. Es ward hier die Breite beobachtet und eine Reihe Winkel gemessen. Sie brachten einige Robben mit rötlichem Felle und einige kleine Känguruhs von einer noch unbekannten Art mit. Die Insel war mit Strauchwerk bedeckt. Einige von der Gesellschaft hatten dieses zufällig oder absichtlich angezündet, und da der Wind frisch war, dehnten sich am Abend die Flammen über die ganze Insel aus.

An der Lucky Bay, auf allen sie umgebenden Höhen sowie auf allen besuchten Inseln, war Granit das anstehende Gestein. Bruchstücke von dem auf der Mondraininsel enthielten Granate. An manchen Stellen war die Oberfläche der Felsen in Schichten abgeteilt. An steilen Orten waren große Massen herabgestürzt und hatten sich einige Höhlen gebildet. Diese Neigung zur Zersetzung zeigte sich bei dem hohen Pik auf dem Kap Le Grand am deutlichsten, das etwa fünf Seemeilen westlich liegt und zu dem Herr Brown eine Exkursion machte. Er fand oben einen Durchbruch, der einen sehr weiten und hohen Bogen bildete, und auf dem wahren Gipfel des Piks Granitbruchstücke von beträchtlicher Größe.

Es schienen dermalen keine Eingeborenen in der Nähe der Lucky Bay sich aufzuhalten. Spuren von Feuerstellen zeigten jedoch, daß sie diese Gegend nicht lange verlassen hatten. Gänse und Enten gab es hier, und nicht einmal scheu. Manche wurden auf den Streifzügen an der Küste getötet. Auch auf den Inseln ward eine Gänseart gefunden, die der Berniklas- oder Ringelgans gleichkommt.

Am 14. ankerten wir in einer kleinen Bucht an der Nordküste von d'Entrecasteaux' Mittelinsel (Ile du Milieu). Am 15. begab ich mich auf eine 20 Minuten nördlich davon liegende Insel, die mit hohen, harten Grasbüschen und einigen Stauden bedeckt war. Einige der kleinen blauen Pinguine, denen in der Bass-Straße ähnlich, nisteten unter diesen Büschen. Zwischen dem Grase und an den Küsten war eine Anzahl von Berniklasgänsen, von denen wir neun mehrenteils mit Stockschlägen töteten. Noch 16 wurden an diesem Tage erlegt.

Nachdem ich von der höchsten der kleinen Anhöhen auf Goose Island (Gänseinsel), wie ich sie nun nannte, mehrere Positionen bestimmt hatte, bestieg ich den hohen nordwestlichen Hügel der Mittelinsel, der eine weitere Aussicht gewährte. Der fernste sichtbare Teil des festen Landes war ein vorspringendes Kap mit einem abgestumpften Hügel darauf in einer Entfernung von 18 bis 21 Seemeilen. Da d'Entrecasteaux das Kap nicht gesehen hat, so benannte ich es nach dem verstorbenen Admiral Sir Thomas Pasley, unter dem ich zuerst Seedienst tat. Die Küste zwischen Kap Pasley und Cape Arid (Trockenes Kap) ist niedrig und sandig und bildet rückwärts eine weite Bucht, der an der Westseite des Cape Arid ähnlich. Der Hügel, auf dem ich stand, ist der höchste Punkt eines fast nur aus Granit bestehenden Rückens, der sich längs der Westküste der Mittelinsel erstreckt oder vielmehr sie selbst bildet. Die anderen Teile der Insel sind flach und dicht mit Strauchwerk und einigen Bäumen bewachsen. Eine kleine Art von Känguruh scheint hier häufig zu sein, allein keines fiel in unsere Hände. Im nordöstlichen Teile war ein kleiner See, dessen Wasser rosenfarben und nach

Herrn Thistles Bericht, der ihn besucht hatte, so mit Kochsalz gesättigt war, daß an seinen Ufern so viel kristallisiertes Salz lag, daß ein Schiff eine volle Ladung davon hätte nehmen können. Die Probe, die er davon an Bord brachte, war gut und bedurfte nur getrocknet zu werden, um brauchbar zu sein. Am 16. ward Feuerholz eingenommen, und auch 26 Gänse wurden zum Teil lebend an Bord gebracht.

Das anstehende Gestein dieses Archipels und der angrenzenden Küste ist Granit, über dem auf der Mittelinsel und auf Goose Island eine dicke Rinde Kalkstein lag, wie an der Südseite vom King-George-Sund, eine Bemerkung, die vielleicht dem Geologen einen Hinweis gibt.

Unser Ankerplatz in der Goose Island Bay lag unter 123°9′30″ ö. L. und 34°5′23″ s. Br. Sie kann als ein Versorgungspunkt für Schiffe betrachtet werden. Gänse trifft man jedoch nicht in solcher Zahl in allen Jahreszeiten. Einige Robben wird man aber wohl immer schlagen können. Das Holz ist eine Art von Eukalyptus und weder in Menge zu erhalten noch von bedeutender Größe. Doch können zwei bis drei Schiffe hier Brennholz einnehmen. Süßes Wasser findet sich auf keiner einzigen Insel, aber auf dem Cape Arid, fünf Seemeilen gegen Norden, mögen wohl kleine, von den Bergen kommende Bäche sein. Der Salzsee wird den Schiffen die größte Veranlassung geben, in dieser Bai anzulegen. Dieses darf aber, aus Gründen, die nachher angezeigt werden sollen, nicht im Winter geschehen.

Am 17. Januar kamen wir bei einer niedrigen und sandigen Spitze vorbei, die ich zur Ehre des Kapitäns Pultney Malcolm von der Marine Point Malcolm nannte und von der die Küste sich stark nach Norden dehnte. Vom Kap Pasley bis zum letzten nördlichen Teil des Recherchearchipels, der aus zehn Inseln besteht, welche, mit Ausnahme einer einzigen, nicht viel besser sind als niedrige unfruchtbare Klippen, ist die Küste flach und sandig. Von der Nordseite des Point Malcolm erstreckt sie sich, wie oben gesagt, erst gegen Norden, dann gegen Osten und bildet eine fünf Meilen in das Land dringende Bucht. Dann ist die allgemeine Richtung der Küste NNO. Vier oder fünf Meilen hinter der Küste läuft derselben eine mäßig hohe Erdbank parallel, über der hier und dort nackte Berge hervorragen.

Jetzt hatten wir den Recherchearchipel gänzlich aus den Augen verloren. Die Karte, die ich von dessen zahllosen Gefahren entworfen habe, ist vollständiger und soll in manchen Teilen auch genauer sein als die von d'Entrecasteaux. Aber keineswegs getraue ich mich zu behaupten, daß die große Anzahl von Inseln, Felsen und Riffen, die sie darstellt, alles Vorhandene ist und daß alles seine richtige Stellung habe, obgleich alle mögliche Sorge auf Genauigkeit verwendet worden ist. Alle Inseln scheinen mehr oder minder von Robben besucht zu werden, aber wie ich glaube, nicht in hinreichender Zahl, um auf sie von Europa aus eine Spekulation zu gründen, wenigstens nicht für Absatz nach China, da sie mehrenteils von der kleinen Art sind und das Fell der anderen rot und grobhaarig ist. Auch muß man fürchten, von starken Süd- oder Westwinden in dem Archipel zurückgehalten zu werden, in welchem Falle Schiffbruch fast unvermeidlich sein würde, da ich keinen Platz kenne, an dem man bei heftigen Winden Zuflucht finden könnte. Der Schutz in Thistles Bucht ist zwar vollkommen, wenn ein Schiff einmal in sie eingelaufen ist, aber sie ist zu klein, als daß man anders als unter günstigen Umständen in sie einlaufen könnte, und der Schutz in der westlichsten Ecke derselben kann, wenn der Wind aus ihr stark kommt, nicht erlangt werden. Am 18. ward Point Culver entdeckt, und nachmittags kamen wir durch eine Menge blaßroter Medusen, so wie ich sie schon öfter an der Mündung der

Flüsse an der Ostküste gesehen hatte. Wenn man sie berührt, erregen sie ein Gefühl, als habe man sich an einer Nessel verbrannt. Wir bemerkten auch einen roten Schaum auf dem Wasser, von dem etwas aufgenommen ward, damit ihn Herr Brown mit einem Mikroskope untersuche. Er bestand aus kleinen, eine halbe Linie langen Teilen, und jeder schien aus mehreren zusammenhängenden Fasern zu bestehen. Die Verbindungen hatten gleiche Dicke und waren fast ebenso breit als lang. Im allgemeinen hatten sie ungleiche Länge, und die Enden des zusammengesetzten Teils schienen etwas zerrissen. Im Salzwasser zeigten sie keine Bewegung, in Weingeist eingetaucht, lösten sie sich in ihre einzelnen Fasern auf.

Am 19. umsegelten wir Point Culver, befanden uns am Mittage unter 124°58′ ö. L. und 32°52′51″ s. Br. und waren abends um sieben Uhr an einem anderen hervorspringenden Teile der Klippen, Point Dover benannt, 50 Seemeilen von Point Culver entfernt, vorbeigekommen. Die Höhe dieser Klippen schien 500 Fuß zu betragen, und vor ihnen konnte man nichts vom Binnenlande sehen. Oberhalb waren sie braun, unterhalb fast weiß, und die zwei Lager sowie die kleineren Schichten, aus denen jedes bestand, waren fast horizontal. Wir urteilten, das Weiße sei Kalk, das Graue und Braune Sand, durch die Brandung hinaufgebracht, wenn nicht die Grundlage aus Korallen bestand.

Ein Vermesser findet hier keinen Punkt, dessen Lage er von zwei Stellen aus anpeilen kann. Jeder kleine Vorsprung hat den Anschein eines steilen Kaps, so wie es sich während des Segelns längs desselben darbietet; aber ehe das Schiff ihm zur Seite kommt, ist es in der allgemeinen Einförmigkeit der Küste verschwunden, und Länge, Breite und Entfernung der nächsten Klippen sind alle Hilfsmittel zum Entwerfen einer Karte. Am 22. abends war das Schiff unter 126°23′ ö. L. und 32°22′ s. Br. Die Küste war niedrig und sandig, und mehrere Rauchsäulen stiegen an derselben auf, die ersten, die wir erblickten, nachdem wir den Recherchearchipel verlassen hatten. Am 23. mittags waren wir unter 127°2′ ö. L. und 32°22′30″ s. Br., etwa vier Seemeilen vor der sandigen und niedrigen Küste, die aber schnell emporstieg und auf der wir mehrere Gesträuche und kleine Bäume erblickten. Am Abend, als unsere Länge 127°57′ betrug und das Land sechs bis sieben Seemeilen entfernt war, dehnte sich dieses nach ONO aus. Am 24. war die Küste unter 128°12′ ö. L. und 32°1′ s. Br. drei Seemeilen nördlich entfernt. Drei Seemeilen weiter nahm sie eine mehr nördliche Richtung, doch ohne ihre Ansicht zu ändern. Es blieb derselbe sandige Strand, hinter dem eine Erhöhung mit kleinen Bäumen und Sträuchern besetzt sich ausdehnte. Am 26. mittags war das Schiff unter 128°41′ ö. L. und 31°51′34″ s. Br. etwa drei oder vier Seemeilen vom Strande entfernt. Gegen halb zwei Uhr schloß sich die hohe Bank dicht an das Ufer an und bildete Klippen, die denen ähnlich waren, an denen wir nun schon gegen 92 Seemeilen entlanggesegelt waren. Sie schienen 400 bis 600 Fuß hoch zu sein. Das obere Drittel war braun und die unteren zwei Drittel weiß. Sowie wir aber weiter fuhren, fanden wir, daß das obere braune Lager verhältnismäßig an Dicke zunahm. Hier konnten wir nicht mehr die schmäleren Schichten in den zwei Lagen unterscheiden, und von der Zahl der Aushöhlungen im weißen Teile, die wahrscheinlich von herabgefallenen Stücken entstanden sind, kam ich zu der Vermutung, daß der untere Teil dieser Klippen Sandstein und nicht Kalkstein sei. Die Höhe war nicht mehr wie zuvor mit Strauchwerk bedeckt, sondern fast ganz vegetationslos und dem Meeresspiegel größtenteils parallel. Am 29. Januar mittags befanden wir uns unter 130°59′ ö. L. und 31°40′52″ s. Br. in einer Entfernung von sieben Seemeilen von den Klippen. Die Länge dieser Klippen von ihrem zweiten Anfange beträgt nahe an die 100 Meilen, und die der gleich hohen Bank, die zuerst bei Kap Pasley von der See her gesehen wurde, beträgt nicht weniger als 434 Meilen. Die Höhe dieser merkwürdigen Bank ist fast überall gleich, nämlich nach Schätzung nirgends niedriger als 400 und nirgends höher als 600 Fuß. In den ersten 60 Meilen waren verstreute Gipfel inländischer Berge über ihr zu sehen. Aber während des übrigen Teils ihres langen Verlaufes war die Bank die Grenze unseres Gesichtskreises.

Diese gleichmäßige Höhe über eine so lange Strecke und die offenbar kalkige Natur der Bank, wenigstens in den oberen 200 Fuß, läßt vermuten, daß sie die äußere Wand eines weit ausgedehnten Korallenriffs bildet, welche überall über die inneren Teile des Landes hervorragt, gewöhnlich aber gleich hoch mit hohem Wasser steht. Durch allmähliche Senkung des Meeres oder vielleicht durch eine plötzliche Zuckung der Natur mag diese Bank ihre gegenwärtige Höhe über dem Meeresspiegel erhalten haben, und so seltsam eine solche Umwandlung auch scheinen mag, so nimmt doch diese Vermutung einen großen Grad von Wahrscheinlichkeit an, wenn man sich einer unserer früheren Bemerkungen erinnert, daß Korallenäste noch jetzt auf Bald Head in einer Höhe von mehr als 400 Fuß zu sehen sind. Es möchte ferner scheinen, daß diese Senkung des Wassers nicht vor gar zu langer Zeit geschehen sei, da diese zerbrechlichen Äste noch nicht durch Wind und Wetter zerstört sind.

Ist diese Vermutung begründet, so mag man, den Umstand zu Rate ziehend, daß kein Hügel oder sonst etwas oberhalb der Bank im größten Teil ihrer Ausdehnung gesehen ward, eine Vermutung über das wagen, was jenseits von ihr liegt, und dieses kann nach meiner Meinung nichts anderes sein als flache, sandige Ebenen oder Wasser. Die Bank mag vielleicht einen schmalen Damm zwischen einem inneren See und dem äußeren Meere bilden. Ich bedaure es sehr, daß ich damals nicht auf die Idee der Wahrscheinlichkeit dieser Sache kam. Denn trotz der großen Schwierigkeit und des Wagnisses hätte ich gewiß irgendwo eine Landung versucht, um eine so wichtige Tatsache zu klären.

Nach Endigung der Bank und der zweiten Klippenreihe ward die Küste sandig und dehnte sich zehn Seemeilen nach NO aus, wendete sich dann nach SOzO und bildete das Vorgebirge der großen Australischen Bucht, das unter 131°10′ ö. L. und 31°29′ s. Br. liegt. Nachdem ich gegen ONO, O und OSO gesteuert und den ganzen Strand um das Vorgebirge der großen Bucht her besichtigt hatte, folgten wir sechs Seemeilen weit der neuen Küstenrichtung und waren um fünf Uhr dem äußersten Punkte gegenüber, den der französische Admiral d'Entrecasteaux erblickte, als er seine Untersuchung beendete. Hier ist die Küste ein sandiger Strand, und obgleich sich das Land von ihm allmählich erhebt und drei bis vier Meilen einwärts mäßig hoch wird, so ist es doch sandig und unfruchtbar. Nach Nuyts Karte liegt ein großes Riff etwas entfernt von diesem Küstenstriche, was d'Entrecasteaux nicht gesehen hat. Am 28. Januar befand sich das Schiff unter 131°51′ ö. L. und 32°2′30″ s. Br. Die Klippen liegen sechs bis sieben Seemeilen vom Lande und scheinen keine Verbindung zu haben, sowenig als mit zwei anderen kleinen Riffen, die uns bald nachher im O und im OSO zu Gesichte kamen. Um zwei Uhr waren wir zwischen den beiden letzteren Riffen. Die südlichsten Riffe haben zwei bis drei Seemeilen Länge, und große Klippen ragen auf ihnen über das Wasser empor. Die nördlichen Riffe erstrecken sich acht Seemeilen längs der Küste, von der sie drei Seemeilen entfernt sind. Auf ihren östlichen Teilen erheben sich einige Klippen über das Wasser, aber auf den westlichen wurden anfänglich keine erblickt. Man kann zweifeln, ob Nuyts das westliche Riff kannte, aber über das letzte kann kein Zweifel obwalten. Ich nenne das Ganze Nuytsriffe.

Die Ansicht der Küste gegen N war der gestrigen ähnlich, nur begann sie hinter den zweiten Riffen eine mehr felsige Gestalt anzunehmen. Ein hohes felsiges Kap, etwas weiter östlich, mit einem fast pyramidenförmigen Felsen habe ich Kap Nuyts benannt. Es liegt unter 132°18′ ö. L. und 32°2′ s. Br. Am 28. Januar ankerten wir hinter einer niedrigen, klippenreichen Spitze, die gegen acht Seemeilen in NO vom Kap Nuyts lag.

Da ich so an den letzten Punkt des Teils der Südküste des Australlandes gekommen war, der schon vor uns erforscht ward, so wird es zweckmäßig sein, ehe ich auf den damals noch unbekannten Teil komme, meine Untersuchung mit dem zu vergleichen, was frühere Karten zeigen. Das wird erhellen, daß die 14tägige Beschiffung dieser Küsten nicht ohne Vorteil für Erdkunde und Nautik geblieben sei.*

* Flinders führt im folgenden genau aus, in welchen Teilen er die bis dahin vorhandenen Karten verbessert und berichtigt hat. Dieser Abschnitt wäre allenfalls für Kartenhistoriker von Interesse und entfällt mit Rücksicht auf den begrenzten Umfang dieser Ausgabe. (Anm. des Hrsg.)

Fünftes Kapitel

Von der Fowlersbai zum Nuytsarchipel (28. Januar bis 8. Februar 1802)

Die Bai, in der wir abends am 28. Januar 1802 am Ende der bis dahin bekannten Südküste des Australlandes ankerten, ward nach meinem ersten Leutnant Fowlersbai genannt, so wie die niedrige, felsige Spitze, welche sie gegen die Südwinde schützt. Die Naturforscher landeten am folgenden Morgen, und ich begab mich auch an das Land, um Beobachtungen anzustellen und süßes Wasser zu suchen. Manche Spuren von Eingeborenen wurden gefunden, unter anderem einige jetzt unbrauchbare Speere. Hütten fanden sich aber nicht, auch keine Spur, daß hier kürzlich Menschen gewesen wären. Am Strande waren Fußtapfen von Hunden und Kasuaren oder Emus. In einer Höhlung der niedrigen Klippen fand ich eins der großen Nester, von denen schon oben die Rede war, das aber nichts enthielt und schon lange verlassen war. Weder süßes Wasser noch Brennholz konnte man hier erhalten. Zwei Kriechenten wurden am Strande geschossen, weshalb ein See oder Teich nicht fern sein konnte, desgleichen eine Rotgans und eine See-Elster. Einige kleine Fische wurden vom Schiffe aus gefangen, das waren alle Erfrischungen, die uns diese Bai darbot, und die Botaniker hatten den Mangel an Pflanzen dem anderer Erzeugnisse gleich gefunden. Das östliche Ende von Fowlers Spitze liegt unter 132°27′ ö. L. und 32°1′ s. Br.

Am 31. Januar kamen wir bei Point Bell unter 133°3′ ö. L. und 32°16′30″ s. Br. und den Sinclairs Rocks vorbei, welches nur Klippen sind, die verstreut etwa zwei bis drei Seemeilen von der Küste liegen. Die sandige und felsige

Küste richtet sich im ganzen gegen Osten. Eine kleine, etwas hohe Insel liegt sechs Seemeilen von der Südostspitze des Point Bell. Eine Reihe von Klippen und kleinen Inseln erstrecken sich von ihr drei Seemeilen nach NO. Eine einzelne Insel liegt eine oder zwei Seemeilen von ihr gegen Osten. Alle zusammen erhielten den Namen Purdiesinseln. Am 2. Februar ankerten wir in einer kleinen sandigen Bai an der Nordseite einer von NW nach SO fast drei Meilen messenden, mäßig hohen und an den Spitzen felsigen Insel, deren Mitte ein nur eine halbe Meile breiter sandiger Isthmus ist, wogegen die Breite der höheren Enden eineinhalb bis zwei Meilen beträgt. Sie liegt in der Mitte einer Inselgruppe und ist gegen NO von vier kleinen, gegen W von zwei und gegen S auch von zwei Inseln umgeben. Ich nenne sie die Inseln des heiligen Franz, weil ich überzeugt bin, daß Nuyts der mittleren diesen Namen gab. Unabhängig von diesen acht Inseln und einer Klippe, die diese Sankt-Franz-Insel (Island of St. Francis) umgeben, bestimmte ich von der Nordostspitze derselben noch drei andere Inseln, die kleiner sind.

Mehrere Tage bevor wir hier ankerten, hatten wir Scharen von schwarzen Sturmvögeln gesehen, und ich

Känguruhs

fand die Oberfläche der Insel, wo sie sandig und mit kleinem Strauchwerke bedeckt war, voll ihrer Höhlen. Pinguine, denen auf den Furneauxinseln ähnlich, hatten ihre Höhlen näher an der Küste. Auch ward eine kleine Art von Känguruh hier gefunden, wie die Insel auch kurz zuvor von Gänsen besucht worden sein mußte. Da dermalen aber fast alle Vegetation verdorrt war, so schienen sie diese Insel aus Mangel an Futter verlassen zu haben. Die Hitze war in der Tat so groß, daß ein Spaziergang sehr ermüdend war, was dadurch, daß man oft in die von den Vögeln ausgegrabenen Höhlen einsank oder auf den Sand hinfiel, noch unangenehmer ward. Das Thermometer stand im Schatten auf 98° F (ca. 36,5° C) und an Bord auf 78° F (ca. 25,5° C).

Wo die Oberfläche nicht aus Sand besteht, wird sie durch Kalkstein gebildet, der meistens aus losen Stücken besteht. Aber die Steinart, welche die Grundlage der Insel ausmacht, ist schwer, von dichtem Korne und ward für Porphyr gehalten. In den Spalten eines niedrigen Kalkfelsens an der Südostseite der Bai fand ich einige dünne Blätter von gutem Kochsalz, die auf einem Steine, der Quarzlagen enthielt, kristallisiert waren.

In der Dämmerung sandte ich einige Leute an Land, um Sturmvögel zu fangen. Als sie nach zwei Stunden zurückkamen, hatten sie so viele, daß jeder der Schiffsmannschaft vier Stück erhalten konnte. Am Morgen wurden die Boote wieder zu derselben Absicht ausgesendet, auch um das Netz auszuwerfen; allein die Vögel waren schon nach dem Meere ausgeflogen, und keine Fische wurden gefangen. Ein kleines Känguruh ward an Bord gebracht und eine gelbe Schlange, die zweite, die auf dieser Insel getötet ward. Die große Hitze hielt die Naturforscher ab, an Land zu gehen.

Die kleine Bucht an der Sankt-Franz-Insel, die ich Petrel Bay (Sturmvogelbai) nannte, gewährt zwei bis drei

Schiffen trefflichen Schutz. Allein, damals war kein Tropfen frisches Wasser auf ihr zu finden, und einiges verstreute Strauchwerk war das einzige Feuermaterial, das man hier erhalten konnte. Sturmvögel, Pinguine, einige Robben und in der feuchten Jahreszeit wahrscheinlich auch einige Gänse sind die einzigen Erzeugnisse, die dem Seefahrer Erfrischung gewähren können.

Am 5. Februar ward elf Seemeilen südöstlich von den Franklininseln ein niedriger Vorsprung des festen Landes entdeckt und zu Ehren unseres Naturforschers Point Brown benannt; und zwölf Seemeilen weiter in derselben Richtung ein felsiges Vorgebirge, das nach unserem naturhistorischen Maler den Namen Kap Bauer erhielt. Zwischen diesen Vorsprüngen war ein weiter Raum, in dem kein Land sichtbar war und nach dem wir deshalb steuerten, da der Wind mehr nordwärts ging. Die Atmosphäre war noch neblig, vorzüglich am Horizonte, weshalb keine des Zutrauens werte Beobachtungen weder für die Länge noch für die Breite angestellt werden konnten. Um zwei Uhr ward aber doch vom Mastkorbe aus ein niedriges, sandiges Land entdeckt, von dem an mehreren Stellen Rauch aufstieg. Da der Wind aber ungünstig und keine Aussicht auf eine hinreichend große Öffnung vorhanden war, um den »Investigator« aufzunehmen, so gab ich die fernere Untersuchung dieser Gegend auf und nannte sie Streaky Bay (Gestreifte Bai), weil ihr Wasser verschiedenfarbig gestreift erschien.

Die zwischen Point Bell und Point Brown liegende, gegen 40 Seemeilen lange Küste des festen Landes ward nicht gesehen, doch mußte sie untersucht werden. Da aber der Wind von NNO kam, so steuerte ich südlich, um einige nähere Kunde von der Küste in dieser Richtung zu erhalten, bevor es dunkel würde.

Westlich vom Kap Bauer liegt, vier Seemeilen entfernt, eine niedrige Insel, die rund umher mit Klippen umgeben ist. Ich nannte sie Olivesinsel. Wir fuhren zwischen ihr und dem Kap hindurch und bemerkten, daß die Klippen des letzteren Lager bildeten und wahrscheinlich Kalkstein waren. Ein anderer, etwas höherer Vorsprung, der sechs Seemeilen südlich lag, erhielt den Namen Point Westall, unserem Landschaftsmaler zu Ehren. Die Küste zwischen dieser Spitze und dem Kap Bauer ist flach und bildet eine vier bis fünf Seemeilen tiefe Bucht, die größtenteils von einem Sandstrande umgeben ist.

Die dichten Nebel, vorzüglich am Horizonte, erschwerten die Beobachtungen ungemein, da der wahre Horizont von den verschiedenen falschen nicht zu unterscheiden war, und wir hatten nach der Zahl der Beobachter sechs bis sieben verschiedene Breiten für denselben Punkt. Die von mir nördlich und südlich genommenen differierten um 19′. Auch änderte dieser dichte Nebel wegen seiner starken Refraktionskraft* die wahre Ansicht auf eine überraschende Weise. Ein sandiger Strand erschien als ein Kalkfelsen und die niedrigsten Inseln hatten steile Ufer.

An der Nordseite des Point Brown bildete die Küste eine weite offene Bucht, in welche wir, soweit es der Wind gestattete, eindrangen. Da wir keine Einfahrt entdecken konnten und nur noch fünf Faden Tiefe hatten, fuhren wir westwärts längs dem Lande hin. Die Menge der Rauchsäulen, die sich an den Küsten dieser weiten offenen Bucht erhoben, veranlaßten mich, sie Smoky Bay (Rauchige Bai) zu nennen.

Am 6. Februar kamen wir um vier Uhr an der kleinen Öffnung vorbei, in die wir am 4. abends vergeblich einfahren wollten, und steuerten unter dem Schutze der Insel, die ihre Westküste bildet, nördlich. Weiterhin erblickten wir das feste Land, zwischen welchem und den Inseln eine fünf bis sechs Seemeilen weite Öffnung war,

* Refraktion = Strahlenbrechung. (Anm. d. Hrsg.)

die den Anschein hatte, die Mündung eines Flusses zu sein. Gegen NW war kein Land sichtbar, und da eine Menge von Gras und Ästen von Bäumen oder Sträuchern im Wasser schwamm, so schwebten auf der Oberfläche eine große Zahl solcher langer florgeflügelter Insekten (Wasserjungfern) herum, die sonst nur Süßwasserseen und Teiche besuchen. Um ein Urteil zu fällen, ob das Wasser süß oder mit Salzwasser vermischt sei, nahm ich eine Probe, um dessen spezifisches Gewicht zu bestimmen. Aber bevor dieser Versuch gemacht werden konnte, nahm die Tiefe bis auf drei Faden ab, und man erblickte überall umher flaches Land. Wir wendeten dann das Schiff und gingen um sieben Uhr in sechs Faden Tiefe vor der Nordküste der westlichen und kleinsten Insel vor Anker.

Das spezifische Gewicht des Wassers betrug 1,034, war mithin 0,008 größer als das des südlichen Indischen Ozeans westlich von der Insel Amsterdam, obgleich die Temperatur, in der es gewogen ward, um 14° F (ca. 8° C) höher war. Dieser Umstand, verbunden mit der geringen Tiefe der Einfahrt und dem Anblicke des so nahe uns umgebenden Landes, bewogen mich, den Vorsatz aufzugeben, weiter hinauf zu fahren, da hier kein bedeutender Fluß zu erwarten war.

Große Schwärme schwarzer Sturmvögel sah man vom Meere nach der Insel zurückkehren, und bei der ersten Dämmerung des folgenden Tages ward ein Boot abgesendet, um eine Anzahl davon zu fangen und Robben zu schlagen. Die Vögel waren jedoch schon fort, und wir erhielten nur vier Robben. Die Botaniker wollten lieber an die Küste des östlich liegenden Landes, welches, wenngleich niedriger, doch ausgedehnter als die dem Schiffe nähere Insel war. Auch war es in der Tat noch nicht entschieden, ob es nicht einen Teil des Australlandes bilde. Ich begab mich auf die höhere Insel mit einem

Theodoliten, um Winkel zu nehmen, und da ich festgestellt hatte, daß kein Zutrauen in irgendeine Beobachtung, die seit den letzten fünf Tagen an Bord des Schiffs gemacht wurde, gesetzt werden könne, so nahm ich die nötigen Instrumente zur Bestimmung der Länge und Breite mit mir.

Granit bildete die Felsen der Küste und schien die Grundlage der Insel zu machen. Er war aber mit einer Rinde von Kalkstein, die oft 54 Fuß stark war, bedeckt. Der Boden am Gipfel war wenig besser als Sand, doch bedeckt mit Strauchgewächsen, größtenteils von einer Art weißlicher, samthaariger Pflanze, die dem ziemlich ähnlich war, was man zu Port Jackson Botany-Bay-Green nennt. Zwischen diesen hatten die Sturmvögel überall den Boden untergraben, und die gewaltige Hitze der Sonne, die Reflektion ihrer Strahlen vom Sande und das häufige Versinken bis an die halbe Wade in die Höhlen machten es trotz meiner Anstrengung fast unmöglich, den höchsten Hügel in der Mitte der Insel zu erreichen. Ich hatte kein Thermometer, vermutete aber, daß die Temperatur nicht unter 120° F (49° C) sein könne, und kein Lüftchen stillte die Hitze. Meine Anstrengung ward aber durch die große Reihe der Richtungsbestimmungen von Orten der verschiedenen Himmelsrichtungen belohnt. Ich überblickte die niedrigere östliche Insel und sah das Meer hinter derselben sich mit der Smoky Bay verbinden. Da das niedrige Land und die Insel, auf der ich stand, die nordöstlichste dieses Archipels war, so mußte ich zugeben, daß dies die Sankt-Peters-Inseln auf der Karte von Nuyts waren, ob sie gleich nur wenig von den Sankt-Franz-Inseln entfernt lagen. Die nördliche Bai zwischen diesen Inseln und dem festen Lande nannte ich Denial Bay (Verleugnungsbai), sowohl in Hinsicht auf den heiligen Petrus als auch auf unsere getäuschte Hoffnung, hier in das Binnenland eindringen zu können. Wie ich an die

Küste zurückkehrte, um meine Beobachtungen zu vollenden, kam ein Schwarm Kriechenten, von denen vier getötet wurden. Auch waren hier drei Arten Rotgänse, und auf der Insel sah man Krähen, einen grünen Papagei und zwei kleinere Vögel. Eine schwarze Schlange von gewöhnlicher Größe ward getötet, schien aber nicht giftig zu sein. Nachdem ich mittags die Höhe der Sonne genommen hatte, kehrte ich in der Absicht an Bord zurück, eine Bucht in der Küste nahe bei Point Bell näher zu untersuchen und dann in die Petrel Bay auf der Sankt-Franz-Insel zurückzukehren, um bessere Beobachtungen für meine Karte von diesem Archipel zu erhalten. Um zwei Uhr kehrten Herr Brown und seine Gefährten von der östlichen Insel zurück und brachten vier Känguruhs von einer noch unbekannten Art mit. Sie waren nicht größer als ein Hase, sehr mager und voll Ungeziefer. Auf der östlichen Insel hatte man nur Kalkfelsen angetroffen. Sie schien weder Holz noch Wasser darzubieten, zeigte auch keine Spuren, daß die Eingeborenen sie besucht hätten, und glich hierin sowie in der Vegetation und daß sie auch vom schwarzen Sturmvogel besucht ward, der westlichen Insel. Herrn Browns Taschenthermometer zeigte auf dem Sande 125° F (52° C), im Schatten 98° F (37° C) und an Bord 83° F (28° C).

Zu Mittag stand die Sonne zu hoch, um ihre Höhe mittels eines künstlichen Horizontes nehmen zu können. Aber ich begab mich an den Strand und erhielt sie mittels des Meereshorizontes und ziemlich frei von den durch die Verdunstung bewirkten Refraktionsfehlern. Die Nordküste der westlichen Sankt-Peters-Insel lag unter 133°29′ ö. L. und 32°21′15″ s. Br.

Nach der Rückkehr der Naturforscher ward der Anker gelichtet, und wir steuerten westlich der kleinen, Lounds benannten Insel vorbei bis zu den Purdiesinseln. Als wir hinter denselben die ganze Küstenstrecke erblickt hatten, steuerten wir um sechs Uhr südwärts zur Petrel Bay und ankerten früh um ein Uhr am 8. Februar unfern unseres vorigen Ankerplatzes in 13 Faden Tiefe.

Hier überzeugten mich eingehende Beobachtungen, daß die an Bord genommenen Längen und Breiten falsch waren, und die daraus sich ergebende Notwendigkeit, meine Karte von diesen Inseln aufs neue zu entwerfen, veranlaßte mich, den übrigen Teil des Tages vor Anker zu bleiben. Ein Boot ward ausgesendet, mit Schnur und Angel zu fischen; es hatte einigen Erfolg, und in der Abenddämmerung ward eine hinreichende Menge schwarzer Strandvögel aus den Höhlen geholt, daß jeder der Mannschaft neun Stück erhalten konnte. So belief sich die Gesamtzahl der von uns gefangenen Strandvögel, die früher gefangenen mit eingeschlossen, auf 1200. Sie waren freilich nicht so schmackhaft als die auf der Sankt-Peters-Insel geschossenen Kriechenten, und viele dachten, sie seien wegen ihres Fischgeschmackes nicht zu essen; aber sie gaben doch Leuten, die mehrere Monate auf Salzfleisch beschränkt gewesen waren, eine wirklich angenehme Abwechslung.

Die Position unseres Ankerplatzes ward bestimmt mit 133°15′30″ ö. L. und 32°33′20″ s. Br.

Da ich im Begriff stehe, diesen Archipel zu verlassen, so wird man von mir einige allgemeine Bemerkungen über denselben erwarten. Die Grundsteinart der Inseln, auf denen wir landeten, der die der anderen Inseln und der vorspringenden Teile der Küste gleichzukommen schienen, war entweder Granit oder Porphyr, die aber fast überall mit einem dickeren oder dünneren Lager von Kalkstein bedeckt waren. Die Dürre und Unfruchtbarkeit der beiden größten Inseln sind schon erwähnt, und doch schienen sie vorzüglicher als irgendeine der kleineren Inseln zu sein, wo selbst das kleine Känguruh in der trockenen Jahreszeit nicht leben konnte. Die Oberfläche des festen Landes schien auch gänzlich von Humuserde entblößt zu sein, welche die Felsen und den Sand decken könnte, und die heißen Landwinde, welche wir in der Streaky und der Smoky Bay empfanden, scheinen zu zeigen, daß diese Dürre tief in das Land hinein herrscht. Doch hat man einige Veranlassung zu glauben, daß ein See oder ein Süßwasserstrom unfern der Denial Bay existiere. Die Schar von Kriechenten, die man auf der westlichen Sankt-Peters-Insel sah, und die Zahl der geflügelten Süßwasserinsekten, welche über die Oberfläche dieser Bai hin- und herfahren, sind die Hinweise, auf die ich mich beziehe.

Meine Untersuchung dieser Inselgruppe war, obwohl sie bloß von einem Schiffe aus geschehen war, erträglich genau. Aber vieles blieb noch zu tun übrig, um eine vollständige Vermessung vorzüglich der Buchten am festen Lande zu erhalten, was am zweckmäßigsten durch Boote geschehen konnte. Da mir aber für diese Zeit nur eine allgemeine Untersuchung vorgeschrieben war, sparte ich die nähere Erforschung einem zweiten Besuche auf, den ich in Begleitung der Brigg »Lady Nelson« hier machen wollte.

Was die Identität der einzelnen Inseln dieser Gruppe mit den in Nuyts Karte angegebenen betrifft, so ist kein Zweifel, daß sie dieselben Inseln sind, die der holländische Seefahrer eingezeichnet hat und die ich daher durch den Namen Nuytsarchipel von anderen Gruppen an dieser Küste unterscheide. Er umfaßt außer den neun Sankt-Franz- und den zwei Sankt-Peters-Inseln verschiedene einzelne Klippen und Riffe, Sinclairs vier Klippen, die Purdiesinseln, die Loundsinsel, die Lacys- und die Evansinseln, die Franklinsinseln und die Olivesinsel, welche Namen ihnen nach den jungen Offizieren des »Investigators« gegeben sind. Die Leistungsfähigkeit der Navigation im Jahr 1627 läßt keine genaue Übereinstimmung zwischen der Darstellung dieser Inseln auf der holländischen und auf meiner Karte erwarten. Wenn einige Ähnlichkeit gefunden wird, so ist dies alles, was man verlangen kann, und dieses ist der Fall.

Sechstes Kapitel

Vom Nuytsarchipel bis Port Lincoln (9. Februar bis 6. März 1802)

Am 9. Februar kamen wir an einem hohen felsigen Vorgebirge vorbei, das ich Kap Radstock nannte und das unter 134°15′ ö. L. und 33°12′ s. Br. liegt. Am 10. ward eine Bucht wahrgenommen, die aber mit Klippen erfüllt und mit niedrigem Lande umgeben war. Die Küste von Kap Radstock dehnt sich fast zwölf Seemeilen gegen Osten, und eine felsige Spitze, Point Weyland genannt, beschließt sie unter 134°32′ ö. L. und 33°14′ s. Br. Hinter dieser Spitze ward eine Öffnung erblickt, die sich nach N und NO zu erstrecken schien, obgleich das Land bis OSO sichtbar war. Vor Mittag ward schon entschieden, daß der größere Teil des offenen Raumes von niedrigem Lande eingenommen war, und es blieb nichts weiter von der Öffnung übrig als eine schmale Einfahrt durch den Strand, die, wie man vom Mastkorbe sah, in einen Teich führte. Bloß Booten war sie zugänglich. Später drehte der Wind auf SW, und da der Wellengang aus der gleichen Richtung kam, so mußten wir unsere Fahrt gegen SOzO, parallel zur Küste, fortsetzen. Um drei Uhr sah man das Festland sich weiter ausdehnen, als es das Schiff erreichen konnte. Es wurden zwei Inseln gesichtet, die den Namen

Waldegraveinseln erhielten, darüber hinaus eine dritte mit Klippen umgebene, die Topgallant Island (Bramsegelinsel) benannt ward. Erstere bilden die südliche Grenze und Kap Radstock den nördlichsten Punkt der offenen Bucht, in der wir die Nacht unter Besorgnissen zugebracht hatten, und die daher den Namen Anxious Bay (Sorgenbai) erhielt.

Die Mitte der größten Waldegraveinsel liegt unter 134°44′ ö. L. und 33°35′30″ s. Br. Sie ist etwa zwei Meilen lang und durch Klippen mit der kleinen auswärts liegenden Insel verbunden. Beide liegen vier bis fünf Seemeilen westlich von einem vorspringenden Teile des festen Landes. Erstere war der westlichen Sankt-Peters-Insel sehr ähnlich hinsichtlich ihrer felsigen Küsten, ihrer Grundlage aus Granit, über die ein Kalksteinlager sich ausdehnt, ihrer vegetabilischen Erzeugnisse und ihrer durch die Nester der schwarzen Sturmvögel ausgehöhlten Oberfläche. Auch hatten sich früher in diesem Jahre hier Gänse aufgehalten, und man fand Spuren, daß sie hier gebrütet hatten. Aber dermalen waren alle Vegetabilien zu sehr vertrocknet, um ihnen einige Nahrung zu geben. Krähen von schwarzer, glänzender Farbe waren in Menge vorhanden. Bei zweien, die ich schoß, war der Schnabel an seiner Wurzel mit kleinen Federn, die sich ein Viertel der Länge des Schnabels gegen seine Spitze hin erstreckten, umgeben. Es hatte nicht den Anschein, daß diese Insel je vorher von Europäern oder Eingeborenen besucht worden wäre. Von Säugetieren ward nur eine Ratte gesehen, und einige Robben wurden am Ufer getötet. Herr Brown bemerkte, daß er hier auch nicht einen einzigen neuen Beitrag für die Naturkunde dieser Gegenden erhalten habe.

Die größte der Topgallant Islands, so benannt, weil an ihrer Südseite drei segelnden Schiffen ähnliche Klippen liegen, ist nur klein, aber hoch und felsig. Im SW derselben erblickte ich mehrere kleine Inseln, von denen die nördlichste und größte sich durch zwei auf ihr liegende hohe Bergspitzen auszeichnete und unter 134°13′ ö. L. und 33°57′ s. Br. lag. Diese Gruppe erhielt den Namen Pearsoninseln. Eine andere etwa eine Seemeile lange und mäßig hohe Insel, die in einer Entfernung von zwölf Seemeilen in OSO entdeckt ward, erhielt nach dem zweiten Leutnant den Namen Flindersinsel. Sie war von hohen Klippen umgeben, und es lag noch eine kleinere Insel neben ihr. Beide wurden Wardsinseln genannt. Alle drei kleinen Gruppen einschließlich Waldegravesinseln und der Flindersinsel bilden eine eigene, vom Nuytsarchipel verschiedene Gruppe, der ich den Namen Investigatorgruppe gab.

Die Flindersinsel bildet beinahe ein Viereck, von dem jede Seite drei bis fünf Seemeilen lang ist. An allen Seiten sind Buchten. Doch scheint nur die an der Nordseite einen guten Ankerplatz zu gewähren. Die mineralogische Beschaffenheit der Insel ist fast der der größten Waldegravesinsel gleich. Nur liegt zwischen der granitischen Grundlage und dem kalkigen Gipfel ein an manchen Stellen 20 Fuß dickes Sandsteinlager. Die Vegetation unterschied sich von der der anderen vorher besuchten Inseln dadurch, daß die niedrigeren Gegenden mit starkem Buschwerk bedeckt waren und daß hier nur wenige Exemplare von der weißen samthaarigen Pflanze und von dem buschigen verwickelten Grase sich fanden. Eine kleine Känguruhart, nicht größer als eine Katze, war sehr zahlreich. Ich schoß fünfe derselben, und einige weitere erlegten die Naturforscher und ihre Leute, und wir fanden sie als ein ziemlich gutes Nahrungsmittel. Jetzt begannen wir Wasser zu bedürfen und durchsuchten den nördlichen Teil der Insel sorgfältig in dieser Hinsicht. Wir fanden aber nur ausgetrocknete Teiche, in denen die in denselben wachsenden Pflanzen rot gefärbt waren, als sei das Wasser salzig gewesen. Bloß einige Kasuarinabäume sah man in einiger Entfernung vom Ankerplatze. Brennholz könnte man mit einiger Schwierigkeit aus den längs der Küste wachsenden Gesträuchen schlagen. Der Strand ward von Robben besucht. Alle 200 bis 300 Yards lag eine Familie von einem Männchen, vier bis fünf Weibchen und ebensovielen Jungen schlafend. Sie fühlten sich so sicher, daß ich mich mancher dieser Familien sehr nahen und zurückziehen konnte, ohne ihre häusliche Ruhe zu stören oder von ihnen bemerkt zu werden. Die nordöstliche sandige Bucht auf der Flindersinsel ward unter 134°27′30″ ö. L. und 33°41′ s. Br. bestimmt.

Am 15. Februar 1802 ward eine steil aufragende Spitze von Kalkklippen unter 135°13′ ö. L. und 34°10′ s. Br. entdeckt und Point Drummond genannt. Die Küste von den Waldegravesinseln bis Point Drummond geht sich schlängelnd in südöstlicher Richtung und bildet Buchten und breite felsige Vorgebirge. Sie schien von mittlerer Höhe und unfruchtbar zu sein. Wegen des Nebels konnten ihre Teile nicht genau erkannt werden. Am 16. war Point Drummond sieben Seemeilen nordöstlich entfernt, und die sich vier bis fünf Seemeilen hinter dasselbe zurückziehende Küste nahm einen südlichen Verlauf. Ein anderes Land war weiter entfernt, und wir steuerten nach der Öffnung zwischen beiden, indem wir bei einem felsigen Inselchen vorbeikamen, das fünf Seemeilen von Point Drummond und fast ebenso weit von der östlichen Küste entfernt lag. Um acht Uhr befanden wir uns in einer Bai, deren Breite von dem äußersten westlichen Punkte der Einfahrt, der den Namen Point Sir Isaac erhielt, bis zur Küste auf der Ostseite bald neun Seemeilen war. Sie dehnte sich auch weit gegen SSO aus. Point Sir Isaac liegt unter 135°10′ ö. L. und 34°27′ s. Br. Seine Grundlage scheint Granit und sein oberer Teil Kalkfels zu sein. Seine Höhe ist unbedeutend und seine Oberfläche, sowie das ganze Land auf dieser Seite, sandig und unfruchtbar. Die große Wasserfläche, welche es gegen die Westwinde schützt, nannte ich Coffin Bay, dem gegenwärtigen Vizeadmiral Sir Isaac Coffin, Baronet, zu Ehren, der als Kommissar in Sheerness so lebhaften Anteil an der Ausrüstung des »Investigators« nahm. Coffin Bay erstreckt sich 12 bis 15 Seemeilen südöstlich von Point Sir Isaac. Ich glaube nicht, daß ein bedeutenderer Wasserlauf als ein schwaches Rinnsal vom Hinterlande in dieselbe mündet, da wir rund umher nichts als sandigen Strand und Klippen erblickten. An der Ostseite der Einfahrt erhebt sich die Küste schnell vom Strande zu gut bewaldeten, beträchtlich hohen Hügeln. Den höchsten derselben nannte ich Mount Greenly (Grüner Berg), dessen Höhe zwischen 600 und 800 Fuß ist und der sich ziemlich nahe an der Küste erhebt.

Um die Coffin Bay sahen wir an verschiedenen Orten Rauch und auch zwei Gruppen von Eingeborenen. Diese Küsten waren also besser bevölkert als die westlicheren Teile der Südküste. Sie waren schwarz und nackt und unterschieden sich von denen am King-George-Sunde, von denen oben Nachrichten gegeben sind, durch nichts.

Am 16. Februar wurden die beiden Greenlyinseln und am 17. elf Seemeilen in SSW vom Point Sir Isaac eine felsige Spitze entdeckt, die den Namen Point Whidbey erhielt. Sieben bis acht Seemeilen südöstlich derselben liegt eine eine Meile lange Insel, welche die mittlere und größte von sieben anderen bildet und die von mir nach meinem würdigen Freunde zu Sheerness Whidbeyinseln benannt wurden. Die Grundlage derselben schien Granit zu sein, auf dem eine dicke Kalklage ruhte.

Die beiden östlichen Whidbeyinseln liegen dicht an einem niedrigen Vorsprunge des festen Landes, der den Namen Point Avoid erhielt. Er liegt elf bis zwölf Seemeilen in OSO von Point Whidbey, und die Küste zwischen beiden bildet eine so tiefe Bucht, daß die Halbinsel zwi-

Porträt eines Eingeborenen

schen ihr und Coffin Bay nur zwei bis drei Meilen Breite zu haben scheint. An der Mündung dieser Bucht liegt eine niedrige felsige Insel, Felsen und Klippen liegen an jeder Seite der Einfahrt. Deshalb, und weil sie den gefährlichen Südwinden ausgesetzt ist, habe ich sie Avoid Bay (Zu meidende Bai) genannt. Die Küste derselben ist sandig und niedrig und erstreckt sich von Point Avoid gegen fünf Seemeilen nach O, nimmt dann eine mehr südliche Richtung und wird höher. Die vorspringenden Teile der sich schlängelnden Küste sind felsig. Hinter der Küste erhebt sich das Land zu einer mäßigen Höhe, hat keine Vegetation und eine gelbe Farbe. Ob ihre Oberfläche aus bloßem Felsen oder aus Sand bestehe, konnte nicht entschieden werden.

Die um diese Zeit (den 18. Februar) mit den drei Kompassen vorgenommenen Peilungen, während der Bug des Schiffes gegen S der Nordnadel gerichtet war, ergaben eine mittlere Abweichung von 1°12′ östlich, mit dem Vermessungskompaß allein aber 1°39′ östlich. Am vorhergehenden Tage waren die beiden Kanonen vom Achterdeck in der Nähe des Hängekompasses wegen der Vermutung in den Hinterraum gebracht worden, daß die Abweichung der Kompaßnadel bei verschiedenen Orientierungen des Schiffes von der Nähe irgendwelchen Eisens herrühre. Strenge Nachforschungen nach Segelnadeln, Eisen, um Taue aneinander zu befestigen, oder nach anderen Eisengerätschaften, die sich in oder um das Behältnis des Hängekompasses befinden konnten, wurden wiederholt angestellt. Denn man muß bemerken, daß trotz der Beständigkeit der Abweichung die Idee, daß eine regelmäßige Einwirkung der Grund der Störung der Nadel sei, mir noch nicht gekommen war. Die Vollkommenheit, zu der die Nautik gekommen ist, gestattete mir die Vermutung nicht, daß, wenn eine unvermeidliche und beständige Anziehung auf Schiffen stattfinde, diese nicht schon aufgefunden und deren Gesetze bestimmt sein sollten. Doch nicht länger als drei Tage zuvor waren Unterschiede beobachtet worden, die hinreichend schienen, jeden zu überzeugen, daß sie durch eine regelmäßige Ursache hervorgebracht würden. Etwa 44 Seemeilen nördlich von Point Drummond ward die Abweichung bei Richtung des Buges gegen Süden 1°39′ westlich gefunden, der Bug gegen SOzO stehend ergab 1°33′ westlich, und nachdem der Bug gegen SWzW gerichtet war, war die Abweichung 3°56′ östlich. Verschiedenheiten wie diese schienen die Genauigkeit meiner Vermessung unmöglich zu machen, da ich nicht wußte, welche Abweichung ich den verschiedenen Himmelsrichtungen zuschreiben sollte. Die Kanonen wurden, um diese Verschiedenheiten zu beheben, beiseite geschafft, aber die Abweichungen blieben ziemlich so wie zuvor. Fast verzweifelnd, beschloß ich am Ende eine genaue Untersuchung aller damit verbundenen Umstände anzustellen, um die Ursache zu erforschen und womöglich ein Hilfsmittel dagegen anzuwenden. Aber es dauerte lange, und es mußten erst viele Informationen gesammelt werden, bevor ich zu Resultaten gelangen konnte.*

Bald nach Mittag steuerten wir gegen das Land und waren um drei Uhr fünf Seemeilen davon entfernt. Der entfernteste Punkt des festen Landes war eine abfallende, niedrige Spitze, die etwa neun Seemeilen davon lag. Etwa zwei bis drei Seemeilen südlich derselben lag eine kleine Insel, die ich Liguanea benannte. Am Nachmittage des 19., als der Wind wieder auf Süden gedreht hatte, kamen wir gegen den Wind an gedachter Insel vorbei, die im S und W von vielen Klippen umgeben war. Die abfallende niedrige Spitze war auch noch in Sicht, und drei Seemeilen nach O zu lag ein steiles Vorgebirge mit zwei hohen Klippen und einer niedrigeren. Ich gab ihm den Namen Kap Wiles nach einem schätzbaren Freunde von mir zu Liguanea auf Jamaika. Es liegt unter 135°48′30″ ö. L. und unter 34°57′ s. Br. Am 20. ward eine Insel, die den Namen Williamsinsel erhielt, entdeckt und die Sleafordbai, die bei Südwestwinden keinen sicheren Aufenthalt gewährt.

Am 21. Februar begab ich mich an die Küste des östlichen Landes, um zu entscheiden, ob es mit dem festen Lande zusammenhängt oder nicht. Am Strande befanden sich Robben und zahllose Fährten von Känguruhs. Spuren von erloschenem Feuer waren überall. Sie bewiesen

* M. Flinders erkannte als einer der ersten den Einfluß des Schiffseisens auf den Kompaß. Er behalf sich damit, daß er eine weiche Eisenstange senkrecht neben dem Kompaß anbrachte, um die Wirkung des Schiffseisens aufzuheben, eine Erfindung, die nach ihm den Namen »Flindersstange« erhielt. (Anm. des Hrsg.)

einen früheren Waldbrand und nicht die gewöhnliche Anwesenheit von Menschen hierselbst. Er mochte durch den Blitz oder die Reibung zweier Bäume bei starkem Winde entstanden sein. Bald sah ich, daß dieses Land eine Insel war, und gab ihr nach meinem Begleiter den Namen Thistle Island. Auf unserem Wege auf die Höhen, um einen Platz für die Vermessungen zu wählen, trafen wir eine gefleckte, gelbe schlafende Schlange. Während ich den Kolben einer Flinte auf ihren Nacken setzte, nähte Herr Thistle ihr mit einer Segeltuchnadel und Zwirn das Maul zu, um sie zur Untersuchung durch den Naturforscher lebend an Bord zu bringen. Zwei andere von derselben Art waren schon getötet worden, von denen die eine sieben Fuß neun Zoll lang war.

Wir wollten mit unserem Fang weitergehen, als ein weißer Adler mit stolzem Blicke und ausgebreiteten Fittichen auf uns zukam, aber in einer Entfernung von 20 Yards anhielt und auf einen Baum flog. Ein anderer Vogel verriet sich selbst durch eine Bewegung, die er machte, auf uns herabzustürzen, als wir unter ihm gingen. Offenbar hielten sie uns für Känguruhs, da sie auf dieser Insel wahrscheinlich noch nie ein anderes aufrecht gehendes Tier als dieses bemerkt hatten. Diese Vögel lauern auf den Bäumen sitzend, und kommt ein Känguruh am Tage hervor, um Futter zu suchen, so wird es von diesen gefräßigen Bestien ergriffen und zerrissen. Dies erklärt, warum wir hier so wenig Känguruhs sahen, obwohl wir doch bei jedem Schritte Spuren von ihnen entdeckten, und weshalb sie sich so sehr unter den Gebüschen verbargen, daß es unmöglich war, welche zu schießen. Sie waren größer als die auf den mehr westlich gelegenen Inseln, aber viel kleiner als das Waldkänguruh des festen Landes.

Von einer freien Stelle auf dem nordwestlichen Kap der Insel nahm ich die Küste des Festlandes auf. Weder im Nordosten noch im Osten war Land zu sehen. In der

entgegengesetzten Richtung lagen eine kleine Gruppe niedriger Inseln und etwas näher einige Felsen. Ich gab ihnen den Namen Neptunsinseln, da sie Menschen unzugänglich schienen. In der Öffnung zwischen Thistle Island und dem festen Lande lagen mehrere kleine Inseln. Die beiden südlichsten verengten den Eingang der Durchfahrt so sehr, daß nur eineinhalb Seemeilen ihrer Breite Schiffen durchgänglich war. Ich gab dieser Straße den Namen Thorny Passage (Dornige Durchfahrt).

Thistle Island ist etwa zwölf Meilen lang und eine bis drei Meilen breit. Ihre Mitte ist hoch genug, um in einer Entfernung von 30 bis 36 Seemeilen von Schiffen erblickt zu werden. Die Nordostspitze besteht aus Kalkstein. Auf dem 200 Fuß hohen Gipfel des nordwestlichen Vorgebirges liegt Granitgeröll. Einige Klippen an der Westküste waren weiß, als beständen sie aus Kalk. Der Boden schien im allgemeinen sandig zu sein, aber die ganze Insel war sehr gut bewaldet, besonders mit Eukalyptus und Kasuarina. Da hier kein Wasser zu finden und der Schiffsvorrat davon aber zur Neige ging, so kehrte ich nach Beobachtung der geographischen Breite mit der Absicht an Bord zurück, an das feste Land zu gehen und dort Wasser aufzusuchen. Als ich aber die von Leutnant Flinders beobachtete geographische Länge mit den Resultaten meiner Messungen verglich, so machte der gefundene Unterschied es nötig, die Beobachtungen an der Küste zu wiederholen. Da nun dieses die Zeit der Abfahrt des Schiffes bis in die Nacht verlängert haben würde, so ward Herr Thistle mit dem Kutter nach dem festen Lande abgeschickt, um einen Ankerplatz zu ermitteln, wo man Wasser einnehmen könne.

Die stärksten Fluten aus Nordosten machten in einer Stunde zwei Seemeilen, was um so bemerkenswerter ist, als wir bisher an dieser Küste keine Gezeiten festgestellt hatten, die einer Notiz wert gewesen wären. In der Nacht vom 20. stieg die Flut auf siebeneinhalb Fuß, und in 24 Stunden gab es zwei Fluten. Dies und der Verlauf der Küste nach Norden gab den Vermutungen* neue Nahrung.

In der Abenddämmerung ward der Kutter unter Segel auf seiner Rückfahrt vom festen Lande bemerkt. Da er aber nach einer halben Stunde noch nicht angelangt und plötzlich außer Sicht war, setzten wir eine Signallaterne, und Leutnant Fowler begab sich mit einer Laterne in das Boot, um zu erforschen, was sich zugetragen habe. Zwei Stunden vergingen ohne Nachricht. Dann ward eine Kanone abgefeuert, und Herr Fowler kehrte bald hernach zurück, aber allein. Bei dem Orte, wo man den Kutter zum letzten Male gesehen hatte, traf er einen so starken Wellengang, daß er selbst zu kentern drohte, und man hatte Grund zu fürchten, daß dieses Herrn Thistle widerfahren sei. Wäre es Tag gewesen, so hätte man vielleicht einige oder alle der Besatzung des Kutters retten können. So aber war es zu dunkel, um etwas zu sehen, und keine Antwort konnte man auf das Hallorufen und Abfeuern der Flinten vernehmen. Anderthalb Stunden lang, nachdem man das vermißte Boot zuletzt gesehen hatte, strömte die ablaufende Ebbe nach Süden auf die hohe See hinaus. Da nur zwei der aus acht Personen bestehenden Bemannung schwimmen konnten, so mußte man befürchten, daß die meisten verloren waren.

* Über eine Durchfahrt zum Carpentariagolf. (Anm. des Hrsg.)

An diesem Abend erzählte mir Herr Fowler einen Umstand, der mir außerordentlich vorkam. Während wir vor Spithead lagen, begab sich Herr Thistle eines Tages an Land, und da er nichts weiter zu tun hatte, ging er zu einem alten Manne namens Pine, um sich sein Schicksal vorhersagen zu lassen. Dieser listige Mann sagte ihm, er stehe im Begriff, auf eine weite Reise zu gehen, und daß dem Schiffe, wäre es am Orte seiner Bestimmung angelangt, ein anderes beigefügt werden würde. Daß dieses bestimmt war, konnte er leicht durch Privatnachrichten erfahren haben, aber er setzte hinzu, ehe dieses andere Schiff sich mit dem ersten vereine, würde er selbst das Leben verlieren. Wie dieses geschehen werde, wollte der Seher nicht erklären. Wie meine Schiffsmannschaft dieses von Herrn Thistle erzählen hörte, fragte sie daher auch den weisen Mann um Rat. Nachdem er von einer langen Reise gesprochen hatte, sagte er ihnen, sie würden Schiffbruch erleiden, doch nicht auf dem Schiffe, auf welchem sie jetzt ihre Reise anträten. Ob sie davon und nach England zurückkommen würden, dürfe er ihnen nicht offenbaren.

Dieses hatte Herr Thistle oft seiner Tischgesellschaft erzählt, und ich bemerkte mit einigem Verdrusse bei dem folgenden Teile meiner Reise, daß meine Schiffsmannschaft befürchtete, als sie sich mit mir auf der »Lady Nelson« einschiffen sollte, die Zeit des vorhergesagten Schiffbruchs nahe nun heran. Über diese Geschichte mache ich keine Bemerkungen, empfehle aber jedem Befehlshaber, seine Mannschaft von der Befragung der Glückspropheten abzuhalten.

Mit Tagesanbruch steuerte ich durch die Thorny Passage dem Orte zu, wo der Kutter zuletzt gesehen worden war. Ein Offizier mit einem Fernrohre stand auf dem Mastkorbe, um alles zu beobachten. Ein Boot ward abgesendet, um den verlornen Kutter aufzusuchen. Es brachte

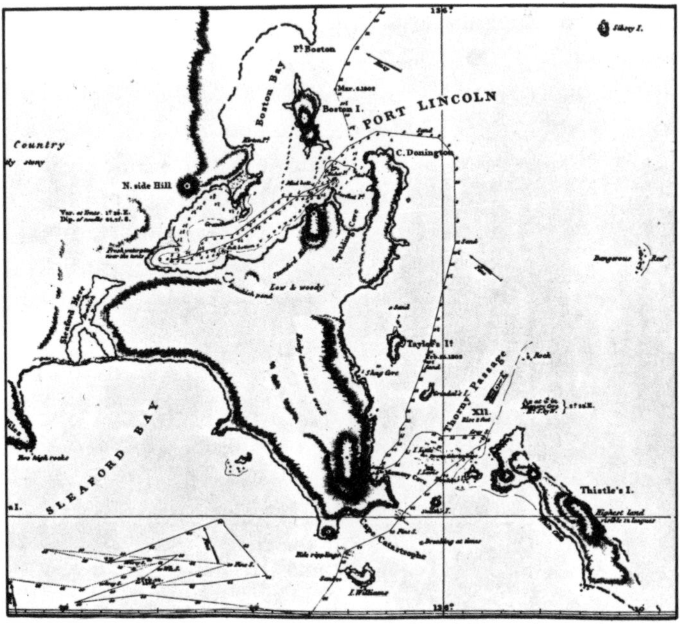

Port Lincoln / Cape Catastrophe

ihn bald am Schlepptau, kieloben und überall zerstoßen; wahrscheinlich weil er gegen die Klippen geworfen war. Eines der Ruder ward nachher gefunden. Aber von den verunglückten acht Mann ward trotz mehrtägigen Nachsuchens keine Spur gefunden. Wahrscheinlich wurden sie eine Beute der hier zahlreichen Haifische.

Die südliche Spitze des festen Landes in dieser Gegend nannte ich Cape Catastrophe (Katastrophenkap). Am 23. ward eine kleine Inselgruppe in der Thorny Passage entdeckt und Taylorsinseln genannt. Am 24. Februar ward von einer Höhe eine große Bucht entdeckt, die nachher Port Lincoln genannt ward, sowie eine Gruppe von vier Inseln und zwei Felsen, die 15 Seemeilen von der äußersten Spitze von Thistle Island lag und den Namen

Gambierinseln erhielt. In einer kleinen Bucht, Memory Cove (Gedächtnisbucht) genannt, ward ein Pfahl mit einer Kupferplatte aufgestellt, die Nachricht von dem uns widerfahrenen Unglück erteilte:

MEMORY COVE
H. M. S. Investigator – Matt$^{w.}$ Flinders, Kommandant,
ankerte hier am 22. Februar 1802

Herr John Thistle, Master
Herr William Taylor, Midshipman und
sechs Mann der Besatzung ertranken in der Nähe dieses Ortes, als ihr Boot kenterte. Das Wrack des Bootes ward gefunden, aber ihre Körper waren nicht auffindbar.

Nautici cavete!*

Herr Thistle war sowohl als Seemann und Offizier wie auch als Mensch ein sehr braver Mann. Schon seit 1794 kannte ich ihn und hatte mit ihm seit dieser Zeit meist auf dem gleichen Schiff gedient. Er hatte Herrn Bass auf seiner gefährlichen Fahrt mit dem Walfangboot und mich auf den Reisen um das Van-Diemens-Land**, zur Glashouse Bay*** und zur Hervey Bay begleitet. Seine Liebe zur Entdeckung veranlaßte ihn, auf dem »Investigator«, als er vor Spithead fertig zum Auslaufen lag, erneut anzuheuern, obwohl er erst drei Wochen vorher nach sechsjähriger Abwesenheit nach England zurückgekehrt war. Außer der anhaltenden Erfüllung der ihm obliegenden Pflichten hatte er sich sehr gut mit der Ausübung der nautischen Sternkunde bekanntgemacht und begann sehr

* Lat. »Seefahrer seht euch vor!« (Anm. des Hrsg.)
** Tasmanien. (Anm. des Hrsg.)
*** Heute Moreton Bay. (Anm. des Hrsg.)

brauchbar bei der Vermessung zu werden. Ich fühlte seinen Verlust sehr tief, und alle an Bord, vorzüglich seine Tischgenossen, die Güte und Festigkeit seines Charakters genauer kannten, trauerten um ihn. Herr Taylor, Midshipman, war ein junger Offizier, der eine Zierde der britischen Marine zu werden versprach, so wie ihn freundliches Benehmen und Temperament in der Gesellschaft auszeichnete. Die übrigen sechs verunglückten Reisegefährten hatten diese Fahrt alle freiwillig angetreten. Sie waren fleißige und brauchbare junge Leute. Bei einer unvollständigen Schiffsmannschaft, die so manche Pflichten zu erfüllen hatte, ward diese Verminderung unserer Kräfte sehr wesentlich gefühlt.

Unser Ankerplatz in r Memory Cove lag unter 135°56′30″ ö. L. und 34°58′ s. Br. Der Boden ist hier im allgemeinen unfruchtbar, doch waren die Täler und die östlichen Abhänge der Hügel mit Gesträuch bedeckt, und an den weniger unfruchtbaren Stellen wuchsen dünne Eukalyptusbäume. Auch hier ist das Grundgestein Granit, größtenteils mit Kalklagern bedeckt.

Vom 25. bis 27. Februar wurden das Kap Donnington, die Bostoninsel, die Bickersinseln, die Sudfleetspitze, der Stamfordhügel, die Spaldingbucht, die Granthamsinsel, die Kintonspitze, die Boston Bay, die Boston- und die Bolingbrokesspitze, Louth Bay und die Inseln gleichen Namens, die Sir-Joseph-Banks-Gruppe, der Port Lincoln und Sleaford Mere (Sleafordteich) entdeckt, die sämtlich keine große Ausbeute für Natur- und Erdkunde gaben. Die allgemeine Beschaffenheit des Landes war eben die, die oben schon oft geschildert ist. Sie zeigte, daß dieser Teil des Australlandes erst vor wenigen Jahrhunderten aus der See emporgestiegen ist, wie die Korallen auf Bald Head und das Salz, mit dem die Felsen überzogen sind und das der Regen noch nicht ganz hat wegspülen können, beweisen. In den Gebirgen westlich von Port Jackson wird Salz durch Verdunstung des Wassers gewonnen, das von den Salzsteinklippen läuft.

Port Lincoln ist ein guter Hafen. Obwohl sich kein Süßwasserfluß in ihn ergießt, falls dies nicht in der Spaldingbucht der Fall sein sollte, die aber nicht von uns untersucht ward, so können die von uns am Eingange dieses Hafens gegrabenen Brunnen Schiffe zu allen Zeiten mit Wasser versorgen. Obgleich es durch weiße Tonerde gefärbt ist, hat es doch keine schädliche Eigenschaft und keinen schlechten Geschmack. Dies und Holz (vorzüglich Eukalyptus und Kasuarina) war alles, was wir für Schiffe Brauchbares hier fanden. Der Anlage einer Kolonie, wozu der treffliche Hafen Anreiz geben könnte, steht die geringe Fruchtbarkeit des Bodens entgegen. Das Klima ist gut, und wir litten nicht unter schädlichen Insekten. Das Thermometer zeigte an Bord zwischen 66 und 78° F (19–25,5° C) an und mittags an der Küste im Durchschnitt 76° F (24,5° C). Der Himmel war gewöhnlich bewölkt, die Winde waren leicht und kamen früh von Osten und nachmittags von Süden. Kap Donnington an der Einfahrt zum Port Lincoln liegt unter 135°56′30″ ö. L. und 34°44′ s. Br. Nach Herrn Crosleys Berechnung der am 4. März 1802 in Port Lincoln beobachteten Sonnenfinsternis würde die Länge von Kap Donnington 135°46′6″ ö. L. betragen. Die Flut stieg hier nicht über dreieinhalb Fuß und trat nur alle 24 Stunden ein, während, wie oben erwähnt, in der Thorny Passage, die nur wenig entlegen ist, die Flut zweimal täglich eintrat.

Siebtes Kapitel

Von Port Lincoln zur Känguruhinsel (7. bis 24. März 1802)

Die Nordseite der Kirkbyinsel liegt unter 136°10′8″ ö. L. und 34°33′ s. Br. Sie hat dieselbe Beschaffenheit wie die oben geschilderten Inseln, kein Wald, kaum Sträucher und nur einige Robben an der Küste. Am 8. März, nachdem wir am Elbow-Hill (Ellbogenhügel) vorbeigekommen und vom Cape Catastrophe 76 Seemeilen nach NNO gefahren waren, schwanden allmählich unsere Hoffnungen, eine Straße nach dem Carpentariagolf zu finden. Der Mount Brown liegt unter 137°21′45″ ö. L. etwa zwölf Meilen von der Küste und ist an 3000 Fuß hoch. Er besteht aus einem rötlichen Tonboden und gewährt nach allen Richtungen hin eine Aussicht über eine flache bewaldete Gegend, die bloß durch eine von Süden nach Norden verlaufende ununterbrochene Bergkette und das Wasser der südwestlichen Bucht unterbrochen wird. Auf dem Rückweg von demselben wurden einige Enten und Rotschnäbel geschossen. Den schwarzen Schwänen konnte man sich nicht nähern.

Das Schiff ankerte am 12. März unter 137°49′56″ ö. L. und 32°44′41″ s. Br. Zwei Fluten traten täglich ein, die in der Stunde eineinhalb Seemeilen machten und sechs bis acht Fuß stiegen. Vom 13. bis 16. März ward eine 60 Seemeilen lange Untiefe, die sich bis Point Riley erstreckt, befahren und sondiert. Die Küste um diese Landspitze her ist niedrig und sandig, erhebt sich aber einige Meilen landeinwärts zu einer mäßig hohen, mit kleinen Bäumen bestandenen Ebene. Am 18. erreichten wir eine inselartige Spitze, die ich Point Pearce nannte. Auf der Südseite dieser Spitze oder Insel weicht die Küste sieben bis acht Seemeilen rückwärts gegen Osten und geht dann nach Süden. Sie ist niedrig und sehr sandig, erhebt sich aber auf eine ähnliche Art wie bei Point Riley. Bei Sonnenuntergang sahen wir das feste Land in SSW. Wir segelten darauf zu und ließen um zehn Uhr die Anker in sechs Faden Tiefe auf einen Grund von grobem Sande und kleinen Steinen fallen. Die ganze Nacht hindurch hörten wir Hundegeheul. Früh waren wir zwei bis drei Seemeilen von der Küste entfernt, die aus einem bewaldeten, ansteigenden, doch nicht sehr hohen Lande bestand. Eine in die Augen fallende Spitze, die ich Corny Point nannte, war das weiteste gegen Westen sichtbare Land. Sie liegt unter 137°6′30″ ö. L. und 34°52′ s. Br. Zwischen dieser und dem Point Pearce, 28 Seemeilen nordnordöstlich, liegt eine große, gegen alle Südwinde wohl gesicherte Bucht. Auch andere Winde scheinen hier nicht heftig zu wehen. Ihre Tiefe, und ob ein Fluß in sie münde, kann ich nicht angeben; nur war das Land besser bewaldet und hatte ein fruchtbareres Ansehen als irgendeine der benachbarten Gegenden. Ich nannte sie Hardwicke Bay. Kap Spencer, welches die Ostseite der Einfahrt in den Spencergolf bildet, ist felsig und ward unter 136°55′ ö. L. und 35°18′ s. Br. bestimmt. Die drei vor demselben liegenden Inseln erhielten mit ihren Klippen den Namen Althorpeinseln. Zieht man vom Cape Catastrophe zum Kap Spencer eine gerade Linie, so wird sie 48 Seemeilen lang sein, und so breit ist die Einfahrt in den Spencergolf. Die Gambierinseln liegen ziemlich in der Mitte dieser Linie, und mißt man von ihnen aus, ohne die kleinen Krümmungen zu rechnen, so wird man finden, daß dieser Golf 185 Seemeilen in das innere Land eindringt.

Am 21. März ward Point Marsden unter 137°41′ ö. L. und 35°33′ s. Br. entdeckt. Jenseits desselben dehnte sich die Küste nach Süden in eine weite Bai aus, die drei kleine

Buchten enthielt, von denen die eine guten Schutz gegen Windstöße versprach. Sie ward Nepeanbai genannt. Am folgenden Tage wurden 31 dunkelbraune Känguruhs, von denen das kleinste 69 und das größte 125 Pfund wog, erlegt. Die Insel, auf der dieses geschah, erhielt den Namen Känguruhinsel.

Die Klippen derselben und die losen Steine, die über das Känguruhkap verbreitet waren, schienen Kalkstein zu sein. Aber die Grundlage dieses Teiles der Insel bildete ein brauner Schiefer fast in waagerechten Schichten. In den Zwischenräumen sah man zuweilen Lager von Quarz. An manchen Stellen war der Schiefer in fußlange, auch längere Stücke gesprungen, die Eisenstangen glichen und ein glänzendes, erzähnliches Ansehen hatten. In diesem Falle entfernten sich die Lager mehr von der Waagerechten als an irgend einer anderen Stelle.

Eine dichte Waldung bedeckte fast den ganzen vom Schiffe sichtbaren Teil der Insel. Aber die im Wuchse begriffenen Bäume waren denen, die auf dem Boden lagen oder abgestorben noch aufrecht standen, im allgemeinen nicht an Größe gleich. Die auf dem Boden liegenden waren so zahlreich, daß, wenn man in das höhere Land hinaufstieg, der bedeutendste Teil des Weges auf ihnen gemacht ward. Sie lagen nach allen Richtungen und waren fast von gleicher Größe und gleichem Fortschreiten des Verfalls. Daher scheint es nicht, daß sie vor Alter oder durch einen Windstoß umgefallen oder umgeworfen worden sind. Ein allgemeiner Brand – und bei manchen sieht man deutliche Spuren von Feuer – ist vielleicht die einzige, vernünftige anzugebende Ursache. Aber wodurch ward der Wald entzündet? Daß keine Einwohner auf der Insel waren und die Eingeborenen des festen Landes sie nicht besuchten, zeigte sich, ohne den Mangel aller Spuren eines solchen Besuches in Erwägung zu ziehen, durch die Zahmheit der Känguruhs, welche auf dem festen

Bucht an der Nordküste der Känguruhinsel

Lande so scheu als Rehe sind. Vielleicht war es der Blitz, vielleicht die durch einen starken Wind verursachte Reibung zweier abgestorbener Bäume schuld daran. Seltsam wäre es aber, wenn sich dasselbe auf Thistle Island und der Bostoninsel und hier, und zwar zu gleicher Zeit, ereignet hätte. Sollte dieser Teil des Australlandes, der vorher der Welt unbekannt war, früher besucht worden sein? Der französische Seefahrer La Pérouse war beauftragt, ihn zu erforschen, aber es scheint unwahrscheinlich, daß er je die Torresstraße zurückgelegt hat.

Man kann die Zeit, wann dieser Brand sich zutrug, einigermaßen aus der Höhe der im Wuchs stehenden Bäume ermessen. Denn seit jener Zeit müssen sie aufgewachsen sein. Sie sind eine Art von Eukalyptus, und da sie schwächer als die gefallenen Bäume sind, so haben sie wahrscheinlich ihre Reife noch nicht erreicht. Ihr Holz ist hart und fest, und daher kann man ihnen einen langsamen Wuchs zuschreiben. Dieses erwogen, denke ich einen Zeitpunkt mit nicht kürzer als zehn und nicht länger als 20 Jahre vor unserer Ankunft setzen zu können. Dieses führt uns auf La Pérouse zurück. Er war Anfang 1788 in Port Jackson, und wenn er durch die Torresstraße fuhr und bis zu dieser Küste kam, wie es sein Wille war, so muß dies Mitte oder gegen Ende des genannten Jahres geschehen sein, d. h. 13 oder 14 Jahre vor dem »Investigator«.

Der Boden des von uns untersuchten Teils der Känguruhinsel ward für weit besser angesehen als irgendein vorher gesehener, mit Ausnahme einiger Striche hinter dem Hafen vom King-George-Sund. Die Tiefe des Mutterbodens ward nicht besonders untersucht, aber wegen der Dicke des Holzes kann sie nicht unbeträchtlich sein. Einiger Sand ist dem Humusboden beigemengt, doch in keinen großen Verhältnissen. Ich hielt hier den Boden für besser als manches angebaute Land um Port Jackson und das in unseren steinigen Countries in England.

Vielleicht war noch nie vorher der Besitz der Känguruhs auf dieser Insel gestört worden. Die Robbe teilte mit ihnen die Küsten, und sie schienen freundschaftlich miteinander zu leben. Es trug sich nicht selten zu, daß der Knall einer Flinte, die auf ein Känguruh am Strande abgefeuert war, zwei oder drei blökende Robben aus ihren Gebüschen ziemlich fern vom Ufer hervorlockte. Die Robbe schien in der Tat das klügste Tier von beiden zu sein. Denn ihr Benehmen zeigte, daß sie wisse, wir seien keine Känguruhs, wogegen das Känguruh uns oft für Robben zu halten schien.

Die Länge des Landungsplatzes in der Nähe des Känguruhkaps beträgt 137°58′30″ O und dessen Breite 35°43′ S.

Achtes Kapitel

Von der Känguruhinsel bis zum Zusammentreffen mit Kapitän Baudin in der Encounter Bay (25. März bis 8. April 1802)

Die Investigator Strait scheidet die Känguruhinsel von der Südküste des Australlandes. Sie ist im Durchschnitt 23 Seemeilen breit. Ihr Grund besteht aus zerbrochenen Muschelschalen mit Sand, Granit oder Korallen vermengt und scheint gut zu halten. Die Tiefe derselben beträgt 12 bis 45 Faden.

Am 28. erblickte ich mit Tagesanbruch den Mount Lofty (Hoher stolzer Berg) auf dem höchsten Teile der Bergkette, die vom Kap Jervis sich nordwärts hinter der östlichen Küste der Einfahrt erstreckt. Der nächste Teil der Küste war neun Seemeilen entfernt, mehrenteils niedrig und aus Sand und Klippen zusammengesetzt, mit einigen darüber verstreuten Bäumen. Aber einige Meilen tiefer in das Land, wo die hinteren Berge emporsteigen, war die Gegend gut mit zu Zimmerholz geeigneten Bäumen bestanden und hatte ein fruchtbares Aussehen. Die Feuer zeigten, daß dies ein Teil des festen Landes sei. Mount Lofty liegt unter 138°42′ ö. L. und 34°59′ s. Br.

Früh am 29. ward westlich Land erblickt und ein buckliger Berg, den Wolken bedeckten, wahrscheinlich nahe der Spitze der Einfahrt. Früh am 30. begab ich mich, von dem Naturforscher begleitet, in das Boot, um die Spitze der Bucht näher zu erforschen. Wir fuhren bei einer Wassertiefe von drei bis vier Faden vier Seemeilen über das Schiff hinaus, als das Wasser von 15 auf acht Fuß an Tiefe abnahm, was uns an schlammige, fast trockene Untiefen brachte. Doch gelang es uns, durch einen kleinen Kanal uns der Küste bis auf eine halbe Seemeile zu nähern, die wir auf einer aus Schlamm und Sand bestehenden Bank erreichten. Es war dann zehn Uhr und die Flut vorbei. Die größte Höhe des Wassers schien sechs bis acht Fuß zu sein. Der Landungsplatz lag unter 34°8′52″ s. Br., daher beträgt die Ausdehnung dieser Bucht vom Kap Jervis an der Ostseite der Einfahrt 1°30′ in der Breite (90 Seemeilen).

Winzige Muscheln verschiedener Art, nicht größer als Weizenkörner, waren reihenweise am Hochwasserstande aufgehäuft. Weiter zurück war die Küste sandig, erhob sich aber bald wellenförmig zu mit Gras bedeckten Hügeln, und die verschiedenen über sie verstreuten Baumgruppen gaben dem Lande von der Seeseite einen anmutigen Anblick. Am Nachmittage machten wir uns nach dem Mount Hummock (Buckliger Berg) auf, der auf der nördlichen Verlängerung der Hügel an der Westseite der Einfahrt, etwa acht Meilen vom Wasser, steht. Da ich aber fand, daß ich ihn nicht erreichen und zugleich am Abende an Bord zurückkehren konnte, bestieg ich einen näheren Teil des Bergrückens, um die Spitze der Bucht zu überblicken. Sie schien fast gänzlich mit Untiefen erfüllt zu sein, welche im östlichen Teile mehr sandig und im westlichen mehr schlammig zu sein schienen. Diese Untiefen wimmelten von Rochen, und wären wir mit einer Harpune versehen gewesen, so hätten wir ein Boot volladen können. Auch ein schwarzer Schwan und einige Rotgänse wurden erblickt.

Ich fand das Gras auf diesen schön aussehenden Anhöhen nur dünn gesät, die Bäume klein und den Boden an Humus arm. Der Bergrücken an der Ostseite der Bai streicht am Mount Hummock in der Entfernung von einigen Meilen vorbei und scheint mehr sandig zu sein. Aber Wald wächst auf ihm im Überflusse und hat einigen üppigen Wuchs. Zwischen beiden Bergreihen ist ein weites Tal, dessen Boden sumpfig ist und in welches bei Regenwetter das Wasser von beiden Seiten zusammenläuft und sich in die Bucht ergießt, die man als den niedrigeren und weiteren Teil des Tales betrachten kann.

Diese östliche Reihe ist dieselbe, welche bei Kap Jervis beginnt und sich von da nordwärts gegen den Barn Hill und die Bergreihe an der Ostseite des Spencergolfes erstreckt. Verbindet sie sich mit dieser, wie ich stark vermute, so beträgt ihre Länge bloß vom Kap Jervis bis zum Mount Arden in gerader Linie über 214 Meilen. Im südlichen Teile befinden sich einige beträchtliche Höhen. Mount Lofty ist eine derselben, und seine Höhe scheint der des Mount Brown im Norden gleichzukommen oder an 3000 Fuß zu betragen. Ein anderer liegt sieben bis zehn Meilen im NO vom Mount Hummock unfern der Spitze dieser Bucht und scheint der vom Ankerplatze im Spencergolf am 14. März gesehene, 30 bis 33 Seemeilen entfernte Hügel gewesen zu sein. Von meinem Standpunkte auf den westlichen Höhen der neuen Bucht war über den Spencergolf hinweg die Entfernung nur 30 Seemeilen. Da ich aber nicht den höchsten Gipfel der Bergreihe bestieg, konnte ich das Wasser im Westen nicht sehen. Hätte ich den Mount Hummock erreichen können, so würde seine fast 2500 Fuß betragende Erhöhung mir eine ausgedehnte Aussicht über die Halbinsel und die nördliche Gegend gewährt haben.

Dem edlen Admiral zu Ehren, der dem Admiralitätsbüro vorstand, als ich von England absegelte, und der fortgefahren hat, mir die Gunst und den Schutz zu gewähren, worin ihm Earl Spencer voranging, nannte ich diese Bucht Saint-Vincent-Golf und die Halbinsel, die sie vom Spencergolf trennt, Yorkehalbinsel, dem verehrungswerten Charles Philipp Yorke zu Ehren, der den Fußstapfen seiner Vorfahren bei der Admiralität folgte. Am 1. April ward eine große Sandbank, von der ein Teil trocken war, entdeckt und Troubridge Shoal* benannt. Um Mittag befand sich das Schiff unter 138°5′6″ ö. L. und 35°9′38″ s. Br., und erwähnte Untiefe war neun Seemeilen WNW entfernt.

Jetzt war unsere Untersuchung des Saint-Vincent-Golfs beendigt, und die ihn umgebende Gegend schien im allgemeinen besser als die Umgebung des Spencergolfes zu sein. Die Yorkehalbinsel zwischen beiden ist eigen geformt, bald wie eine mißgebildete Wade und ein Fuß. Die Länge des südlichen Teiles von Kap Spencer bis zur sandigen Spitze bei Troubridge Shoal beträgt gegen 45 Meilen und von da gegen N, wo sie sich mit dem festen Lande verbindet, gegen 60 Meilen. Ihre geringste Breite von der Hardwickebai bis zur Investigator Strait beträgt nur neun Meilen.

Bevor ich meine Entdeckungen weiter gegen O fortset-

* Shoal = Untiefe. (Anm. des Hrsg.)

zen wollte, hielt ich es für ratsam, zu erforschen, ob sich, seit ich die Känguruhinsel verließ, ein Fehler in den Gang der Chronometer eingeschlichen habe, und meiner Schiffsgesellschaft einige frische Gerichte zu verschaffen. Wir langten an derselben am 1. April 1802 spät abends an. Doch waren die Känguruhs ziemlich scheu geworden.

Am 4. April begleiteten mich die Naturforscher auf einer Fahrt mit dem Boote zu der Spitze der großen östlichen Bucht der Nepeanbai, in der Absicht, womöglich eine sandige Anhöhe hinter derselben zu ersteigen, von der allein ein Blick in das Innere der Insel zu erwarten war, da alle übrigen Anhöhen dicht mit Wald bedeckt waren. Wie wir uns der südöstlichen Spitze der Bucht näherten, fanden wir eine schmale Öffnung, die in eine bedeutende Wasserfläche führte. Durch einen Arm derselben näherten wir uns der Anhöhe bis auf eine Meile. Nachdem ich hier die Breite zu 35°50′2″ bestimmt hatte, gelangten wir durch den Wald ohne bedeutende Schwierigkeit und kamen um ein Uhr auf die Spitze der Anhöhe, die den Namen Prospect Hill erhielt. Statt aber eine Ansicht des Inneren der Insel zu erhalten, erstaunte ich, das Meer in einer Entfernung von nur eineinhalb oder zwei Meilen südwärts zu erblicken. Zwei Küstenpunkte gegen das östliche Ende der Insel lagen OSO und der fernste Punkt auf der anderen Seite, eine niedrige, von Klippen umgebene Spitze SWzS in einer mutmaßlichen Entfernung von 12 bis 15 Meilen. Zwischen diesen beiden äußersten Küstenpunkten liegt eine große Bucht an der Südküste, die aber den Südwinden gänzlich offen liegt und deren Küsten größtenteils felsig sind.

Die Einfahrt zu der Wasserfläche an der Spitze der Nepeanbai ist keine Viertelstunde breit und größtenteils seicht. Doch ist am westlichen Ufer derselben ein für jedes Boot hinreichend tiefes Fahrwasser. Nach zwei niedrigen Inselchen nahe der Ostspitze wird es offener und tiefer und teilt sich in zwei Arme, deren jeder zwei bis drei Seemeilen lang ist. Boote können nur bei hohem Wasser das Ende des südlichen Armes erreichen; aber der östliche scheint zu allen Zeiten fahrbar zu sein. In ihm liegen vier kleine Inseln, von denen eine mäßig hoch und bewaldet ist, die anderen von Gras bewachsen und niedriger sind. Auf diesen trafen wir viele junge Pelikane an, die noch nicht fliegen konnten. Herden der alten Pelikane saßen am Strande des Sees, und die Inseln schienen ihre Brutorte zu sein. Die Menge der hier verstreuten Gerippe und Knochen dieser Vögel scheint zu erweisen, daß sie schon seit Jahrhunderten diesen verborgenen Platz zum Wohnsitze gewählt haben. Gewiß konnten sie keinen vor jeder Störung gesicherteren Wohnplatz finden als diese Inseln in einem verborgenen See auf einer unbewohnten Insel, die an einer unbekannten Küste nahe den Gegenfüßlern Europas liegt. Auch kann nichts der Vaterlandsliebe, so die Pelikane eine haben, entsprechender sein, àls ihren letzten Atem, umgeben von ihren Nachfahren, an eben dem Orte zu verhauchen, wo sie den ersten einsogen. Arme Pelikane! Euer goldenes Zeitalter ist dahin! Doch dauerte es weit länger als das des Menschen!

Ich nannte diese Wasserfläche Pelican Lagoon (Pelikanlagune). Enten und Rotgänse besuchten sie auch. Die Untiefen lieferten uns einige Austern. Die Umgebung ist fast überall dicht mit Strauchwerk bedeckt, und der Boden schien ziemlich gut, wiewohl nicht tief genug zu sein. Prospect Hill und seine Umgebung sind mehr sandig, und Sümpfe scheinen am Ende beider Arme des Sees zu sein. Das Wasser in demselben stieg von vier auf acht Fuß.

Während meiner Abwesenheit hatte man einige Känguruh- und Robbenfelle erbeutet. Ein Matrose, der unvorsichtig eine große Robbe angegriffen hatte, ward von ihr stark in den Fuß gebissen, und er mußte sich legen. Wir sahen hier zu verschiedenen Zeiten nicht weniger als 30 Kasuare (Emus). Sie hielten sich meistens in der Nähe des längsten der schmalen Strände östlich vom Känguruhkap auf.

Am 6. April steuerten wir nach der Nepeanbai. Das Kap, welches die Ostspitze der Känguruhinsel bildet, erhielt den Namen Kap Willougby. Es liegt unter 138°13′ ö. L. und 35°18′ s. Br. Fast in der Mitte der Investigator Strait liegen drei kleine, felsige Inseln, Pages genannt, dicht nebeneinander unter 138°21′ ö. L. und 35°46′30″ s. Br.

Am 8. April ward um vier Uhr nachmittags vom Ausguck ein weißer Felsen voraus gemeldet. Beim Näherkommen erwies er sich als ein Schiff, das auf uns zuhielt, und wir machten gefechtsklar, für den Fall, daß wir angegriffen würden. Der Fremde war ein schwerfällig aussehendes Schiff ohne einen einzigen Bramsegelmast darauf, und als unsere Flagge gehißt wurde, zeigte er die französische, danach vorn einen Union-Jack und, wie wir, eine weiße Flagge. Um halb sechs Uhr, als das Land sich fünf Seemeilen nordöstlich befand, drehte ich bei, und als der Fremde leewärts vorbeisegelte, stellte ich fest, daß es das staatliche französische Schiff »Le Géographe« unter dem Kommando von Nicolas Baudin war. Als der »Géographe« passierte, drehten wir unser Schiff, so daß wir ihm immer die Breitseite zeigten, damit nicht die Parlamentärsflagge eine Täuschung sei, und als wir auf dem anderen Kurs wieder an den Wind kamen, ward ein Boot ausgesetzt, und ich ging an Bord des französischen Schiffes, das ebenfalls beigedreht hatte.

Da ich kein Französisch verstand, ging Herr Brown, der Naturforscher, mit mir ins Boot. Wir wurden von einem Offizier empfangen, der sich als der Kommandant vorstellte, und von ihm wurden wir in die Kajüte geleitet. Ich ersuchte Kapitän Baudin, mir seinen Paß der Admiralität zu zeigen, und als der gefunden war und ich ihn gelesen

Eingeborene bei Kap Jervis

hatte, bot ich ihm den meinen vom französischen Marineminister an, aber wir erhielten ihn ungeprüft zurück. Er teilte mir dann mit, daß er einige Zeit damit verbracht habe, die südlichen und östlichen Teile des Van-Diemens-Landes zu untersuchen, wo sein geographischer Ingenieur mit dem größten Boot zurückgelassen ward und möglicherweise verloren war. In der Bass-Straße war Kapitän Baudin mit einem heftigen Sturm zusammengetroffen, dem gleichen, den wir in geringerem Maße in der Investigator Strait am 21. März zu spüren bekommen hatten. Er ward dann von seinem Begleitschiff »Le Naturaliste« getrennt, als er dann aber günstigen Wind und gutes Wetter hatte, erforschte er die Küste von Western Port bis zum Ort unseres Zusammentreffens, ohne einen Fluß, eine Einfahrt oder einen anderen zum Ankern geeigneten, geschützten Platz zu finden. Ich erkundigte mich nach einer großen Insel, die in der westlichen Einfahrt der Bass-Straße liegen sollte, aber er hatte sie nicht gesehen und schien ihre Existenz ziemlich zu bezweifeln.

Kapitän Baudin war über seine Entdeckungen in Van-Diemens-Land sehr mitteilsam, ebenso über seine Kritik an der im Jahre 1800 veröffentlichten englischen Karte der Bass-Straße. Er hatte an der Darstellung der Nordseite der Straße ziemlich viel auszusetzen, lobte aber jene der Südseite und der dort liegenden Inseln. Als ich ihn auf eine Anmerkung auf der Karte hinwies, in der es hieß, daß die Nordseite von Herrn Bass, der keine geeigneten Mittel gehabt habe, weder Breite noch Länge festzustellen, nur von einem offenen Boot aus gesichtet ward, schien er überrascht zu sein, sie vorher nicht beachtet zu haben. Ich sagte ihm, daß einige weitere Karten der Bass-Straße und ihrer Umgebung seitdem erschienen seien und daß, falls er bis zum nächsten Morgen hier bleibe, ich ihm eine Kopie mit einem zugehörigen kurzen Kommentar bringen wolle. Dem ward zugestimmt, und ich kehrte mit Herrn Brown zum »Investigator« zurück.

Irgendwie überraschte es mich, daß Kapitän Baudin sich nicht nach meinen Geschäften an dieser unbekannten Küste erkundigte, aber da er mehr daran interessiert schien, Nachrichten mitzuteilen, war ich glücklich, sie zu bekommen. Am nächsten Morgen allerdings war er neugierig geworden, einige seiner Offiziere hatten von meiner Bootsbesatzung erfahren, daß auch unsere Aufgabe Entdeckung sei. Ich erklärte ihm in allgemeinen Zügen unser Vorgehen, besonders bei den beiden Golfen, und bis zu welcher geographischen Breite wir in den größten derselben vorgedrungen waren, erklärte die Lage von Port Lincoln, wo frisches Wasser besorgt werden könnte, zeigte ihm Kap Jervis, das noch in Sicht war, und als Beweis der Gaben, die wir auf der ihm gegenüberliegenden Insel genossen hatten, wies ich auf die von meiner

Bootsbesatzung getragenen Känguruhfellmützen hin und erklärte ihm demzufolge den Namen der Insel.

Beim Abschied bat mich der Kapitän, mich seines Bootes und dessen Mannschaft anzunehmen, falls ich sie treffen sollte, und daß ich dem »Naturaliste« sagen solle, daß er beim Einsetzen des schlechten Wetters nach Port Jackson gehen solle. Als ich nach dem Namen des Kapitäns des »Naturaliste« fragte, besann er sich darauf, sich nach dem meinigen zu erkundigen, und als er feststellte, daß dieser der des Autors der Karte sei, die er kritisiert hatte, zeigte er kein bißchen Überraschung, besaß aber die Höflichkeit, sich selbst dazu zu gratulieren, daß er mit mir zusammengetroffen war.

Die Position des »Investigators« war, als ich beigedreht hatte, um mit Kapitän Baudin zu sprechen, 138°58′ ö. L. und 35°40′ s. Br. Niemand außer Herrn Brown war bei unserer Unterhaltung zugegen, und sie ward hauptsächlich in Englisch geführt, welches der Kapitän so sprach, daß man es verstehen konnte. Außer den oben erwähnten gab er mir einige Nachrichten über seine Verluste an Männern, Trennungen von seinem Begleitschiff und über die unpassende Jahreszeit, zu der er diese Küste zu erforschen hatte.

Ich habe diese Unterhaltung eingehender und ausführlicher geschildert wegen eines Umstandes, der es wert ist, an dieser Stelle geschildert zu werden.

Unter der oben genannten Position 138°58′ ö. L. und 35°40′ s. Br. nehmen also die von Kapitän Baudin gegen Westen sowie die von mir gegen Osten gemachten Entdeckungen ihr Ende. Aber Herr Péron, Naturforscher bei dieser französischen Entdeckungsreise, hat für seine Nation die Entdeckung der ganzen Küste zwischen Western Port in der Bass-Straße und dem Nuytsarchipel in Anspruch genommen und diesen Teil des Australlandes Terre Napoléon benannt. Meine Känguruhinsel, ein Na-

Eingeborene bei Kap Jervis

me, den sie während der Reise offiziell übernahmen, ward in Paris in Ile Decrès*, der Spencergolf in Golfe Bonaparte und der Saint-Vincent-Golf in Golfe Joséphine umgewandelt, und so ist längs der ganzen Küste bis zum Kap Nuyts selbst die kleinste Insel nicht ohne gleichen Stempel angeblicher französischer Entdeckung geblieben.

Als Herr Péron nachher in Port Jackson anwesend war, zeigte ich eine meiner Karten von dieser Küste dem Kapitän Baudin und gab ihm darauf die Grenzen seiner Entdeckungen an. Sämtliche Offiziere des »Géographe« sprachen die anderen dem »Investigator« zu. Der erste Leutnant, Herr Freycinet, bediente sich gegen mich im Hause des Gouverneurs King und in Gegenwart eines seiner Gefährten, ich glaube es war Herr Bonnefoy,

* Nach dem französischen Konteradmiral und späteren Kriegsminister. (Anm. des Hrsg.)

folgenden drolligen Ausdruckes: »Kapitän! Hätten wir auf Van-Diemens-Land nicht so lange mit Muschelsammeln und Schmetterlingsfangen zugebracht, so würden Sie die Südküste nicht vor uns entdeckt haben!«

Alle englischen Offiziere und angesehenen Bewohner, die damals in Port Jackson waren, können sagen, ob die frühere Entdeckung dieser Gegenden durch mich nicht allgemein anerkannt war. Ja, ich berufe mich selbst im allgemeinen und im besonderen auf die französischen Offiziere, ob dieses nicht der Fall war. Wie aber fiel Herr Péron darauf, etwas so Unwahres zu behaupten? War er ein Mann ohne alle Grundsätze? Meine Antwort ist: Ich glaube, seine Rechtlichkeit war seinen anerkannten Kenntnissen gleich, und er mußte das niederschreiben, was ihm höhere Autorität befahl, wenn ihm auch sein Herz wehe tat. Er starb, bevor er den zweiten Band der Reisebeschreibung vollendet hatte.*

Die Absicht dieser Anmaßung mag ich nicht erklären. Wahrscheinlich rührt sie aus der Begierde her, mit den Briten in der Ehre, die Entdeckungen auf der Erde zu vollenden, zu wetteifern, oder ist der Vorläufer eines Anspruchs auf die Besitzung der Länder, die zuerst von französischen Seefahrern entdeckt sein sollen. Welches nun auch die Absicht sein mag, so überlasse ich, was mich betrifft, den Ausspruch der Welt, und wenn künftige französische Schriftsteller anderer Seefahrer Klagen hören und zulassen werden, so wie dies Herr Claret de Fleurieu, ein trefflicher, sehr erfahrener, jetzt hingeschiedener Mann dieses Volkes tat, so trage ich keine Furcht, mich auch ihrem Ausspruche zu unterwerfen.

* Dieser erschien, von Freycinet zu Ende geführt, im Jahre 1816, neun Jahre nach dem ersten Band. (Anm. des Hrsg.)

Neuntes Kapitel

Von der Encounter Bay nach Port Phillip (9. April bis 2. Mai 1802)

Hinter Kap Jervis dehnte sich die niedrige sandige Küste nach NO 12 bis 16 Meilen aus, krümmte sich dann nach SO und bildete so eine große Bucht oder Bai, die ich, weil ich hier den Kapitän Baudin traf, Encounter Bay (Begegnungsbai) nannte. Da der folgende Teil der Küste zuerst von diesem französischen Seefahrer entdeckt ward, so werde ich mich der Namen bedienen, welche er oder seine Landsleute mehreren Punkten derselben gegeben haben, und zwar so weit der herausgegebene Band dieser Reisebeschreibung es gestattet, sie zu bestimmen, da dieser Band ohne Karten ist und nur wenige Ortsbestimmungen angibt, vermittels deren Vorgebirge und Baien identifiziert werden können. Sind daher einige Irrtümer bei der Benennung vorgefallen, so mögen sie mir deshalb zugute gehalten werden.

Am 10. April waren wir mittags unter 35°49′30″ s. Br. Am 12. ward zu Mittage eine vorspringende Spitze, drei oder vier Seemeilen östlich entfernt erblickt, die das Kap Bernouilli der französischen Seefahrer zu sein schien. Sie liegt unter 139°51′ ö. L. und 36°38′ s. Br. Im SSO, sechs Seemeilen davon, liegen zwei niedrige, schwarze Felsen dicht unter der Küste.

Von Encounter Bay bis hierher ist die Küste eine bloße Sandbank, mit einigen wenigen Hügeln auf ihrer Höhe, auf denen nur wenige Pflanzen standen. Die Ansicht des Inneren verhinderte die Bank. Wellenförmig zwischen OSO und SSO dehnt sich die Küste aus. Dann geht sie gegen S und krümmt sich südöstlich in eine Bucht. Hier ist das Land besser mit Sträuchern und kleinen Bäumen bekleidet. Die Südspitze dieser Bucht scheint das Kap Jaffa der Franzosen zu sein. Ich begreife nicht, warum sie der Bucht keinen Namen gegeben haben, da diese es mehr als andere Einbuchtungen der Küste verdient.

Gegen neun Seemeilen südlich von Kap Jaffa liegt eine Gruppe niedriger Felsen, wahrscheinlich dieselbe, von der mir Kapitän Baudin Nachricht gab. Wir nannten sie Baudinfelsen. Vier Seemeilen jenseits derselben erhebt sich eine sandige, mehrenteils mit Gebüsch bekleidete, mäßige Erhöhung, welche sie Kap Lannes nannten. An ihrer Nordseite liegt eine kleine Bai, die sie Rivolibai nannten. Sie hat ein sandiges Ufer und steht den Westwinden offen.

Am 14. April mittags befanden wir uns unter 139°41′ ö. L. und 37°7′15″ s. Br. und am 15. zu derselben Zeit unter 139°50′ ö. L. und 37°23′30″ s. Br. Am Abend ward ein vorspringender und etwas hoher Küstenpunkt gesichtet, der etwa 30 Seemeilen im SO vom Kap Lannes lag und das Kap Buffon der französischen Seefahrer zu sein schien. Letzteres liegt unter 140°10′ ö. L. und 37°36′ s. Br.

Am 17. wurden die von den französischen Seefahrern Les Charpentiers (Die Zimmerleute) genannten Klippen entdeckt, die von einem sandigen, von denselben Kap Boufflers genannten Vorgebirge eine oder zwei Seemeilen entfernt liegen. Aber hier gilt die Benennung, die ihm ein früherer Entdecker gab, mehr. Bei meiner Ankunft in Port Jackson erfuhr ich zu gleicher Zeit mit dem Kapitän Baudin, daß diese Küste schon vorher besucht worden war. Leutnant (jetzt Kapitän) James Grant, Befehlshaber der königlichen Brigg »Lady Nelson«, sichtete dieses Vorgebirge am 3. Dezember 1800, nannte es Kap Banks und verfolgte dann die Küste durch die Bass-Straße.

Terre Napoléon erstreckt sich daher von 138°58′ bis 140°10′ ö. L. und von 37°36′ bis 35°40′ s. Br. und bildet mit den Krümmungen einen Küstenstrich von 150 Seemeilen Länge, an dem weder Einfahrt noch Fluß oder Ruheplatz zu finden sind. Er steht den elendesten Landstrichen von Nuytsland in nichts nach.

Am 19. April erreichten wir Kap Northumberland unter 140°37′30″ ö. L. und 38°2′ s. Br. Hinter demselben dehnte sich die Küste erst nach NO, dann nach SO aus. Sie war höher als die vor kurzem gesehenen Küsten. Doch deckten Sträucher und kleine Bäume ihre Oberfläche nur halb. Dann kamen wir bei den Vorgebirgen Bridgewater, Nelson und W. Grant vorbei, deren Längen- und Breitenbestimmung das regnerische Wetter verhinderte. Die Lawrenceinseln bestehen aus einer Klippe und einer kleinen Insel mit zwei Hügeln, und die Lady-Julia-Percy-Insel ist felsig und fällt flach ab.

Am 23. ankerten wir unter der NO-Spitze der Kinginsel, deren südlicher Teil von Herrn Reid und deren nördlicher im Januar 1801 von Herrn John Black, Befehlshaber der Brigg »Harbringer«, entdeckt ward und von letzterem ihren dermaligen Namen erhielt. Es ward sogleich ein Boot ausgesetzt, und ich landete mit den Naturforschern. Sowie ich aus demselben trat, schoß ich einen der kleinen, dem Bären ähnlichen Vierfüßer, und ein zweiter ward nachher getötet.* Auch ward eine Robbe von einer bisher noch nicht gesehenen Art erbeutet. Ihre Hinterflossen waren, mit den gewöhnlichen Robbenarten verglichen, doppelt so groß und die vorderen kleiner, standen auch näher am Kopfe. Das Haar war kürzer und von blaugrauer Farbe und die Nase flach und breit. Ihr Fett betrug dreimal so viel als bei den gewöhnlichen Robben. Ich sah nie den See-Elefanten, und vielleicht konnte es ein junges Weibchen sein. Doch war keine Spur von einem Rüssel vorhanden.

* Es handelt sich um Wombats aus der Familie der Beuteltiere. (Anm. des Hrsg.)

Der nordöstliche Teil der Kinginsel dehnt sich neun bis zwölf Seemeilen nach SOzO. Die Küste besteht größtenteils aus Sand, der hinter dem Strande in große Rücken angespült oder durch den Wind aufgetürmt, zum Teil aber mit einer Art Hundsgras bedeckt war, das den Sand zusammenhielt. Im allgemeinen ist das Land niedrig. Nur einige kleine Erhöhungen sah man in einiger Entfernung, und am nördlichen Ende der Insel läuft eine kurze Hügelreihe, die mäßig hoch und mit Wald bedeckt ist. Granit schien die Grundsteinart unseres Landungsplatzes zu bilden. Hinter den vordersten Sandrücken war fast undurchdringliches Strauchholz. Während ich aber Winkel maß, fanden die Botaniker einige Öffnungen im Gesträuche und sammelten so verschiedene Pflanzen, daß sie noch fernere Untersuchungen hier anzustellen wünschten. Wir kehrten im Dunkeln mit den Wombats, der Robbe und einem Känguruh an Bord zurück. Letzteres war von einer Größe, die etwa in der Mitte zwischen der der kleineren auf den kleineren Inseln und der der größeren auf der Känguruhinsel stand. Es schien, als ob sich die Größe des Känguruhs längs der Südküste nach der Ausdehnung des Landes richte, welches es bewohnt.

Ein kleiner Süßwassersee ward in geringer Entfernung hinter den Sandhügeln der Küste gefunden. Ihn umgab guter Humusboden, und die Menge der in seiner Nähe gesammelten Pflanzen war größer als auf irgendeiner anderen Insel. Der kleine See liegt zu fern von der Küste, als daß ein Schiff sich bequem daraus mit Wasser versehen könnte. Aber zwei kleine, von den Sandhügeln herabfließende Bäche machen es wahrscheinlich, daß man zu dieser Jahreszeit hier überall durch Graben Süßwasser erhalten könne. Das Wasser dieser kleinen Bäche war rot gefärbt, so wie das beim King-George-Sunde und das in den Teichen auf den Furneauxinseln. An diesen Orten ist Granit das anstehende Gestein, und da so gefärbtes Was-

See-Elefanten auf der Kinginsel

ser nirgends weiter angetroffen ward, so läßt sich vermuten, daß es seine rote Farbe von verwittertem Granit oder Granitsande erhalte.

An diesem Morgen wurden abermals zwei Wombats getötet; man fand einen Schädel, der scheinbar der eines kleinen Hundes, wohl aber der eines Opossums war.

Der Gipfel des höchsten Hügels an der Nordspitze der Kinginsel lag unter 143°51′ ö. L. und 39°36′30″ s. Br.

Wie wir von der Kinginsel nach NNW steuerten, sahen wir in NW zwei kleine Inseln liegen. Es sind dieselben, die Herr Black die Neujahrsinseln nannte. Seine Harbringerriffe erstrecken sich in einzelnen Abteilungen fast sechs Seemeilen von der Nordspitze der Kinginsel. Am 24. April verloren wir ihre höchsten Hügel aus dem Gesichte, als wir 25 Seemeilen von ihr entfernt waren, so daß diese sich zwischen 400 und 500 Fuß über den Meeresspiegel erheben müssen.

Westlich von Kap Otway wendet sich die Küste etwas gegen Norden, springt aber in einer Entfernung von zehn bis elf Seemeilen wieder etwas hervor. Östlich von demselben geht die Küste etwa neun Seemeilen nach ONO zu einem Vorsprunge, der Kap Patton heißt. Von hier an nimmt die Küste eine mehr nördliche Richtung. Das ganze Land ist hier hoch. Seine Höhe beträgt an die 2000 Fuß. Die Anhöhen sind mit Bäumen, die sehr dunkelgrünes Laub hatten, dicht besetzt, so daß keine sandigen oder felsigen Stellen eine Unterbrechung machen. Meines Erachtens übertrifft dieser Teil der Küste an Fruchtbarkeit alle bis dahin von mir besuchten Küstenstriche.

Kap Otway liegt nahe unter 143°51′ ö. L. und 38°51′ s. Br. Mithin beträgt die Breite der nordwestlichen Einfahrt in die Bass-Straße zwischen diesem Kap und der Kinginsel 48 Seemeilen, und sie ist mit Ausnahme der Harbringerriffe, die noch nicht ganz sechs Seemeilen im südlichen Teile einnehmen, ganz ohne Gefahr.

Am 26. glaubte ich, einen neuen großen Hafen entdeckt zu haben, der aber schon zehn Wochen vorher von Leutnant John Murray aufgefunden und Port Phillip benannt worden war. Die felsige Spitze an der Ostseite der Einfahrt erhielt von ihm den Namen Point Nepean. Diese liegt unter 144°38′ ö. L. und 38°18′ s. Br. Mehrere Eingeborene wurden hier getroffen, die nicht schüchtern waren. Die Port Phillip umgebende Gegend gewährt einen angenehmen und teilweise fruchtbaren Anblick. Die Abhänge einiger Hügel und mancher Täler eignen sich zum Ackerbau. Gras wächst sehr reichlich und könnte viel Rindvieh ernähren, scheint sich aber besser für Schafe zu eignen. Diese allgemeine Schilderung gilt jedoch wahrscheinlich nur mit Ausnahmen, und die südliche Halbinsel, mit der Point Nepean endigt, ist eine davon. Ihre Oberfläche ist mehrenteils sandig und ihre Vegetation an manchen Stellen wenig besser als Strauchwerk. Indented Head (Gezackter Kopf) am nördlichen Teile der westlichen Halbinsel bietet einen besonders angenehmen Anblick dar. Unlängst war das Gras verbrannt worden und war nun wieder grün und zart hervorgesproßt. Die Bäume waren so sparsam verteilt, daß man zwischen ihnen in große Entfernungen hinblicken konnte. Die Hügel erhoben sich so allmählich, daß man überall den Pflug hätte brauchen können. Der Mutterboden ist etwas mit Sande gemengt, aber gut, doch wahrscheinlich nicht tief, der geringen Höhe der Bäume nach zu urteilen. Die häufigsten Baumarten sind *Kasuarina, Eukalyptus,* denen Herr Grimes noch *Banksia, Mimosa* und einige andere zuzählt. Das Nutzholz ist aber selten gesund und nicht groß.

Würde bei Port Phillip eine Niederlassung angelegt, wie wahrscheinlich bald geschehen dürfte, so kann die Einfahrt leicht verteidigt werden, und es würde nicht schwer sein, mit den Eingeborenen in ein freundschaftliches Verhältnis zu treten. Sie sind von der Wirkung des Feuer-

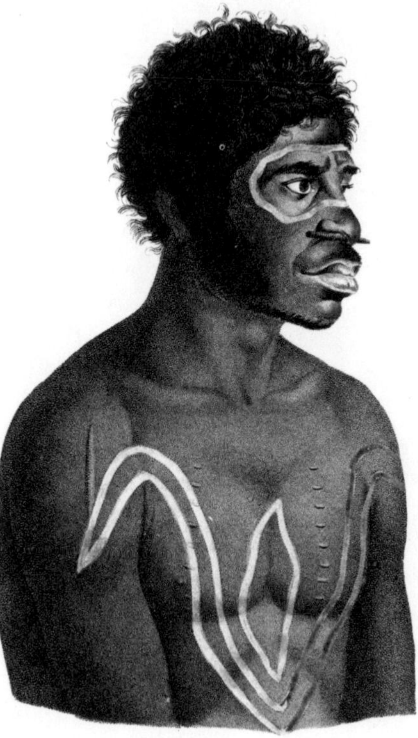

Von den Teilnehmern der französischen Expedition gezeichnetes Porträt eines Eingeborenen

gewehrs unterrichtet und begierig, manche unserer Sitten und Gebräuche anzunehmen. Ich hielt sie für muskulöser als die Anwohner vom King-George-Sund, doch unterscheiden sie sich im allgemeinen nicht weiter von den anderen Urbewohnern der Süd- und Ostküste als durch die Sprache.

Die Wälder werden von Känguruhs, Kasuaren, Papageien und vielen Arten kleinerer Vögel bewohnt. Die Schlammbänke besuchen Enten und einige schwarze Schwäne und die Küsten das gemeine, in Neusüdwales

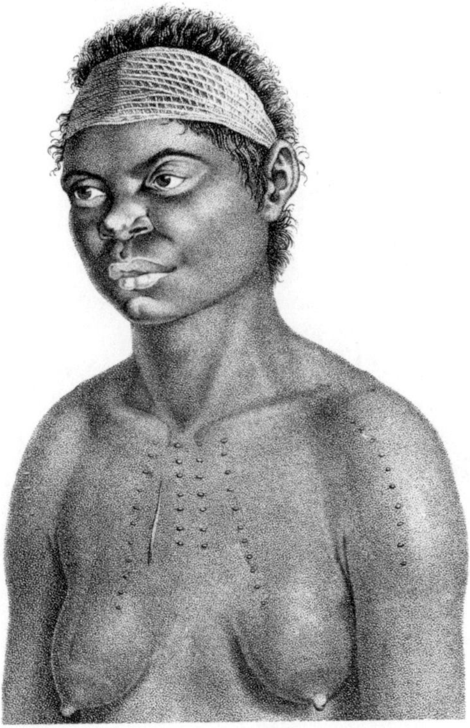

Von den Teilnehmern der französischen Expedition gezeichnetes Porträt einer Eingeborenen

häufige Seehuhn. Der Stand des Thermometers war zwischen 61° F und 67° F (16 bis 19,5° C), und das Klima schien so gut und angenehm zu sein, als man es in einem Monate erwarten konnte, der unserem November entspricht. Im Jahr 1803 ward Oberst Collins von den englischen Seesoldaten abgesendet, um hier eine neue Niederlassung zu gründen. Aber er verließ Port Phillip, um sich an der Südspitze von Van-Diemens-Land anzusiedeln, wahrscheinlich, weil er dort nicht genug süßes Wasser für den Bedarf einer Kolonie gefunden hatte.

Zehntes Kapitel

Von Port Phillip nach Port Jackson (3. bis 9. Mai 1802) und der Aufenthalt daselbst

Am 3. Mai liefen wir bei Tagesanbruch von Port Phillip aus und gelangten um elf Uhr auf die Höhe des Kap Schank unter 144°53′ ö. L. und 38°29′30″ s. Br., kamen dann an der Phillipinsel, deren Ostspitze, Kap Wollamai, unter 145°25′ ö. L. und 38°33′ s. Br. liegt, den fünf oder sechs Glennieinseln, den Moncuosinseln, dem Teufelsturme und den Curtisinseln vorbei. Kapitän Grant gab ihnen im Jahre 1800 diese Namen, hatte sie aber nicht entdeckt. Sie sind sämtlich auf meiner 1799 erschienenen Karte nach Herrn Bass' Angaben eingezeichnet. Erwägt man, daß dieser unternehmende Mann sie aus einem offenen Boote bei sehr schlechtem Wetter entdeckte, so muß die richtige Bestimmung ihrer Lage im Verhältnis zu Wilson's Promontory (Wilsons Vorgebirge) Erstaunen erregen. Unglücklicherweise ist die Lage des Vorgebirges wegen eines dem Quadranten zugestoßenen Schadens bedeutend fehlerhaft, indem die Breite um 12 bis 14 Seemeilen unrichtig angegeben ist.

Die südöstlichste Spitze von Wilson's Promontory liegt unter 146°24′ ö. L. und 39°11′30″ s. Br. Am 5. Mai waren wir mittags auf der Höhe des langen Strandes (Ninety Miles Beach), 60 Seemeilen von demselben entfernt unter 149°35′ ö. L. und 36°24′ s. Br. Am 9. Mai früh um drei Uhr ankerte der »Investigator« in Sydney Cove (Sydneybucht).

Keine einzige Person war an Bord, die sich nicht an Deck befand, als das Schiff in den Hafen einfuhr, und im allgemeinen waren sowohl die Offiziere und die Mannschaft gesünder als bei ihrer Abfahrt von Spithead und ebenso gut gestimmt. Ich habe nichts über die Diät seit unserer Ankunft am Kap Leeuwin gesagt. Allein, sie war wenig von der beim Beginn der Reise festgesetzten verschieden, von der eine genaue Aufsicht auf Reinlichkeit und freien Luftzug an Schlaf- und Speiseplätzen die wesentlichsten Bedingungen waren. Mehrere Bewohner von Port Jackson äußerten, sie hätten sich nie so sehr an England erinnert als wie durch die frische Gesichtsfarbe mancher Personen an Bord des »Investigators«.

Sobald der Anker gefallen war, begab ich mich an das Land, um Seiner Exzellenz, dem Gouverneur von Neusüdwales und ältestem Seeoffizier dieses Standortes, Philipp Gidley King, Esq., meine Aufwartung zu machen. Ich teilte ihm einen allgemeinen Bericht über unsere Entdekkungen und Untersuchungen an der Südküste mit und übergab ihm die Befehle der Admiralität und des Staatssekretärs. Sie ordneten an, daß der Gouverneur die Brigg »Lady Nelson« unter meinen Befehl stellen und den »Investigator« zu keinem anderen Dienst gebrauchen solle, als der diese Reise beträfe. Seine Exzellenz versicherten mir, daß jeder Beistand, den mir die Kolonie leisten könne, geleistet werden solle, um einen für die Regierung und für ihn selbst so interessanten Dienst zu befördern. Die »Lady Nelson« lag damals in Sydney Cove. Ihr Befehlshaber, Leutnant Grant, hatte um Erlaubnis, nach England zurückzukehren, nachgesucht.

Außer der »Lady Nelson« lagen in diesem Hafen das königliche bewaffnete Schiff »Porpoise«, das Südwalfangschiff »Speedy« und das Privatschiff »Margaretha«, außerdem das französische Schiff »Le Naturaliste«, kommandiert von Kapitän Hamelin, dem ich Kapitän Baudins Entschluß meldete, nach Port Jackson zu kommen, sobald es das Wetter gestatte. Herr Campbell, Befehlshaber der Brigg »Harrington«, hatte das Boot des »Géographe« in

Blick vom South Head auf Port Jackson

der Bass-Straße aufgefunden, dessen Offiziere und Mannschaft sich nun an Bord des »Naturaliste« befanden.

Da die Erfordernisse, das Schiff für eine erfolgreiche Fortsetzung der Reise auszurüsten, verschiedenartig und weitläufig waren, ward Cattle Point an der Ostseite von Sydney Cove uns vom Gouverneur angewiesen, um dort mehrere Arbeiten zu verrichten, während andere an Bord und im Schiffsbaumagazine betrieben wurden.

Am Morgen nach unserer Ankunft fuhren wir an einen passenden Ort an der Spitze und schickten die Zelte, die Segelmacher, die Segel und den Böttcher mit den leeren Fässern an das Ufer. Am folgenden Tage ward das Observatorium aufgestellt und die Chronometer und andere astronomische Instrumente der Aufsicht des Leutnants Flinders übergeben, der mit seinem Gehilfen, Herrn Franklin, die nötigen Beobachtungen anstellen und die Leitung der verschiedenen hier zu verrichtenden Arbeiten übernehmen sollte. Eine kleine Abteilung Seesoldaten war zum Schutz der Zelte gelandet.

Da ich gefunden hatte, daß die Galerie und das Achterdeck so hoch waren, daß sie nicht nur gegen den Wind zu fahren, sondern auch die Küstenaufnahme hinderten, so willigte der Gouverneur in die erforderlichen Abänderungen ein. Um den bei der Einfahrt in den Spencergolf verlorenen Kutter zu ersetzen, schloß ich einen Kontrakt über ein Boot, das nach dem Muster dessen, in dem Herr Bass seine lange, beschwerliche Fahrt zu der nach ihm benannten Straße machte, erbaut werden sollte. Es war 28 Fuß 7 Zoll lang und hatte einen flachen Boden. Bug und Heck waren gleich hoch. Der Kiel war etwas gekrümmt und die Steven fast senkrecht. Es war für acht Ruder im Notfalle eingerichtet, gewöhnlich wurden nur sechs gebraucht. Das dazu erforderliche Holz ward von der größten Art der Banksia geschlagen, da es dauerhafter als das vom Manglebaume befunden ward. Die Bohlen waren von Zedernholz. Es ward unter der Aufsicht des Herrn Thomas Moore, Baumeister der Kolonie, erbaut und zeigte sich gleich seinem Vorbild für Rudern und Segeln auf dem Meere sehr vollkommen. Die Kosten betrugen nur 50 Pfund Sterling. Aber einige der Materialien waren aus den öffentlichen Magazinen genommen worden.

Während diese Ausbesserungen betrieben wurden, untersuchte man zugleich alle Schiffsvorräte, sowohl um die untauglichen zurückzusenden und sie womöglich durch tauglichere zu ersetzen, als auch die Offiziere und Mannschaft in den Stand zu setzen, ihre Rechnungen zu machen, um ihre Zahlung bis jetzt zu erhalten, eine Vorsicht, welche die Natur unserer Reise besonders notwendig machte.

Nach Beendigung dieses Geschäfts wurden die Matrosen zur Reinigung des Raums zur Aufnahme eines neuen Vorrats von Lebensmitteln angestellt. Der Naturforscher, seine Gehilfen und auch die beiden Maler machten Exkursionen in das innere Land. Ich beschäftigte mich hauptsächlich mit dem Entwurf reingezeichneter Karten über unsere Entdeckungen und Untersuchungen an der Südküste des Australlandes, um sie dem Sekretär der Admiralität zu übersenden.

Am 6. Juni segelte der »Speedy« nach England. Durch Herrn Quested, seinen Befehlshaber, übersendete ich der Admiralität eine Nachricht von meinen an der Südküste des Australlandes gemachten Entdeckungen. Da die Karten nicht vollendet waren, mußte ich auf eine andere Gelegenheit, sie zu übersenden, warten. Dem königlichen Astronomen sendete ich Arnolds Chronometer Nr. 82 und 176, die still standen, zugleich mit einer Angabe der vorzüglichsten von mir gemachten astronomischen Beobachtungen und einen Bericht über Earnshaws zwei Chronometer Nr. 543 und 520, welche gut zu gehen fortfuhren.

Am 20. Juli langte Kapitän Baudin mit dem »Géographe« an, und ein Boot ward vom »Investigator« abgeschickt, um zu helfen, das Schiff in die Bucht zu schleppen. Der elende Zustand, in den sich sowohl die Offiziere als die Mannschaft dieses Schiffes durch Skorbut versetzt sahen, gab einen traurigen Anblick. Von 170 Mann konnten nach des Befehlshabers Bericht nur zwölf ihren Dienst leisten. Die Kranken wurden in das Hospital der Kolonie aufgenommen und beide französischen Schiffe mit allem versehen, was die Kolonie nur liefern konnte. Vor ihrer Ankunft hatte die Notwendigkeit, die Zahl des Rindviehs zu vermehren, den Gouverneur gehindert, uns frisches Fleisch zukommen zu lassen. Jetzt aber wurden einige der Regierung zustehende Ochsen für die unglücklichen Fremden geschlachtet, und indem ich eine gleiche Menge Pökelfleisch, das um diese Zeit hier sehr selten war, hingab, erhielt ich ein Ochsenviertel für meine Mannschaft. Die Not der französischen Seefahrer war in der Tat sehr groß gewesen. Aber der Gouverneur und die vornehmsten Bewohner der Kolonie boten alle Mittel auf, sie ihr Leiden und den Krieg vergessen zu lassen, der zwischen Frankreich und England damals herrschte.

Gouverneur King erwies mir die Ehre, den »Investigator« zu besuchen und ein Mittagsmahl einzunehmen, bei welcher Gelegenheit er mit den seinem Range als Generalkapitän gebührenden Ehrenbezeigungen empfangen ward. Nicht lange nachher genoß ich von den Kapitänen Baudin und Hamelin, Herrn Péron und anderen französischen Offizieren sowie vom Vizegouverneur, Oberst Paterson, dieselbe Gunst, und sie wurden mit elf Kanonenschüssen begrüßt. Die vor kurzem eingegangene Nachricht des Friedens trug zur Aufheiterung der Gesellschaft bei und machte unser Zusammentreffen weit angenehmer. Ich zeigte dem Kapitän Baudin eine meiner Karten von der Südküste, die den Teil derselben, den er

Port Jackson

zuerst entdeckt hatte, genau darstellte. Er machte keine Einwendungen gegen die darin bezeichneten Grenzen, fand aber seinen Anteil kleiner, als er gedacht hatte, da er von den früheren Entdeckungen des Kapitän Grant nichts wußte.

Am 21. Juli 1802 war alles zur Abreise aus Port Jackson fertig.

Der Preis von frischem Fleische war hier so ungeheuer, daß es nicht möglich war, es für öffentliche Rechnung zu kaufen. Folgendes waren die Preise einiger eingenommener Vorräte: für ein 30 bis 40 Pfund wiegendes enthäutetes Schaf 2 Pfund Sterling 7 Schillinge, das Pfund Ferkelfleisch 6 Pennies, eine Gans 7 Schillinge, ein Huhn 2 Schillinge 4 Pennies, ein Bushel Mais für das Vieh 4 Schillinge. Um die Schiffsvorräte vollständig zu machen, schloß ich einen Kontrakt auf 30 000 Pfund Zwieback,

8000 Pfund Mehl und 156 Bushel gedörrten Weizen. Inzwischen brachte das Schiff »Coromandel« den größten Teil der zwölfmonatlichen Vorräte, um die ich bei meiner Abfahrt von Spithead nachgesucht hatte. Der, mit dem ich erwähnten Kontrakt geschlossen hatte, hob den Teil desselben auf, der das Mehl und den Weizen betraf. 100 Pfund Zwieback kosteten 1 Pfund Sterling 6 Schillinge, und bedenkt man, daß die Kolonie keinen großen Vorrat hatte und auch die französischen Schiffe versorgen mußte, so war dieser Preis noch erträglich. Von zwei amerikanischen Schiffen, die einliefen, kaufte ich 1483 Gallonen Rum, die Gallone zu 5 Schillingen, was mit unseren noch vorhandenen Vorräten auf zwölf Monate hinreichte. In anderer Hinsicht wurden sie durch das aus England Angekommene ergänzt. Was übrig blieb, ward in den öffentlichen Magazinen unter Schutz des Kommissars bis zu unserer Rückkunft niedergelegt.

Zu dem traurigen Verluste von acht Offizieren und Mannschaftsdienstgraden an der Einfahrt des Spencergolfes und dem ursprünglichen Mangel an vier Personen fand ich es nötig, den Mann, den eine Robbe auf der Känguruhinsel gebissen hatte, und einen invaliden Seesoldaten zu entlassen, so daß 14 Mann erforderlich waren, meine schwache Mannschaft vollständig zu machen. Herr John Aken vom Schiffe »Hercules« ward zum Master ernannt, und noch fünf teils schon zur See gediente Leute wurden angestellt. Da ich die mir fehlende Mannschaft nicht aus freien Leuten völlig ergänzen konnte, so wendete ich mich an den Gouverneur, daß er gestatten solle, daß solche Verurteilte, die sich selbst anböten und gute Empfehlungen bringen könnten, bei mir Dienste nähmen. Dazu meldeten sich neun, von denen mehrere zur See gedient hatten, und alle waren stark und gesund. Was sie selbst betraf, so war die Lage, in die sie versetzt wurden, ihnen höchst wünschenswert, da sie die Aussicht hatten, in ihr Vaterland und in die Gesellschaft zurückkehren zu können, die sie ausgestoßen hatte. Schon früher hatte ich viel Vorteil von der Anwesenheit eines Eingeborenen von Port Jackson zur freundlichen Unterhandlung mit den Urbewohnern anderer Küstenteile gezogen, und als ich dieses dem Gouverneur vorstellte, berechtigte er mich, zweie an Bord zu nehmen. Bongarih, der schätzbare brave Mensch, der mit mir auf dem »Norfolk« gefahren war, entschloß sich jetzt freiwillig, mich zu begleiten. Der andere war Nänbarih, ein gut gearteter Jüngling, den schon Oberst Collins in seinem »Account of New South Wales« erwähnt.

Meine Instruktionen lauteten dahin, mich mit dem Gouverneur King über die besten Mittel, die Reise zu vollbringen, zu beraten. Sie beorderten mich auch, nach der Südküste zurückzukehren, sobald ich das Schiff zu Port Jackson in brauchbaren Stand gesetzt hätte. Aber sowohl er als ich selbst waren der Meinung, daß dieses mitten im Winter nicht ratsam und ein sechsmonatiger Aufenthalt im Hafen, um besseres Wetter zu erwarten, Zeitverschwendung sei. Überdies hatte ich wenig an der Südküste noch zu erforschen übriggelassen, ein Umstand, den die Instruktionen nicht in Erwägung gezogen hatten. Alles dieses erwogen, ward entschieden, nach Norden zu schiffen, die Torresstraße und die Ostküste des Carpentariagolfes zu untersuchen, bevor der nordwestliche Monsun eintrete, während dessen Dauer diese Untersuchungen nach Kräften fortzusetzen, dann die Nord- und Nordwestküsten des Australlandes zu erforschen und auf einem solchen Wege, welcher der Absicht der Reise am meisten entspräche, nach Port Jackson zurückzukehren.

Da der Nordwestmonsun wahrscheinlich nicht vor dem Anfange des Novembers eintreten würde, so wollte ich solche Teile der Ostküste von Neusüdwales untersuchen, bei denen Kapitän Cook in der Nacht vorbeigekommen war und die ich auch 1799 auf dem »Norfolk« nicht gesehen hatte. Ich wünschte gleichfalls, die Öffnungen der Keppelbai und der Shoalwater Bay und den weit größeren Broad Sound in der Hoffnung zu untersuchen, einen sich in dieselben ergießenden Fluß anzufinden, den die »Lady Nelson« in das Innere des Landes befahren könnte. Alles dieses hoffte ich zu vollbringen, bevor mich der Monsun in den Carpentariagolf rufen würde.

Cattle Point (der Platz, an dem das Observatorium aufgestellt war) liegt unter 151°11′45″ ö. L. und 33°51′45″ s. Br.

Elftes Kapitel

Von Port Jackson bis zur Keppelbai (22. Juli bis 18. August 1802)

Da Leutnant John Murray, Befehlshaber der Brigg »Lady Nelson«, Befehl erhalten hatte, sich unter mein Kommando zu begeben, so händigte ich ihm ein kleines Signalbuch aus und wies ihn an, daß er im Falle der Trennung in der Herveybai anlegen solle, in die er durch eine Straße, welche die südlichen Walfänger zwischen dem Sandkap und Breaksea Spit (Brandungsspitze) entdeckt hatten, einlaufen solle.

Früh am 22. Juli segelten wir zusammen aus Port Jackson ab und befanden uns um elf Uhr neun Seemeilen nordwestlich vom südlichen Vorgebirge der Broken Bay, in die sich der Hawksbury ergießt. Dies ist aber nicht Kapitän Cooks Broken Bay, da er sagt, sie läge unter 33°42′ s. Br., während der südlichste Punkt der Einfahrt unter 33°34′ s. Br. liegt. Wegen dieses Unterschieds in der Lage ward das Cape Three Points (Kap der drei Spitzen) neun bis zwölf Seemeilen nördlich von der Broken Bay gesucht, wogegen es das nördliche Vorgebirge der Einfahrt in die Broken Bay bildet. Mittags lag der südöstliche Hügel dieses Vorgebirges in WSW unter 151°23′30″ ö. L. und 33°32′30″ s. Br. Indem wir in einer Entfernung von zwei bis sechs Seemeilen von der Küste nordwärts steuerten, kamen wir an zwei felsigen, unter dem hohen Ufer liegenden Inseln und bei Sonnenuntergang an der Kohleninsel am Eingange des Port Hunter vorbei. Kapitän John Shortland entdeckte ihn im Jahre 1797, und er liegt unter 151°43′ ö. L. und 32°56′ s. Br. Bei Port Stevens kamen wir vor Mitternacht vorbei, und die »Lady Nelson« war zurückgeblieben. Am 23. Juli nachmittags um vier Uhr erblickten wir die Drei Brüder, welche vier bis fünf Meilen hinter der Küste liegen, am östlichen Ende einer Strecke hohen Landes, die aus der inneren Gegend kommt. Der nördlichste Hügel ist der größte, höchste und der See am nächsten. Man kann ihn vom Deck eines Schiffes aus 50 Seemeilen Entfernung erkennen, und er ist daher für Schiffe, die längs dieser Küste fahren, eine gute Landmarke. Er liegt unter 152°45′ ö. L. und 31°43′ s. Br.

Nördlich von den Drei Brüdern ist eine zwölf Seemeilen lange, niedrige, mehrenteils sandige Küste. Dann gelangten wir an einen Vorsprung, dessen Gipfel aus kleinen, unregelmäßig gebildeten Hügeln bestand, von denen der nördlichste eine Felsmasse bildet, einem Zuckerhute ähnlich. Weiterhin zieht sich das Land in eine seichte, mit Klippen über dem Wasser angefüllte Bucht zurück. Der Vorsprung ward Tacking Point (Wendespitze) genannt. Die Küste von ihm bis zum Smoky Cape (Rauchkap) ist im allgemeinen niedrig und sandig. Ihre Einförmigkeit wird aber durch felsige Spitzen unterbrochen, die man anfangs

Die »Lady Nelson«

für Inseln hält. Hinter denselben ist das Land niedrig, steigt aber schnell zu mäßig hohen Hügeln empor, und da diese gut bewaldet sind, gewinnt die Gegend eine angenehme Ansicht. Cooks Beschreibung vom Smoky Cape ist wahr. Sein Mittelpunkt liegt unter 153°4′ ö. L. und 30°55′ s. Br. Die drei Hügel auf demselben stehen auf ebensovielen Vorsprüngen. Am 25. Juli kamen wir früh um acht Uhr auf die Höhe der Südspitze einer Bucht, die ich schon mit dem »Norfolk« entdeckt und Shoal Bay (Seichte Bai) genannt habe, und abends um fünf Uhr auf die Höhe vom Kap Byron, das 50 Seemeilen von Shoal Bay und unter 153°37′ ö. L. und 28°38′ s. Br. liegt, also 7′ östlicher als Kapitän Cook es angab. In nordwestlicher Richtung, 24 bis 28 Seemeilen von demselben, erhebt sich ein Bergmassiv, das nach seinem Entdecker Mount Warning benannt und an 3300 Fuß hoch, mithin höher ist als der Dromedarberg und andere Höhen an dieser Küste. Die ihn umgebenden Hügel sind gut mit Wald bekleidet, dessen Laub einen fruchtbareren Boden andeutete, als der an der Küste war. Am 26. kamen wir auf die Höhe von Point Lookout (Aussichtspunkt), der unter 153°31′ ö. L. und 27°27′ s. Br. liegt, welche Bestimmung ich schon früher auf dem »Norfolk« machte, dann das Kap Moreton unter 153°27′30″ ö. L. und 27°0′30″ s. Br. Am 27. umsegelten wir um halb neun Uhr Double Island Point, ein steiles Vorgebirge am Ende eines Landrückens, der sich zwei Seemeilen vom Lande in das Meer erstreckt. Es liegt unter 153°13′ ö. L. und 25°56′ s. Br. Nördlich von dieser Spitze zieht sich die Küste nach Westen zurück und bildet ein steiles Ufer von weißem Sande. Wie wir aber längs der gekrümmten Küste der Wide Bay (Weite Bai) hinfuhren, so ward das sandige Ufer ziemlich flach, und man bemerkte eine schmale Öffnung in demselben, die in einen Teich zu führen schien. Doch hindern die vor der Einfahrt derselben liegenden Untiefen jedem Schiffe, das größer als ein Boot ist, den Zugang. Wäre die »Lady Nelson« bei mir gewesen, so hätte ich versucht, sie in diesen Teich abzusenden, da ich schon früher vermutete, daß die Spitze der Herveybai mit der Wide Bay in Verbindung stehe.

An der Nordseite der Öffnung befanden sich an die 50 Eingeborene, die das Schiff betrachteten, und bei Double Island Point hatten wir zehn andere gesehen. Dies zeigt hier eine stärkere Bevölkerung als im südlichen Teile des Landes. Ich schloß auch daraus, daß die Wasscrfläche an der Spitze der Wide Bay groß und seicht sei. Denn an solchen Orten ziehen die Eingeborenen ihre meiste Nahrung aus den hier in Menge befindlichen Fischen, da sie hier leichter gefangen werden können als in tieferem Wasser. Soviel wir vom Mastkorbe aus einer Entfernung von drei bis vier Seemeilen sehen konnten, dehnte sich diese Wasserfläche fünf Seemeilen westwärts bis an den

Fuß einiger Hügel aus, die mit dürrem Wald bedeckt waren. Ihre Ausdehnung nach N und S konnte nicht erblickt werden, und es schien wahrscheinlich, daß ein, vielleicht auch zwei Flüsse in sie mündeten. Es schwammen nämlich bei ihrem Eingange einige große Medusen, wie man sie gewöhnlich in den Flußmündungen dieses Landes antrifft. Wir fuhren über die Untiefen der Wide Bay in zwölf bis fünf Faden Tiefe und steuerten gegen N bis sechs und von da bis zwei Seemeilen von dem Ufer, bis es finster war. Kapitän Cook beschreibt die Küste als mäßig hoch und sehr unfruchtbar. Nach ihm sollen daselbst große Strecken mit Wanderdünen, die mehrere Acres Oberfläche haben, vorhanden sein, durch welche hier und dort die grünen Wipfel halb begrabener Bäume und die nackten Stämme solcher, die der Sand vernichtet hat, hervorragen. Wir segelten einige kleine Seemeilen näher als die »Endeavour« und sahen große unfruchtbare Sanddünen an vielen Stellen. Aber nichts zeigte an, daß der Sand beweglich sei. Im allgemeinen waren hier Sträucher, Büsche und einige Bäume über die Hügel der See gegenüber verstreut. Nichts kann aber wohl unfruchtbarer gedacht werden als diese Halbinsel. Aber der aus manchen Gegenden aufsteigende Rauch bestätigte die über die Bevölkerung um die Wide Bay gemachte Bemerkung und bewies, daß süßes Wasser in dieser sandigen Gegend nicht selten sei. Das Sandkap liegt unter 153°16′ ö. L. und 24°42′ s. Br.

Am 30. Juli fand sich die »Lady Nelson« unter Leutnant Murray wieder bei dem »Investigator« ein. Herr Murray pflegte sich immer nahe an der Küste zu halten und hatte sich darum sehr verspätet.

Um den Naturforschern Gelegenheit zu geben, die Erzeugnisse um das Sandkap zu untersuchen, entschloß ich mich, hier einen Tag zu verweilen. Da man einige Eingeborene am Strande gesehen hatte, ward ein Boot ausgeschickt, um Bekanntschaft mit ihnen zu machen. Sie zogen sich aber zurück und gestatteten Herrn Brown, ohne Störung zu botanisieren. Am folgenden Morgen ankerte die Brigg eine halbe Viertelstunde vom Ufer, um unsere Landgänger zu bedecken. Die bewaffneten Boote, die durch Anker außer dem Wirkungskreise der Eingeborenen festlagen, waren in drei Abteilungen eingeteilt. Der Trupp der Naturforscher, aus sechs Personen bestehend, ging längs der Küste nach dem oberen Teile der Bai hin. Herr Murray und seine Leute begaben sich an das Land, um Holz zur Feuerung zu schlagen, und der Trupp mit mir, auch aus sechs Personen, mit Einschluß Bongarihs, bestehend, ging gegen die Spitze des Sandkaps. Mehrere Eingeborene mit Baumzweigen in ihren Händen waren hier versammelt und winkten uns, während sie sich selbst zurückzogen, dasselbe zu tun. Bongarih zog seine Kleider aus und legte seinen Speer weg, damit sie auf ihn warten sollten. Da er aber fand, daß sie seine Sprache nicht verstanden, redete sie der arme Mensch in seines Herzens Einfalt in gebrochenem Englisch an. Endlich gestatteten sie ihm, zu ihnen zu kommen, und nach und nach folgte ihm unser ganzer Trupp. Nachdem sie von uns einige Geschenke erhalten hatten, kehrten 20 von ihnen mit uns gegen die Boote zurück und wurden am Ufer mit zwei Meerschweinen* bewirtet, die zu dieser Absicht ans Ufer gebracht worden waren. Um zwei Uhr kehrten unsere Naturforscher zurück und brachten einige der Sacknetze mit, deren sich die Eingeborenen zum Fischfange bedienen. Wir verließen dann unsere neuen Freunde, nachdem wir sie mit kleinen Äxten und anderen Beweisen unseres Wohlwollens beschenkt hatten.

Sie waren ganz nackt und glichen den Anwohnern von Port Jackson im Äußerlichen sehr. Doch schienen sie

* Eine Delphinart. (Anm. des Hrsg.)

fleischiger zu sein, wahrscheinlich weil sie sich mit ihren Sacknetzen, die an den südlichen Teilen der Küste nicht bekannt sind, mehr Nahrung verschaffen können. Die meisten von ihnen hatten eine harte Geschwulst am äußeren Knöchel des Handgelenks, die, verstand ich sie recht, von der Stange des Sacknetzes, wenn sie es auswerfen, herrührt. Unser Eingeborener verstand kein Wort von ihrer Sprache, und sie schienen den Gebrauch seines Wumera, d. h. Speerschleuder oder Wurfbrett, nicht zu kennen. Denn da einer von ihnen eingeladen ward, den Bongarih nachzuahmen, der einen Speer damit sehr geschickt und sehr weit warf, warf dieser auf die verkehrteste Weise Wurfbrett und Speer zugleich fort. Wir sahen bei diesem Volke nichts einem Kahne ähnliches. Doch es muß gewisse Mittel haben, um kurze Strecken über das Wasser zurückzulegen, da ich im Jahre 1799 fand, daß Curlew Island (Wasserhuhninsel) nahe bei dem Vorgebirge dieser Bucht von ihm besucht worden war.

Eine Art von *Pandanus,* die ich zuvor an der Glass House Bay* oder der Shoal Bay gefunden hatte, wächst auf dem Sandkap in Menge. Trotz der ungemeinen Unfruchtbarkeit des Bodens sind die Sandhügel doch größtenteils mit Gebüsch bedeckt, und die Täler enthielten Kasuarina- und Eukalyptusbäume. Süßes Wasser fand ich in einem Teiche nahe an der Küste, und wenn ein Schiff eine halbe Seemeile davon liegt, so kann es ohne Schwierigkeit Holz und Wasser einnehmen. Doch möchte wohl letzteres in der trockenen Jahreszeit fehlen.

Auf Kapitän Cooks Karte hat Herveybai eine Weite von 59 Seemeilen, und ich fand sie durch die Chronometer nur 43 Seemeilen breit, woraus die Wichtigkeit dieser Erfindung erhellt wird. Die felsige Südspitze der Bustard Bay (Trappenbai) liegt unter 151°52′ ö. L. und 24°9′ s. Br.,

* Treibhausbai, heute Moretonbai. (Anm. des Hrsg.)

Von den Teilnehmern der französischen Expedition gezeichnetes Porträt eines Eingeborenen

also 5′ südlicher und 10′ östlicher als Kapitän Cook sie niederlegte. Auch entspricht die Bildung der Bai nicht der in seiner Karte von ihr gegebenen Darstellung. Die Nordspitze genannter Bai ist aber in Cooks Karte richtig unter 24° s. Br. eingetragen. Sie ist mäßig hoch, und hinter ihr liegt eine Reihe buckliger, unfruchtbarer Anhöhen, die sich weit gegen W erstreckt.

Am 4. August waren wir zu Mittag unter 151°40′ ö. L. und 23°48′ s. Br. Vom Mastkorbe erblickten wir nordwärts in etwa 18 Seemeilen Entfernung eine niedrige Insel, die Kapitän Cook nicht erwähnt. Der entfernteste sichtbare Teil des festen Landes war eine bedeutende Anhöhe, die ich Mount Larcom zu Ehren des Kapitäns Larcom von der Marine benannte. Abends ankerten wir fünf oder sechs Seemeilen von einem Vorsprunge, der den Namen Gatcombe Head erhielt. Südlich von demselben war eine sehr tiefe Bucht in der Küste. Die Hügelkette, die bei der Bustard Bay beginnt, dehnt sich einige Meilen westlich hinter der Küste aus, bis sie sich hinter dem Mount Larcom verliert. Diese Hügel waren nicht vom Walde entblößt, hatten aber ein unfruchtbares Aussehen. Die Küste war mehr felsig als sandig.

Am 5. ward um neun Uhr früh eine kleine Öffnung entdeckt und Wasser jenseits der niedrigen Küste erblickt. Die »Lady Nelson« erhielt Befehl, sich nach einem Ankerplatze umzusehen, und um elf Uhr kamen wir eine Seemeile von der Ostspitze der Öffnung auf einem vier Faden tiefen, braunen Sandgrunde vor Anker. Die Öffnung war noch keine Seemeile breit, aber man vermutete wegen der ausgedehnten Wasserfläche dahinter, daß sie eine Verbindung mit der an der Südseite des Gatcombe Head liegenden Bucht habe. Da dieses ein der Untersuchung werter Gegenstand war, wurden die Segel gerefft und die Boote ausgesetzt. Der Naturforscher und seine Gefährten landeten an der Westseite der Einfahrt, wo sich einige Eingeborene versammelt hatten, um das Schiff anzuschauen. Sie zogen sich beim Anblick der Landenden auf einen Hügel zurück, um mit Steinen auf diese zu werfen. Sie hörten nicht eher auf, als bis zwei oder drei Schüsse über ihre Köpfe abgefeuert waren, worauf sie verschwanden. Sieben Kähne aus Rinde lagen am Ufer, und unfern derselben hingen auf einem Baum Überbleibsel einer Schildkröte und Sacknetze wie in Herveybai.

Ich fuhr in einem Boote die Öffnung weiter hinauf, und Leutnant Murray machte sich mit der Brigg auf, mir zu folgen. Aber die Flut strömte so stark über einen felsigen und sehr ungleich tiefen Grund, daß er sogleich ankerte und auf die mittlere Insel kam, wo ich Winkel maß. Wir setzten dann auf das westliche Ufer über und bestiegen einen Hügel, der auf der Karte Hill View (Aussichtshügel) benannt ist. Von ihm ward es deutlich, daß dieses Wasser gewiß mit der Bucht südlich vom Gatcombe Head in Verbindung stehe, und zwar durch eine weit beträchtlichere Öffnung als die, in der die Schiffe ankerten. Man sah auch den Hafen sich weit westwärts ausdehnen, und ich ward veranlaßt, einen regelrechten Plan für seine Erforschung zu entwerfen. Da die nördliche Einfahrt zu voll von Felsen und Untiefen war, als daß die »Lady Nelson« durch sie fahren konnte, wenngleich sie beim Aufziehen ihrer Steckschwerter (sliding keels) nur sechs Fuß Tiefgang hatte, so ward Herr Murray bestimmt, nach der südlichen Öffnung zu gehen, was gegen Sonnenuntergang geschah. Früh am 6. August begab ich mich mit Vorrat auf zwei Tage in das Walfangboot und steuerte ziemlich direkt eine niedrige, an der Südküste liegende und South Trees Point benannte Spitze an. Das Wasser war sehr seicht mit vielen Klippen und trockenen Bänken, bis sich die südliche Einfahrt schön öffnete und die Wassertiefe zwischen sieben und drei Faden schwankte. Dicht bei der erwähnten niedrigen Spitze betrug sie sechs bis acht Faden. Diese bildet den inneren Teil der südlichen Einfahrt, und Gatcombe Head, der äußere Teil, liegt etwa vier Seemeilen davon nach OSO. Von dem südlichen Vorgebirge ist jedoch die Breite des Kanals viel kleiner, da ihn vom entgegengesetzten Ufer vorspringende Sandbänke verengen.

Da ich nichts von der Brigg erblickte, fuhr ich mit der Untersuchung fort und steuerte westwärts nach einer kleinen Insel, vier bis fünf Seemeilen den Hafen aufwärts. Diese ist die südlichste von sechs kleinen Inseln, die hinter der Spitze von Hill View liegen, und von einem oder zwei auf ihr liegenden kleinen Hügeln ward eine zweite Reihe von Kompaßpeilungen vorgenommen. Die Tiefe des Wassers bis hierher hatte von acht Faden bis sechs Fuß auf einer mittleren Untiefe geschwankt. Nachher nahm sie auf drei, vier und sieben Faden zu, und dicht bei der südlichen Einfahrt betrug sie zehn Faden. Um Mittag erschien die »Lady Nelson« in der Gegend des Gatcombe Head. Aber ich wartete sie nicht ab, sondern begab mich zu einer Spitze an der nördlichen Küste, die etwa zwei Seemeilen höher hinauf lag, wo das Wasser so tief war, daß ein Schiff sicher zwischen den Klippen und den Bäumen hinfahren konnte. Die Tiefen waren von der kleinen südlichen Insel an sehr ungleich, aber die geringste betrug fünf Faden. Der Hafen verengte sich hier bis auf die Breite von einer Seemeile, dehnte sich aber weiter hinauf mehr aus und nahm die Gestalt eines Flusses in einer mehr nördlichen Richtung an. Wie wir über ihn zum westlichen Ufer fuhren, hatte er erst eine Tiefe von acht bis vier, dann von sechs bis zwei Faden. Als wir uns aber nordwärts nach zwei mit Manglebäumen bewachsenen Insel wendeten, stieg die Tiefe wieder auf sieben Faden. Bei Sonnenuntergang suchten wir auf einer dritten Insel zu landen. Aber eine sie umgebende Schlammbank machte sie unzugänglich. Wir ruderten daher aufwärts und landeten mit Schwierigkeit am westlichen Ufer, bevor es ganz dunkel ward. Die Breite des Stromes war hier gegen eine Seemeile und die größte Tiefe bei niedrigem Wasser sechs Faden.

Früh am 7. August ward in der gegenüberliegenden östlichen Küste eine kleine Öffnung bemerkt. Ihre Untersuchung verschob ich bis zu meiner Rückkunft und fuhr mit einem frischen Winde fünf Seemeilen weiter aufwärts. Die größte Tiefe betrug drei Faden. Hier teilte sich der Strom in zwei Arme. Der breiteste, der etwa eine halbe Stunde breit war, dehnt sich weiter nach NWzN aus und hört dann wahrscheinlich bald auf. Der andere erstreckt sich gegen Westen. Der größte Teil von beiden war von Untiefen und Schlammbänken eingenommen. Auf dem Teilungspunkte, der bei hohem Wasser eine Insel bildet, lagen einige rötliche, niedrige Klippen, die zweiten, die ich am westlichen Ufer bemerkt hatte. Unser Standpunkt lag hier neun Seemeilen oberhalb der steilen Spitze, wo der Hafen sich zuerst verengte, und die steile Spitze ist von Gatcombe Head zehn Seemeilen entfernt. Da ich einsah, daß es keinen wesentlichen Nutzen gewähre, die Untersuchung einer für Schiffe unzugänglichen Gegend fortzusetzen, so kehrte ich zu der kleinen Öffnung am östlichen Ufer zurück, bei der wir in der Nacht vorbeigekommen waren. Die Tiefe des Wassers betrug hier vier Faden, nahm aber jetzt wegen der Ebbe ab, und ich landete, um den Gipfel eines mit wenig Wald bedeckten Hügels zu besteigen. Von hier aus war die See sichtbar. Bei der Ostküste der kleinen mit Manglebäumen bestandenen Inseln kamen wir durch einen drei bis fünf Faden tiefen Kanal und gelangten bei Sonnenuntergang an Bord der Brigg sowie am folgenden Tage an Bord des »Investigators«. Während meiner Abwesenheit waren die Naturforscher täglich an Land gewesen, und Leutnant Flinders hatte astronomische Beobachtungen gemacht. Vergebens aber hatten die Boote versucht, Fische zu fangen. Da an der Ostküste des Hafens keine Eingeborenen erblickt wurden, gab ich einem Teile der Schiffsmannschaft Erlaubnis, nachmittags an das Land zu gehen, um sich ein Vergnügen zu machen.

Da Kapitän Cook an diesem Teil der Küste zur Nachtzeit entlanggefahren war, so daß beide Öffnungen seiner Aufmerksamkeit entgehen mußten, so gehörte uns die Entdeckung dieses Hafens, den ich Port Curtis nannte, zu Ehren des Admirals Sir Roger Curtis, Kommandeur des Kaps der Guten Hoffnung, der sich uns gegenüber so hilfreich erwiesen hatte. Die Insel, die eigentlich den Hafen bildet und ihn gegen das Meer schützt, erhielt den Namen Facing Island (Gegenüberliegende Insel). Sie bildet einen acht Meilen langen und ein bis zwei Meilen breiten Streifen sehr niedrigen Landes, und ihr südliches Ende ist Gatcombe Head, hinter dem ein guter Ankerplatz liegt, in dem man frisches Wasser und Holz einnehmen kann.

Die Umgegend um Port Curtis ist mit Gras bedeckt und erzeugt den Eukalyptus und andere dieser Küste eigene Bäume. Aber der Boden ist entweder sandig oder mit Geröll bedeckt und ganz der Kultur unfähig. Viele Küstenstrecken und niedrige Inseln sind mit Manglebäumen von drei verschiedenen Arten besetzt. Diejenige aber, deren Zweige Wurzeln oder vielmehr Träger nach dem Boden herabsenken und sich so durcheinanderflechten, daß sie fast undurchdringlich sind, war hier die häufigste. Auch ist diese Art, die *Rhizophora Mangle* des Linné, in Ost- und Westindien die häufigste, wächst aber weder bei Port Jackson noch an der Südküste des Australlandes.

Rot und schwarz gefleckter, nach allen Richtungen zersprungener Granit schien die Grundsteinart in den oberen Teilen des Hafens zu sein, doch war ein schiefriger Tonstein auch nicht selten. Auf der größeren Insel vor Hill View Point fanden wir eine zarte, weiße Erde, die ich für Kalkerde hielt, die aber, mit Säure geprüft, kein Aufbrausen erzeugte.

Die Eingeborenen leben teils vom Fisch-, teils vom Schildkrötenfange und haben Kähne aus Baumrinde und Sacknetze. Fische schienen im Überflusse vorhanden zu sein. Doch gelang es uns nicht, welche zu fangen. Die Küsten sind reichlich mit Muscheln versehen, unter denen in den höheren Teilen des Hafens auch die war, welche die Perlen gibt. Da diese aber klein und mißfarbig sind, haben sie keinen Wert. In den Waldungen sah ich weder Säugetiere noch Vögel. Aber einige Pelikane, Rotgänse und Wasserhühner hielten sich an den Küsten und auf den Untiefen auf. Gatcombe Head liegt unter 151°24′ ö. L. und 23°52′30″ s. Br.

Am 9. August ankerten wir in der Keppelbai, um die von Kapitän Cook in derselben angegebenen Öffnungen zu untersuchen, ob sie etwa Mündungen von Flüssen wären, auf denen man in das Innere des Landes dringen könne, welches jedoch nicht der Fall war. Die hier stattfindende Zusammenkunft mit den Eingeborenen schlug zu beider Zufriedenheit aus. Holz, frisches Wasser und auch Fische bietet diese Bai dar. Die Umgegend derselben besteht im allgemeinen entweder aus steinigen Hügeln oder sehr niedrigem, mit Salzsümpfen und Manglebäumen bedecktem Lande. Fast alle Ufer der Bai und der verschiedenen Arme, in die sie sich zerteilt, sind von letzterer Beschaffenheit, so daß nur wenig Orte vorhanden waren, wo man nicht, bevor man festen Boden erreichen konnte, erst einige Zeit im weichen Schlamme waten und sich hernach mit dem Beile einen Weg durch die Manglebäume bahnen mußte. Der beste Teil derselben ist um Kap Keppel her. Hügel und Täler stehen hier in guten Verhältnissen. Das Gras ist von besserer Art und häufiger. Die Bäume stehen sparsam verstreut, und es gibt wenig Unterholz. Die niedrigsten Teile sind hier keine Manglebaumsümpfe wie sonst überall, sondern reizende Täler, in deren Tiefen Süßwasserteiche liegen, die Scharen von Enten besuchen. Vieh würde hier ziemlich hinreichendes und nahrhaftes Futter finden, obgleich der Boden nicht tief und gut genug sein mag, dem Landmanne eine ergiebige Ernte zurückzugeben.

Nächst dem Manglebaume sind die gewöhnlichsten Bäume um die Keppel-Bai verschiedene Arten von Eukalyptus, die für gewöhnliches Bauholz geeignet sind. Eine von Kapitän Cook beschriebene Art des *Cycas* als das dritte von ihm auf dieser Küste entdeckte Palmengeschlecht, das giftige Nüsse trägt, war in der Nähe von West Arm Hills nicht selten. Wir fanden hier drei Arten Steine: einen grauen Schiefer, Quarz und verschiedene granitische

Mengungen und einen weichen weißlichen Stein, der seifenartig anzufühlen war. Die beiden ersteren waren oft vermengt, und der letztere lag, wenn auch nicht überall, so doch an den meisten Orten über ihnen. Der Quarz hatte verschiedene Farben, war zuweilen auch farblos, aber nie kristallisiert.

Wo wir landeten, waren Eingeborene gewesen. Aber bloß in der Nähe des Schiffs erblickten wir einige. Die Herren, die sie sahen, beschrieben sie als große muskulöse Leute, die den Tauschhandel besser zu verstehen schienen als die meisten der hier noch angetroffenen Eingeborenen. Am äußeren Knöchel des Handgelenks hatten sie denselben harten Buckel als die Umwohner von Herveybai. Vergebens forschte man nach der Ursache, die aber wohl dieselbe ist, die schon oben bei den Eingeborenen von Herveybai angegeben ward. Diese Leute waren nicht frei von Neugier, aber viele Gegenstände, von denen man voraussetzen konnte, daß ihre Neugierde dadurch erregt werden würde, blieben von ihnen unbeachtet. Ihr moralisches Benehmen war höchst lobenswert.

Kaum ist nötig zu melden, daß dieses Volk mehrenteils schwarz und durchaus nackt ist. Neben seinen Feuerstellen waren gewöhnlich die Schalen großer Krabben, die Panzer der Schildkröten und die Überbleibsel einer pastinakähnlichen Wurzel, wahrscheinlich eines Farnkrauts, verstreut. Nur einmal wurden Gräten vom Meerschweine gefunden. Außer diesen fangen sie ohne Zweifel Fische, und man sah sie im Besitze wilder Enten. In den Wäldern sind Känguruhs, und mehrere Trappen wurden in der Nähe des Kap Keppel gesehen. Die Schlammbänke werden von Wasserhühnern, Rotgänsen und anderen kleineren Vögeln besucht. Austern von einer kleinen runzligen Art waren in ziemlicher Menge vorhanden. Sie sitzen nicht auf den Felsen, sondern hängen in großen Massen auf den Bänken aneinander. Hier sind auch Perlmuscheln, doch nicht so häufig als in Port Curtis. Der Ankerplatz des Schiffes in der Keppelbai war unter 150°58′20″ ö. L. und 23°29′34″ s. Br.

Zwölftes Kapitel

Von der Keppelbai zur Shoalwater Bay (18. August bis 4. September 1802)

Die beiden größten der Keppelinseln liegen fünf Seemeilen voneinander. Die südlichste und größte derselben hat zwölf Seemeilen im Umfange. Ihre felsigen Hügel sind zum Teil mit Grase und Waldungen bedeckt. Die Wasserabflüsse längs der Seiten und die Tatsache, daß man auf ihr Eingeborene erblickte, zeigten, daß man hier süßes Wasser haben könne.

Am 20. August fuhren wir längs der Küste der Insel hin, die unter 150°50′ ö. L. und 22°42′ s. Br. vor dem Cape Manifold (Vielfältiges Kap) liegt. Letzteres besteht aus mehreren felsigen Vorgebirgen und dazwischenliegenden Stränden. Die dahinterliegenden Hügel erheben sich einer über den anderen und scheinen felsig und unfruchtbar zu sein. Vom Cape Manifold zieht sich die Küste in einen sechs Seemeilen langen sandigen Strand zurück, vor dem einige verstreute Klippen liegen. Das Land ist hier sehr niedrig. Am nördlichen Ende des Strandes ist aber ein hügeliger Vorsprung.

Am 21. August erreichten wir die Herveyinseln Cooks, und mich überraschte der Anblick von Bäumen, die der Fichte von der Norfolkinsel glichen, da man meines Wissens diesen Baum noch nicht an dieser und auch an

Ansicht von Port Bowen

keiner anderen Küste des Australlandes gefunden hat. Hinter einer südlicher gelegenen Insel war eine tiefe Bucht in der Küste, die aber ein Hafen von einiger Ausdehnung war, der nicht nur Kapitän Cooks Aufmerksamkeit entgangen, sondern wegen Veränderung des Windes auch fast von uns übersehen worden war. Ich nannte ihn Port Bowen und den hügeligen Vorsprung an der Südseite der Einfahrt Cape Clinton. Da das Netz ergiebige Ausbeute brachte, auch süßes Wasser vorhanden war, so gab ich dem Leutnant Flinders den Auftrag, das Schiffsvolk zum Schlagen von Fichtenstämmen und zur Einnahme von Wasser einzusetzen. Die Äste dieser Fichten sind zwar sehr spröde, aber die Stämme für Balken und Bretter weit denen der norwegischen Fichte vorzuziehen. Terpentin schwitzt zwischen dem Holze und der Rinde in beträchtlicher Menge aus. Ich setzte mich am 22. August in mein Walfangboot, um den Umfang des Hafens zu untersuchen.

Die Umgegend von Port Bowen ist im allgemeinen sandig oder steinig und für Kultur unfähig. Doch gibt es außer Fichten noch andere Baumarten, vorzüglich Eukalyptusarten, und es sind die Täler um Cape Clinton mit ziemlich gutem Grase bedeckt. In den Wäldern waren Känguruhs. Habichte und nacktköpfige Spottdrosseln von Port Jackson fanden sich hier in Menge. Enten, See-Elstern und Rotgänse besuchten die Untiefen bei niedrigem Wasser. Fische waren hier in größerer Menge als in irgendeinem vorher besuchten Hafen. Die mit dem Netze am Ufer gefangenen bestanden größtenteils aus Meeräschen. Haie und fliegende Fische waren zahlreich.

Die Nordwestspitze von Entrance Island in der Einfahrt des Port Bowen liegt unter 150°45′ ö. L. und 22°28′ s. Br. Springfluten steigen nicht höher als 15 Fuß.

Cape Townshead liegt auf einer besonderen Insel, die von einem westlich gelegenen Stück Landes getrennt ist, das auch eine Insel bildet und den Namen Leicester Island erhielt. Außer diesen liegen mehrere kleine Inseln in dem Eingange der Shoalwater Bay (Flachwasserbai) verstreut. Die südlichste von ihnen nannte ich nach dem Master Akeninsel. Sie liegt in einer Bucht der westlichen Küste. Seewärts lagen mehrere der Northumberlandinseln, westlicher als die früher gesehenen. Die größte war nur 45 Seemeilen entfernt.

Mount Westall, von dem man eine sehr weite Aussicht genießt, erhielt diesen Namen nach dem die Reise mitmachenden Landschaftsmaler Westall. Der Berg und die umliegenden Höhen sind steinig und steil. Fichten wachsen in den Wasserabflüssen, und etwas süßes Wasser ward hier in Höhlen gefunden. Die niedrigeren Hügel sind mit Gras und Bäumen bedeckt wie auch das tiefere Land, obgleich der Boden flachgründig und sandig ist. Die Bäume sind mehrenteils Eukalyptus.

Am 31. August gelangte ich an eine bewaldete Insel, die in der Mitte des zur Shoalwater Bay führenden Kanals unter 22°37′6″ s. Br. liegt. Diese Insel war von den Eingeborenen besucht worden, und verschiedene Bäume auf ihr waren eingekerbt, wie es die Leute zu Port Jackson machen, wenn sie bei Verfolgung der Opossums die Bäume besteigen wollen. Auf dem festen Lande, westlich von dieser Insel, wo ich eine halbe Stunde in das Innere hineinging, fand ich zahlreiche Feuerplätze und andere Anzeichen von Bewohnern, auch viele Spuren von Känguruhs. Aber ich erblickte weder ein Tier noch einen Eingeborenen. Um die erloschenen Feuer waren Schildkrötenknochen, Krabben-, Schnecken- und Austernschalen, letztere von der kleinen Art, verstreut. In der Erde bemerkte ich mehrere Gruben, die wahrscheinlich beim Graben nach Farnkrautwurzeln von den Eingeborenen gemacht wurden. Ein Iguana*, zwei bis drei Fuß lang, das

* Ein Leguan. (Anm. des Hrsg.)

auf dem Aste eines hohen Baumes auf Beute lauerte, war das einzige Tier, das wir erlegten. Die Schlammbänke wurden bei niedrigem Wasser von den See-Elstern beider Art, den Seehühnern und kleinen Kranichen besucht. Der Boden war hart, oft steinig. Die Vegetation bestand aus zwei bis drei Arten Eukalyptus und der Kasuarina, beide nicht häufig und nicht groß, mehreren Straucharten und Gräsern, welche den übrigen Boden spärlich bedeckten.

Während meiner Abwesenheit waren die Naturforscher und Künstler an der Westküste der Bai gelandet, wo sie mit 16 Eingeborenen zusammentrafen. Ihr Äußeres ward viel elender geschildert als das der Anwohner der Keppel- und Herveybai. Doch waren sie friedlich und schienen zu hungern. Sie hatten Kähne aus Rinde, die, obwohl nicht so schön geformt, an den Enden doch besser gesichert waren als die zu Port Jackson. In denselben lagen Speere, die mit Quarzstücken künstlich zugespitzt waren, um Schildkröten zu töten. Die Zahl der um ihre Feuerplätze her liegenden Schildkrötenpanzer zeigte, daß dieses Tier ihre Hauptnahrung ausmache. Außerdem mögen auch Muscheln und Farnkrautwurzeln dazu dienen.

Dieselben schlammigen Flächen, die das Landen in den oberen Teilen der Bai so erschwerten, dehnten sich auch in einiger Entfernung von der Küste unterhalb des Double Mount (Doppelberg) aus. Das Land ist zwei bis drei Meilen gegen das Innere niedrig. Dann erheben sich Hügelreihen übereinander bis zu einer beträchtlichen Höhe, und auf denselben sind mehrere Erhöhungen, von denen die beiden höchsten obigen Namen erhielten. Soweit unsere Gelehrten sie ersteigen konnten, fanden sie solche ziemlich gut mit Fichten und anderen Bäumen bekleidet, und der Boden der Täler war besser als um den Mount Westall an der entgegengesetzten Seite der Bucht.

In jedem Hafen und in jeder Bucht, die wir besuchten,

vorzüglich nachdem wir bei dem Cape Capricorn* vorbeigekommen waren, war meine erste Beschäftigung nach der Landung zu untersuchen, was die See an Land gespült hatte. Der französische Seefahrer La Pérouse, dessen unglückliches Geschick, wenn er auch vielleicht noch lebte, mir immer vor Augen schwebte, hatte, wie man glaubte, irgendwo in der Nachbarschaft von Neukaledonien Schiffbruch erlitten. War dieses der Fall, so mußten wahrscheinlich die Überbleibsel seines Schiffes durch die Passatwinde an diese Küste getrieben worden sein und die Lage des Riffs oder der Insel, wo er verunglückte, anzeigen. Mit einem solchen Hinweis glaubte ich, daß es möglich sei, den Ort aufzufinden, und obgleich die Hoffnung, Herrn La Pérouse oder einen seiner Gefährten ihrem Vaterlande und ihren Freunden nach Verlauf so vieler Jahre wiederzugeben, vernünftigerweise nicht gehegt werden konnte, so würde doch eine etwas bestimmte Nachricht über ihr Schicksal die Unruhe über die Ungewißheit desselben endigen. Vielleicht wäre es auch noch nicht zu spät, einige Dokumente über ihre Entdeckungen aufzufinden.

An der SO-Seite der Akeninsel war eine wirre Masse verschiedener Substanzen aufgeworfen. Man fand in derselben Bimsstein, verschiedene Arten von Korallen, fünf bis sechs Arten von Muscheln, Gerippe von Fischen und Seeschlangen, die Frucht des Pandanus und ein Stück Kokosnußschale. Am schmalen Strande am Südende der Insel ward ein Netz ausgeworfen und eine gute Menge von Meeräschen und von einem – dem Seepferdchen ähnlichen – Fische an die Küste gezogen, auch eine Art von Makrelen, kleine Fische vom Heringsgeschlechte und einmal ein zwischen vier und fünf Fuß langer Schwert-

* Kap Steinbock, nach dem in dieser Breite verlaufenden südlichen Wendekreis benannt. (Anm. des Hrsg.)

fisch. Sein anderthalb Fuß langes Schwert war mit starken scharfen Zähnen besetzt, und er schwang es so wütend von einer Seite zur anderen, daß es schwer war, ihn an Land zu ziehen.

Der Pine Mount (Fichtenberg) ist steinig, doch mit großen Bäumen dieser Art besetzt. Das Land zwischen ihm und dem Wasser ist von Gras bedeckt, trägt zu Bauholz geeignete Bäume und hat ziemlich guten, wohl der Kultur fähigen Boden. Er besteht aus dem Grünstein* der deutschen Mineralogen. In einigen Teilen der Umgegend scheint eine andere Steinart vorzuherrschen. Sie enthält dünne Quarzadern, von dem auch Stücke auf der Oberfläche verstreut sind. Die Akeninsel unterschied sich etwas davon. Die verbreitetste Gesteinsart war Schiefer, der an einigen Orten Quarzadern, in denen der Quarz der Kristallisation nahe war, an anderen aber eine metallische Substanz enthielt, wahrscheinlich Eisen. Das Grundgestein der meisten übrigen Teile dieser Insel aber war Grünstein. In den östlichen Klippen lag eine weiche, weißliche Erde, und an der Nordwestseite der Insel bestand die Küste aus einem Konglomerate von Geröll, kleinen Quarzstücken, Bimsstein und anderen Stoffen.

Sollte eine englische Niederlassung in Shoalwater Bay angelegt werden, so wäre der bessere Boden und die leichtere Landung um den Fichtenberg dazu vorzuziehen. Der Wasserstand in derselben ist bei der Ebbe 12 bis 14, bei der Flut 17 bis 18 Fuß. Die Nordostspitze der Akeninsel liegt unter 150°15′ ö. L. und 22°21′35″ s. Br.

* Veraltete Bezeichnung für nicht näher bestimmte vulkanische Gesteine nach ihrer grünen Färbung, zum Beispiel Diabas. (Anm. des Hrsg.)

Dreizehntes Kapitel

Von der Shoalwater Bay zum Broad Sound (4. bis 28. September 1802)

Der Thirsty Sound (Durstsund) als Hafen betrachtet, ist wenig zu rühmen. Nordost- und Ostwinde treiben die See hinein, und er hat nur für drei oder vier Schiffe Raum. Seine Einfahrt läßt sich an zwei runden Hügeln erkennen, die an jeder Seite derselben in Nordsüdrichtung in einer Entfernung von eineinhalb Seemeilen liegen. Der nördliche heißt Pier Head (Kopf des Hafendammes) und liegt unter 150°0′10″ ö. L. und 22°6′53″ s. Br. Die Umgegend ist mit Gras und Bäumen bewachsen. An der Long Island gegenüberliegenden Seite ist aber ersteres zu grob. Bäume sind sparsam verstreut, und der Boden ist für Getreidebau überall zu steinig. Es waren hier viele, doch keine neuen Spuren von Eingeborenen. Nach dem zu urteilen, was wir um ihre Feuerplätze sahen, mußten die Schildkröten ihre Hauptnahrung sein. Wir sahen denn auch mehrere dergleichen im Wasser. Es fehlte uns aber an Geschick, einige von ihnen zu fangen. Mit unserem Netze gelang uns der Fischfang besser. Süßes, den Booten zugängliches Wasser war nicht in der Nähe zu finden. Die Springfluten stiegen auf 16 bis 18 Fuß.

West Hill am Broad Sound (Weiter Sund) besteht aus einem Gesteine, in das Quarz oder Feldspat eingesprengt ist. Er hat ein basaltisches Aussehen. Ein Stück desselben an den Theodoliten gehalten, zog die Nadel zwei Grade aus ihrer Richtung. Das Thermometer stand auf 72° F (ca. 22° C).

Um die Spitze des Broad Sound bildete der Boden eine tonige, mit Gras bedeckte Fläche, die bei Springfluten überschwemmt zu werden schien. Zwischen dem Grase wuchs eine Art von Sinnkraut, dessen Blätter sich in unseren Fußtritten und um dieselben so zusammenkrümmten, daß unsere Spur noch einige Zeit zu sehen war.

Gegen den Double Mount und die Shoalwater Bay hin bestand die Gegend aus sanft aufsteigenden Hügeln und ausgedehnten, gut bewaldeten und anscheinend fruchtbaren Ebenen. Der Fluß an der Spitze des Broad Sound konnte von dem Zelte aus drei bis vier Seemeilen aufwärts untersucht werden. Aber er kann vielleicht weiter von SO herkommen, wiewohl er zu schmal sein könnte, als daß man ihn in den Waldungen auffinden oder daß er ein Boot aufnehmen könnte. Gegen S und W dehnt sich ein Strich hohen Landes aus, wahrscheinlich eine Fortsetzung dessen, von dem die oberen Arme des Port Bowen und die Shoalwater Bay ihren Anfang nehmen und von dem das niedrige Land und die kleinen Seearme an der Westküste des Broad Sound begrenzt werden. Eine ähnliche Kette verläuft hinter Port Curtis und der Keppelbai. Wahrscheinlich sind beide verbunden und von gleichem Gestein. Bei Port Curtis war das Urgebirge Granit, und dasselbe war bei dem kleinen Hügel am Broad Sound der Fall, von dem aus ich Kompaßpeilungen vornahm. Mehr als einmal hatte ich bemerkt, daß Granit zu den Stoffen gehört, die auf die Magnetnadel einen Einfluß äußern, und der Anziehung der südlichen und westlichen Bergkette schreibe ich die große Abweichung der Kompaßstriche auf dieser Station zu. Bei Sonnenuntergang kehrten wir in unser Zelt zurück und brachten unter Moskitos, Sandfliegen und Ameisen eine unangenehme Nacht zu.

Die Urgebirgsart des Upper Head (Oberer Kopf) und der umgebenden Höhen ist Granit. Die des West Hill und von Long Island nähert sich mehr dem Porphyr. An der inneren Einfahrt von Thirsty Sound bestehen die Spitzen mehrenteils aus einer nicht schweren, zuweilen roten, häufiger weißen oder aus beiden Farben gemischten Erde, deren Dichtigkeit der des Ockers gleichkommt.

Long Island ist zwar mit Gras und Wald bedeckt, doch steinig und für gewöhnlichen Ackerbau untauglich. Am festen Lande scheinen die niedrigen Gegenden zwischen den Manglebäumen und den Hügeln einen ziemlich guten Boden zu haben, und nach dem Berichte einiger der Naturforscher, die eine Exkursion hinter den Upper Head gemacht hatten, trugen die Täler gutes Gras und schienen fruchtbar zu sein. Es scheint in der Tat um Broad Sound und auf der Halbinsel zwischen derselben und der Shoalwater Bay eine beträchtliche Fläche Landes zu liegen, welche, wenn sie auch dem Anbauer keine reiche Weizenernte gewährte, doch viel Vieh ernähren und Mais, Zucker und Tabak erzeugen könnte. Baumwolle und Kaffee würden an den mehr felsigen Abhängen der Hügel und wahrscheinlich auch auf Long Island gedeihen. Sollte man einst daran denken, innerhalb des Wendekreises eine Niederlassung in Neusüdwales zur Unterstützung von Port Jackson und der südlicheren Kolonien zu gründen, so wird sie wahrscheinlich hier herum angelegt werden. Das große Steigen der Flut bietet hier Vorteile dar, die einst zum Schiffsbau benützt werden können. An der Westküste des Sundes unfern Flat Islands (Flache Inseln) steigt die Springflut auf 30 Fuß und erreicht vielleicht gar 35. Bei Upper Head steigt sie gleichfalls über 30 Fuß.

Die besten für Schiffswerften zu bestimmenden Orte scheinen die oberste oder vierte der Flat Islands zu sein, wo die Untiefen einen natürlichen Hafen bilden, und bei dem Eingange der Öffnung nächst Upper Head die darin liegende kleine, sandige und felsige Insel, die weder mit Manglebäumen bedeckt noch mit schlammigen Untiefen umgeben ist. Die Fichten von Port Bowen, Shoalwater Bay und den Northumberlandinseln würden die nötigen Balken und Bretter geben, und es ist kein Grund zu glauben, daß der Eukalyptus, der über die ganze Gegend verbreitet ist, nicht zu Bauholz brauchbar sein sollte, wie man dieses südlicher gefunden hat. Kein Eisen ward in der Umgegend bemerkt. Würde hier aber eine Niederlassung angelegt und die tiefer im Lande liegende Bergkette näher untersucht, so könnte man dieses und andere Metalle wohl finden. Die Anziehung, die diese Bergketten auf die Magnetnadel äußern, scheint diese Vermutung zu bestätigen. Doch das Eisengeräte könnte auch in Port Jackson verfertigt werden, wo Eisenerz liegt und in dessen Nähe viele Steinkohlenlager sind. Daß hier süßes Wasser zu häuslichem Gebrauche gefunden werden kann, leidet keinen Zweifel.

Wir erblickten weder an den Ufern des Thirsty noch an denen des Broad Sound Eingeborene. Känguruhs sind in den Wäldern, doch nicht zahlreich. Die Untiefen im Sunde wurden von Enten und Wasserhühnern besucht. Im oberen Teile desselben erblickten wir einige Pelikane, einen großen Kranich und einen weißen Vogel, der einem Wasserhuhne glich. Mehrere Schildkröten wurden bei Long Island auf dem Wasser gesehen, und ihre um die Feuerstellen verstreuten Panzer zeigten, daß sie die Hauptnahrung der Eingeborenen bilden. Wir besaßen die Geschicklichkeit nicht, welche zu fangen. Bei dem Fischfange hatten wir mit Angel und Schnur nur wenig Glück, und das Netz auszuwerfen gestattete die Beschaffenheit der Küsten nicht.

Das Klima war hier unter einem Grade nördlich vom südlichen Wendkreise zu dieser Jahreszeit warm. Man kann sie als den Frühling betrachten, und sie ist die trockenste im Jahre. An Bord des Schiffs stieg die Höhe des Thermometers bei den warmen Nordwinden nicht über 76° F (24° C), aber bei den Zelten zu Mittage im

Durchschnitt etwas über 90° F (32° C). Moskitos und Sandfliegen waren überall in der Nähe der Manglebäume sehr beschwerlich. Wir sahen aber keine Schlangen oder andere giftige Amphibien und Insekten. Upper Head liegt unter 149°46′53″ ö. L. und 22°23′24″ s. Br.

Vierzehntes Kapitel

Vom Broad Sound zum Großen Barriereriff (28. September bis 21. Oktober 1802)

Die Percyinseln bilden eine eigene, und zwar die nördlichste Abteilung der Northumberlandinseln. Sie sind mit Manglebäumen und Fichten bewachsen. Auf vielen ist süßes Wasser vorhanden. Die Mitte der meisten nimmt ein zugespitzter Hügel ein. Der höchste derselben, von mir Pine Peak (Fichtenspitze) genannte Hügel, welcher sich auf der von mir mit Nummer drei bezeichneten Percyinsel befindet, liegt unter 150°14′30″ ö. L. und 21°31′30″ s. Br.

Die größte der Percyinseln mag etwa 13 Meilen im Umfange haben und ihre größte Höhe an die 1000 Fuß betragen. Ihr Gestein besteht mehrenteils aus zwei Arten. Ein Konglomerat von verschiedenen Substanzen, vereinigt durch einen harten, dunkelfarbigen Kitt, kam am häufigsten vor. Weder Korallen noch Bimsstein waren in seiner Zusammensetzung. Übrigens glich er sehr dem auf der Akeninsel in der Shoalwater Bay und noch mehr einem Lager, das auf dem nordwestlichen Teile von Long Island gefunden ward. Man traf es sowohl auf den Gipfeln der höchsten Hügel als in den niedrigeren Gegenden. Die zweite Gesteinsart ist hellfarbig, dicht gekörnt und leicht zu zerteilen, doch nicht in Platten. Ihre Farbe ist gelblich, und sie gehört wahrscheinlich zum Tongeschlechte.

Die Oberfläche der Insel ist bald sandig, bald steinig, bald aus beidem gemischt; nur etwas Humusboden findet sich hier und dort. Dessen ungeachtet wird sie ganz von Grase und Waldung bedeckt. Manche der Täler um die Bucht her könnten brauchbare Gewächse erzeugen, vorzüglich eines, in dem ein kleiner Bach lief und verschiedene Süßwasserteiche gefunden wurden. Die am häufigsten vorkommende Baumart ist der Eukalyptus oder der Gummibaum. Doch ist er hier nicht groß. Kleine Kohlpalmen wachsen in den Wasserläufen, sowie eine Art Feigenbaum, der seine Früchte am Stamme und nicht an den Enden der Äste trägt. Fichten wachsen verstreut auf den am meisten felsigen Plätzen.

Auf keiner dieser Inseln trafen wir Eingeborene. Ihre sonstige Anwesenheit zeigten verlassene Feuerplätze. Sie kommen hier wahrscheinlich vom festen Lande zu gewissen Zeiten her, um Schildkröten zu fangen, worin sie viel geschickter sein mußten als wir. Denn obgleich wir mehrere Schildkröten im Wasser erblickten und den Strand in der Nacht bewachten, ward nicht eine gefangen. Känguruhs waren auf diesen Inseln nicht. Auch sahen wir keine uns nutzbaren Vögel. Die großen Vampire, die zu Port Jackson fliegende Füchse genannt werden, fanden wir oft unter den schattigen Wipfeln der Palmbäume, mit dem Kopf nach unten an ihren Klauen hängend. Ein einsamer Aal von ziemlicher Größe ward gefangen, als wir die Höhle reinigten, aus der wir unsere Wasserfässer füllen wollten.

Fichten, süßes Wasser und Fische mögen zum Besuche der Percyinseln einladen. Auch sah man mehrere Pottfische. Ein Trockendock ließe sich da, wo wir ankerten, ohne andere Mühe und Ausgabe anlegen, als den engen Eingang etwas zu vertiefen und ein paar Tore vor demsel-

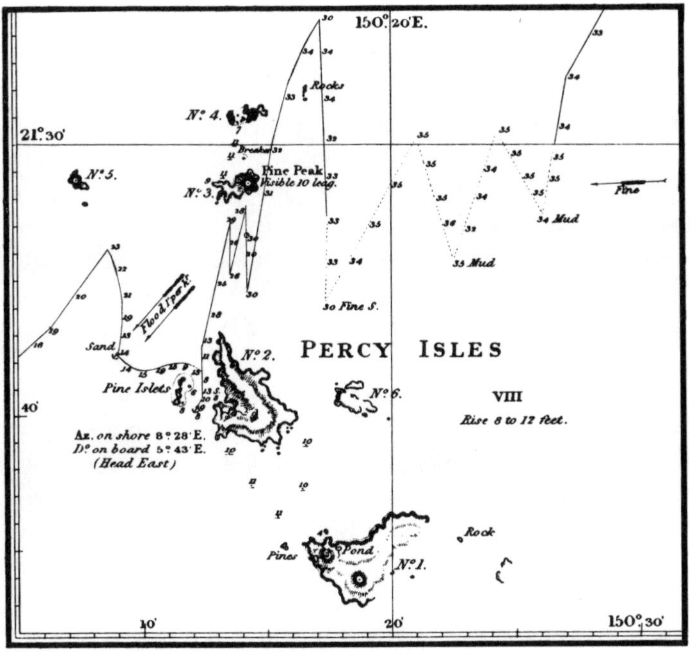

ben anzubringen. Wäre der Schlamm ausgeräumt, so könnte es 15 bis 20 Handelsschiffe aufnehmen. Unser Ankerplatz lag unter 150°22′ ö. L. und 21°39′31″ s. Br.

Am 9. Oktober 1802 ankerten wir zwischen den Riffen unter 151°3′ ö. L. und 20°53′15″ s. Br. Nachmittags begab ich mich mit einem Teile unserer Gelehrten auf das Riff, und da das Wasser rund um dessen Ränder sehr helle war, zeigte sich eine für uns neue, doch die alte nachahmende Schöpfung. Wir erblickten unter dem Wasser Weizengarben, Pilze, Hirschgeweihe, Kohlblätter und verschiedene andere Formen in lebhaften Farben von jeder Schattierung zwischen purpur, grün, weiß und braun hervorglänzen, die dem Lieblingsbeete des wißbegierigen Gärtners an Schönheit glichen und es an Großartigkeit übertrafen. Es waren Korallen und Tangarten, die aus dem festen

Felsen hervorwuchsen und von denen jede ihre eigene Form und Farbe hatte. Während wir aber diesen reichen Anblick genossen, konnten wir nicht lange vergessen, welche Bedrohung dies alles für uns bedeutete.

Verschiedene abgestorbene Korallen, die zu einer schmutzigweißen festen Masse zusammengewachsen waren, bildeten die Steinart des Riffs. Die mohrenkopfähnlichen Erhöhungen über dem Wasser waren von der Witterung geschwärzt. Doch auch an ihnen konnte man die Formen verschiedener Korallen und Muscheln erkennen. Die Ränder des Riffs waren vorzüglich da, wo sich das Meer daran brach, die höchsten Teile desselben. Innerhalb derselben fand man Tümpel und Höhlen mit lebenden Korallen, Seeschwämmen, See-Eiern und Seegurken, und mehrere Riesenmuscheln waren an verschiedenen Orten des Riffs verstreut. Bei niedrigem Wasser scheint diese Muschel gewöhnlich halb offen zu stehen. Oft aber schließt sie sich mit starkem Getöse und wirft das in ihren Schalen enthaltene Wasser in einem drei bis vier Fuß hoch springenden Schwall aus. Durch dieses Getöse und diese Fontänen entdeckten wir sie, da sie sonst schwer von den Korallenfelsen zu unterscheiden gewesen wären. Wir brachten eine Zahl dieser Muscheln an Bord und kochten sie in den Kesseln. Aber sie hatten einen zu üblen Geruch und wurden nur von wenigen gegessen. Eine derselben wog 47½ Pfund und enthielt drei Pfund und zwei Unzen Fleisch. Aber diese Größe reicht gar nicht an die, welche die Kapitäne Cook und Bligh auf den Riffen an der nördlichen Küste fanden, oder an die mancher Exemplare im Britischen Museum. Später habe ich auch einzelne solcher Muscheln gesehen, die viermal das Gewicht der oben erwähnten mit Schale und Fleisch hatten.

Da beide Schiffe mehrere Anker verloren hatten, so entschloß ich mich, die Erforschung der schmalen Durchfahrten durch das Barriereriff aufzugeben. In dieses strömt die Flut mit außerordentlicher Gewalt; der Boden ist Korallenfelsen, und keine Stelle kann mit oder ohne Wind gefährlicher sein. Mein heißer Wunsch, in die offene See zu gelangen und die Nordküste zu erreichen, bevor der ungünstige Passatwind einträte, hatte mich veranlaßt, in diesen schwierigen Durchfahrten länger zu verweilen, als die Vorsicht zu erfordern schien. Wäre der Wind heftig gegangen, so würden keine Anker in solchem tiefen Wasser und auf losem Sande das Schiff festgehalten haben. Die Ankertaue wären durch einen felsigen Grund abgeschnitten worden. Nachts unter Segel zu sein, bewirkte sichere Vernichtung. Ich entschloß mich daher, für künftige Erforschung einer Durchfahrt alle engen Kanäle zu vermeiden und längs der größeren Riffe hinzufahren, bis sich eine gute und sichere Öffnung von selbst darböte. Dieser Plan, den die allgemeine Sicherheit gebot, konnte uns weit nach NW führen und unsere Ankunft im Carpentariagolf verzögern. Doch hoffte ich dies nicht; denn Kapitän Cook hatte gefunden, daß die Flut, nachdem er bei den Cumberlandinseln vorbeigekommen war, von SO kam, nicht wie zuvor von N, ein Umstand, der ein Ende der Riffe anzudeuten schien oder eine weite Öffnung in ihnen, nördlich oder nordwestlich von diesen Inseln. Am 15. Oktober langten wir an einer dieser Inseln an, deren 15 entdeckt wurden. Ihr Grundgestein war Porphyr, und sie war mit Bäumen und Gesträuch dicht bedeckt. Unser Ankerplatz lag unter 149°34′12″ ö. L. und 20°45′28″ s. Br.

Am 17. Oktober entschloß ich mich, die Brigg nach Port Jackson zurückzusenden. Die »Lady Nelson« segelte so schlecht und blieb seit dem Verlust des Hauptkielschwertes und eines Teils des Heckschwertes stark zurück, so daß sie uns nicht nur immer wieder zu Verzögerungen zwang, sondern auch große Gefahr lief, verlorenzugehen. Anstatt die Besatzung des »Investigators« bei einem Unglück zu retten, was einer der wichtigsten Gründe für ihre Begleitung war, war eher zu befürchten, daß wir ihr zu Hilfe kommen müßten. Ein gutes Schiff von dieser Größe wäre für mich in der Torresstraße und im Carpentariagolf von größtem Vorteil gewesen. Aber in dem Zustande, in dem sich die »Lady Nelson« befand – es fehlte an Ankern und Tauen, die nicht entbehrt werden konnten, ohne unsere Sicherheit zu gefährden –, war sie uns statt einer Hilfe eine Last und ward es mit jedem Tage mehr. Leutnant Murray war mit unserer Art von Mission nicht sehr vertraut, aber der Eifer, den er bewies, indem er versuchte, sich und sein Schiff der Expedition so nützlich als möglich zu machen, machten es mir schwer, ihm die Vorteile zu nehmen, die eine Weiterfahrt mit uns für ihn gebracht hätten, und dies steigerte mein Bedauern über die Notwendigkeit, uns von unserem kleinen Begleiter trennen zu müssen.

Die in der Brigg verstauten Vorräte und Lebensmittel wurden zurückgebracht, und Herr Murray trat uns seine alte Barkasse ab, um irgendwie den Kutter zu ersetzen, den wir in der Strong Tide Passage verloren hatten. Nänbarih, einer der beiden Eingeborenen, der gesagt hatte, er möchte zurück nach Port Jackson, ward am Morgen (des 18. Oktobers) zur »Lady Nelson« gebracht, zusammen mit zwei Männern, die gegen die gleiche Anzahl von der Brigg ausgetauscht wurden, und Herr Denis Lacy, der nur vorübergehend abkommandiert war, kehrte auf den »Investigator« zurück. Ich schrieb Seiner Exzellenz dem Gouverneur King einen Bericht über unser Vorgehen und unsere Entdeckungen an der Ostküste und bat darum, daß bis zu unserer Rückkehr nach Port Jackson ein neues Boot gebaut werden und die »Lady Nelson« ausgebessert und neu ausgerüstet werden möge, um mich im folgenden Jahr zu begleiten.

Um neun Uhr setzten wir Segel und hißten, um der »Lady Nelson« unser Lebewohl zu sagen, unsere Flagge;

sie steuerte südwärts auf die Cumberlandinseln zu, während unser Kurs nahe am Wind nach NO gerichtet war.

Dieses Kapitel will ich mit einigen allgemeinen Bemerkungen über die Riffe beschließen, die einen so außerordentlichen Schutzwall dieses Teils von Neusüdwales bilden und zwischen denen wir in 14 Tagen an die 500 Seemeilen segelten, bevor wir eine Durchfahrt durch sie ins Meer finden konnten.

Die östlichsten Teile derselben, die man vom »Investigator« erblickte, liegen nahe unter 151°10′ ö. L. und 21° s. Br. Ohne Zweifel stehen sie mit den südlichen, im Jahre 1797 von Kapitän Campbell von der Brigg »Deptford« entdeckten Riffen in Verbindung, und wahrscheinlich auch mit denen, auf die im folgenden Jahr der Kapitän Swain auf der »Elisa« traf. Ist dem so, so beginnen die Barriereriffe im SO unter 152°40′ ö. L. und 21° s. Br. und vielleicht noch weiter in dieser Richtung. Break Sea Spit (Brandungslandzunge) ist ein Korallenriff, und eine Verbindung zwischen ihm und den Barriereriffen unter dem Wasser scheint nicht unwahrscheinlich. Die Öffnung, durch die wir sie verließen, liegt unter 148°2′ ö. L. und 18°52′ s. Br., so daß, wenn hier die Barriereriffe endigen sollten, ihre Ausdehnung in gerader Linie 350 Seemeilen betragen würde, in der, wie es scheint, keine weite Öffnung vorhanden wäre. Herr Swain durchschiffte sie zwar unter 22° s. Br., aber durch einen langen und sehr gewundenen Kanal.

Wie breit die von uns durchschiffte Öffnung gewesen sei, ist ungewiß. Aber da Kapitän Cook bei seiner Fahrt nach W und NW vom Cape Tribulation (Kap Drangsal), wo er zuerst die Riffe erblickte, ruhiges Wasser fand, so scheint sie nicht groß zu sein und höchstens 60, vielleicht nur 15 Seemeilen zu betragen. Daher vermute ich, daß mit großer Wahrscheinlichkeit, mit Ausnahme dieser und vielleicht anderer schmaler Öffnungen, unsere Barriereriffe mit Cooks Labyrinth verbunden sind und sich bis zur Torresstraße und nach Neuguinea unter 9° s. Br. oder durch 14 Breiten- und neun Längengrade erstrecken, was man in keiner anderen bekannten Erdgegend antrifft.

Die Breite der Barriere scheint in ihrem südlichen Teile 45 Seemeilen zu betragen, aber gegen N abzunehmen. Bei den Northumberlandinseln ist sie nur noch 36 Seemeilen und in der Nähe der von uns aufgefundenen Öffnung 21 bis 24 Seemeilen. Da die nach unserer Durchfahrt unter 17°45′ s. Br. gesehenen Riffe 120 Seemeilen von der Küste entfernt waren, so betrachte ich sie als eigene, aus der See erhobene Bänke, so wie die von Herrn de Bougainville unter 15°30′ s. Br. entdeckten noch weiter von derselben entfernt liegen. Soweit ich gegen N die Barriereriffe erforschte, so haben sie mit dem Lande keinen Zusammenhang und gehen bis 16° s. Br. fort. Denn wie oben erwähnt, erblickte Kapitän Cook nicht eher welche, als bis er vor Cape Tribulation vorbeigekommen war.

Ein Meeresarm ist zwischen diesem Riffe und der Küste eingeschlossen, der erst 75 bis 90 Seemeilen breit ist, sich aber in der Höhe des Broad Sound auf 60 und bei Cape Gloucester auf 27 Seemeilen verengt. Dies scheint ferner zu geschehen, bis etwas über Cape Tribulation hinaus, wo die Riffe dicht an der Küste liegen. Zahlreiche Inseln liegen in dieser eingeschlossenen Wasserfläche verstreut. Aber so viel uns bekannt ist, finden sich in derselben keine anderen Korallenbänke als die, welche einige der Inseln umgeben. Da diese Meeresfläche so vor den hohen Wogen des Ozeans geschützt ist, so eignet sie sich sehr gut für den Küstenhandel. Der Leser wird sich über die Ähnlichkeit, welche dieser Meeresarm mit einem unter fast eben der Breite in der nördlichen Hemisphäre liegenden hat, vielleicht wundern. Der Golf von Florida* wird westlich von

* Gemeint ist vermutlich die Inselwelt des östlichen Mittelamerika zwischen Florida und Trinidad. (Anm. des Hrsg.)

der amerikanischen Küste und durch eine große Zahl Inseln und Untiefen im Osten gebildet. Diese Untiefen bestehen auch aus Korallen.

An der Ostseite dieses Dammes hat das Meer im allgemeinen eine unmeßbare Tiefe, aber innerhalb desselben und zwischen den Riffen kann man die Tiefe loten. Wo der Grund sandig ist, ist die Tiefe wenig verschieden. Aber in eben dem Verhältnisse, wie die Breite der Riffe und des Meeresarmes, den sie umschließen, abnimmt, je mehr man gegen N kommt, nimmt auch die Meerestiefe von 60 bis 48, 35, 30 (unfern der von uns entdeckten Durchfahrt) und 20 Faden bei Cape Tribulation ab. Je mehr im Lee, um so flacher das Wasser, scheint bei Korallenriffen ein Gesetz zu sein.

An den verschiedenen Teilen des Riffs herrscht auch eine Verschiedenheit der Flut. Doch steigt sie in der Regel 2 Faden. Aber bei den Northumberlandinseln, wo die südöstliche Flut der nördlichen zu begegnen scheint, steigt sie drei Faden und vielleicht noch höher.

Es ward gesagt, daß die Breite der Öffnung, durch die wir auf das offene Meer gelangten, unsicher sei; zweifellos ist sie zwölf Seemeilen breit, vielleicht noch breiter, aber darin liegen viele unzusammenhängende Bänke. Einem Schiff, daß zu irgendeinem Teil der Küste südlich des Endeavour River gelangen will, würde ich raten, in Höhe der Break Sea Spit in die eingeschlossene See einzulaufen, wenn möglich eine eigene Route zu suchen.

Aber die Frage ist, ob ein Schiff, das wegen eines aufziehenden Unwetters oder durch Unglück gezwungen ist, die Küste aufzusuchen, auf die Öffnung zusteuern solle, um da hindurch in Sicherheit zu gelangen? Ich bin sicher, es soll dies tun, unter der Voraussetzung, daß es die Passage nicht zu spät am Tage wagt.

Die Position ist 148°2′ ö. L. und 18°52′ s. Br. Wenn man genau vor der Öffnung ist, wird Grund in 70 bis 40 Faden

Tiefe gefunden, bevor irgendwelche Riffe in Sicht kommen, wogegen, wenn Brecher gesichtet werden und keine Lotungen erhalten werden können, sicher daraus geschlossen werden kann, daß das Schiff nicht auf dem richtigen Wege zu dieser Öffnung ist und vielleicht keine großen Öffnungen in diesem Teil der Barriere sind.

Beim Erhalten von Lotungen und später dem Erreichen des Riffes nahe der oben angegebenen Position sollte ein Schiff durch die erste Öffnung von zwei Seemeilen Breite, die sich zeigt, hindurchfahren und zwischen den inneren Riffen südwestwärts auf das Land zusteuern, und es wird wenige Stunden, vielleicht nur Minuten brauchen, bis sich ruhiges Wasser und Ankergrund finden. Der Befehlshaber, der vorhat, diesen Versuch zu wagen, darf allerdings nicht einer sein, der das Ruder herumreißt, sobald ihm Brecher gemeldet werden. Wenn seine Nerven nicht stark genug sind, durch das »Nadelöhr« zwischen den Riffen »einzufädeln«, wie man dies nennen könnte, während er vom Ausguck dem Rudergänger seine Anweisungen gibt, würde ich ihm dringend raten, sich diesem Teile von Neusüdwales nicht zu nähern.

Fünfzehntes Kapitel

Vom Großen Barriereriff durch die Torresstraße zum Carpentariagolf (21. Oktober bis 3. November 1802)

Die letzten Riffe waren abends am 21. Oktober außer Sicht, und wir setzten unsere Fahrt nach der Torresstraße fort. Aber die Barriere war zu nahe, um nicht noch einzelne Riffe befürchten zu müssen, und ich hielt es für zu gewagt, während der Nacht durch diese Straße zu fahren.

Mittags am 22. war unsere Länge 148°43′ O und unsere Breite 16°39′ S. Wir fanden auf 150 Faden Tiefe keinen Grund. Auch sahen wir weiter nichts Merkwürdiges als Tropikvögel, Fregattvögel und Rotgänse. Herrn de Bougainvilles Dianabank sollte von hier gegen 114 Seemeilen gegen NOzO und dessen westliche Riffe gegen 84 Seemeilen gegen NWzN von dieser Bank entfernt sein, und vielleicht gehörten die Vögel dahin oder auf einige nähere Sandbänke. Ein Stück Landes ist südwestlich von den ersten Riffen angegeben. Aber dessen Vorhandensein ist sehr zweifelhaft. Denn alles, was Herr de Bougainville darüber sagt, ist: »Manche glaubten, niedriges Land südwestlich von den Klippen zu sehen.«

Am folgenden Tage mittags waren wir unter 149°2′ ö. L. und 15°12′ s. Br. Man sah oben erwähnte Vögel und einige Tölpel und Sturmvögel. Am 24. Oktober 1802 waren wir mittags unter 148°39′ ö. L. und 13°47′ s. Br. Man erblickte viele Tölpel und einige Sturm- und Tropikvögel. Am 25. sah man einen großen Schwarm von Sturmvögeln. Mittags waren wir unter 147°23′ ö. L. und 12°55′ s. Br. und am 27 zu derselben Zeit unter 146°7′ ö. L. und 10°28′ s. Br. Der bisherige Südostwind sprang hier plötzlich nach Norden um und blies frisch bei trübem Wetter. Um Mitternacht drehte er aber wieder nach Südost. Diese Wechsel waren von Donner, Blitz und Regen begleitet, wie ich fürchtete, Anzeichen von der Annäherung des nordwestlichen Monsuns. Am 28. wurde eine Klippenbank, die sich zwei bis sechs Seemeilen von SWzW gegen NO erstreckte, früh um acht Uhr entdeckt. Mittags befanden wir uns unter 145°45′30″ ö. L. und 9°51′30″ s. Br. Dann waren keine Riffe zu sehen.

Die genannten Riffe liegen nahe einem Grad östlich von denen, welche die Kapitäne Edwards und Bligh entdeckten, als sie in die Torresstraße einfuhren. Denn das nordöstliche Ende liegt unter 145°45′ ö. L. und 10°2′ s. Br. Von diesem Punkte dehnt sich die östliche Klippenlinie zehn bis zwölf Seemeilen nach SSW aus. Wie weit aber die Riffe gegen SW gehen, konnte nicht ermittelt werden. In dem Glauben, daß dieses die erste Entdeckung dieser Korallenbänke gewesen sei, nannte ich sie Eastern Fields (Östliche Felder), um dadurch ihre Lage von anderen Riffen in der Torresstraße zu unterscheiden.

Unsere Breite mittags am 28. Oktober war gerade dieselbe der Öffnung, durch welche Kapitän Edwards im Jahr 1791 mit der »Pandora« in diese Straße eingefahren war. Ich nenne sie daher Pandora Entrance (Pandoraeinfahrt). Diese Öffnung scheint der weiter nördlich liegenden, durch welche Kapitän Bligh und Herr Bampton in die Riffe gelangten, vorzuziehen zu sein, besonders, da sie gerade nach den Murrayinseln führt, an denen ich womöglich ankern wollte.

Nachdem wir beim Portlockriff (so von Kapitän Bligh benannt), dessen südlichster Teil unter 144°45′ ö. L. und 9°48′ s. Br. liegt, vorbeigekommen waren, so gelangten wir am 29. bei den Murrayinseln an.

Eine Menge an verschiedenen Orten aufgestellter Pfähle, vorzüglich zwischen den Inseln, erschienen aus einiger Entfernung als die Masten von Kanus und ließen mich fürchten, daß die Anwohner der Straße hier eine Flotte versammelt hätten. Als wir aber näher kamen, so fanden wir, daß die Pfähle auf Riffen standen und wahrscheinlich für den Fischfang aufgestellt waren. Kaum hatten wir geankert, als zwischen 40 bis 50 Eingeborene in drei Kähnen anlangten. Sie wollten nicht am Schiffe anlegen, sondern hielten sich etwas davon entfernt und hielten Kokosnüsse, mit Wasser gefüllte Stücke von Bambus, Pisangs, Bogen und Pfeile in die Höhe, indem sie riefen: »Tuhrih! Tuhrih! (Eisen!)« und »Mámmuhsih!« Bald

Zum Tauschhandel bereite Eingeborene der Murrayinseln

begann ein Tauschhandel, der auf folgende Art geführt ward: Hielt man ein Beil oder ein anderes Stück Eisen in die Höhe, so boten sie ein Bündel grüner Pisangs, einen Bogen und ein Bund Pfeile, oder was sie sonst zum Tauschhandel für dienlich erachteten, dar. Wurden Zeichen der Einwilligung gemacht, so sprang der Eingeborene mit seiner Tauschware aus dem Kahne, kam an die Seite des Schiffes und händigte sie dem aus, der zu ihm von Borde kam. Hatte er dann sein Beil usw. erhalten, so schwamm er wieder zum Kahne hin. Manche lieferten ihre Ware ohne Mißtrauen ab. Doch war dieses nicht immer der Fall. Ihre Begierde, Tuhrih zu erhalten, war groß, und zuerst nahmen sie jede Sache an, die aus diesem Metalle gemacht war. Ward aber nachher ein Nagel einem Eingeborenen gezeigt, so schüttelte er den Kopf, und man verstand ihn gut genug.

Bei Sonnenuntergang kehrten zwei Kähne nach der Murrayinsel zurück, indem sie mit größerer Geschwindigkeit gegen den Wind ruderten, als eines unserer Boote vermocht hätte. Das dritte zog ein schmales senkrechtes Segel zwischen zwei Masten im Vorderteile des Kahnes auf und steuerte nach NW, wie ich glaubte, nach Kapitän Blighs Darnleyinseln.

Ich vergaß nicht, daß die Bewohner dieser Insel im Jahre 1792 einen Angriff auf die Schiffe »Providence« und »Assistant« machten und daß Herrn Bampton im Jahre 1793 einiges Volk auf der Darnleyinsel bedroht hatte. Die Seesoldaten wurden also unter die Waffen gestellt, die Kanonen gereinigt und die Lunten angezündet. Offiziere erhielten den Auftrag, auf jede Bewegung in jedem Kahne, solange er nahe dem Schiffe war, zu achten. Alle Kähne waren mit Bogen und Pfeilen versehen, aber es gab keine Anzeichen von Feindseligkeit.

Am folgenden Tage machten wir uns nicht eher auf den Weg, als bis die Sonne hoch genug stand, um Höhen für die Chronometer zu nehmen. Bald nach Tagesanbruch besuchten uns die Eingeborenen mit sieben Kähnen. Einige derselben kamen unter das Heck des Schiffs und 15 bis 20 an Bord, die Perlmutterschalen und Halsbänder von Kauries (eine kleine weiße Schneckenart) in ihren Händen brachten, für welche sie, wie für Bogen und Pfeile, mehr des köstlichen Tuhrih erhielten.

Da ich wünschte, die Freundschaft und das Zutrauen dieser Inselbewohner solchen Schiffen, die in der Folge durch die Torresstraße kommen könnten, zu sichern, aber kein Oberhaupt unter ihnen ausmachen konnte, wählte ich den ältesten Mann und beschenkte ihn mit einer Handsäge, einem Hammer, Nägeln und einigen anderen Kleinigkeiten. Hierauf bemühten wir uns, ihm deren Gebrauch zu zeigen, aber, wie ich glaube, ohne Erfolg. Denn der arme alte Mann ward furchtsam, als er sich so besonders ausgezeichnet sah.

Die Hautfarbe dieses Volkes ist dunkel schokoladenbraun. Es besteht aus tätigen, muskulösen Männern, die etwas mehr als mittlere Größe sind. Ihre Gesichter drükken das Gefühl eines schnellen Verdachtes aus. Ihr Körperbau und ihre Haare gleichen denen der Eingeborenen von Neusüdwales, und sie gehen gleichfalls ganz nackt. Viele tragen Schmuck von Muscheln oder geflochtenen Haaren oder Fasern von Rinde um ihren Bauch, Nacken und Knöchel. Unser Freund Bongarih verstand nichts von ihrer Sprache. Auch schienen die Eingeborenen ihm wenig Aufmerksamkeit zu erzeigen, und er selbst schien seinen eigenen minderen Wert zu fühlen und spielte nur eine klägliche Rolle unter ihnen.

Die größte der Murrayinseln ist nahe zwei Meilen lang und etwas über eine Meile breit. Sie ist sehr hoch, und den Hügel an ihrem westlichen Ende kann man von Deck eines Schiffs bei hellem Wetter in einer Entfernung von 24 bis 28 Seemeilen sehen. Die beiden kleineren Inseln scheinen bloß isolierte, aus dem Meere steil aufsteigende, schwer zugängliche Höhen zu sein. Wir sahen auf ihnen weder Feuer noch andere Spuren von Bewohnern. An den Küsten der größeren Insel waren mehrere mit Palisaden, wahrscheinlich von Bambusrohr, umgebene Hütten. Kokosnußbäume waren sowohl in den niedrigen Gründen als an den Seiten der Hügel im Überflusse vorhanden. Pisangs und andere Früchte brachte man uns an Bord. Mehrere Eingeborene saßen in Gruppen am Ufer, und von den sieben Kähnen, welche am Morgen an das Schiff kamen, faßte jeder 10 bis 20 oder alle zusammen gegen 100 Mann. Nimmt man nun an, daß diese 100 Mann die

Hälfte der auf die Insel gehörenden Männer waren, rechnet man dazu ebenso viele Frauen und 300 Kinder, so muß die Volksmenge der Murrayinseln 700 betragen und fast gänzlich der größeren Insel angehören. Der höchste Berg dieser Insel liegt unter 114°2′ ö. L. und 9°54′ s. Br.

Am 30. Oktober landete ich mit den Naturforschern auf einer Insel, die wahrscheinlich zu Herrn Bamptons Cornwallis Range gehörte, die zwar wenig mehr war als eine Sandbank auf einer Grundlage von Korallenfelsen, aber mit Bäumen und Sträuchern so dicht bedeckt war, daß man an manchen Orten darauf nicht fortkommen konnte. Der nordwestliche Teil ist durchaus sandig, doch wachsen auf ihm zahlreiche Pandanusbäume, denen an der Küste von Neusüdwales ähnlich. Um mehrere derselben lag ein Kreis von Schalen der *Chama Gigas* oder Riesenmuschel, dessen Zweck meine Neugierde erregte.

Es schien, daß diese kleine Insel gelegentlich von den Eingeborenen besucht ward, welche von ihr die Frucht des Pandanus und wahrscheinlich auch Schildkröten erhielten, da man Spuren von diesen fand. Das Riff versieht sie mit Muscheln, die größer sind als die, welche wir auf den Riffen an der Ostküste fanden. Da kein Wasser auf dieser Insel ist, so scheinen sie folgenden Ausweg gefunden zu haben: Lange Streifen von Rinde werden um die schlanken Stämme des Pandanus gewunden und deren freie Enden in die unten aufgestellten Muschelschalen geleitet. Durch diese Streifen wird der Regen, der am Stamme und an den Ästen des Pandanus herabfließt, in diese Muscheln geleitet und füllt sie bei jedem starken Schauer. Da nun jede Muschel zwei bis drei Pinten enthalten kann, so können 40 oder 50 unter verschiedene Bäume verteilt, einer guten Zahl Menschen Wasser liefern. Ein paar dieser in der Sonne gebleichten Muschelschalen wog 101 Pfund. Aber diese waren lange nicht so groß als die, welche ich späterhin sah.

Die Pandanusfrucht gewährt, so wie sie von den hiesigen Eingeborenen und anderen Bewohnern gebraucht wird, nur wenig Nahrung. Sie saugen den unteren Teil der Kerne oder getrennten Nüsse etwa so aus, wie wir es mit den Blättern einer Artischocke machen. Aber die so erhaltene Menge von fleischigem, saftigem Stoffe ist sehr klein und nach meinem Geschmacke zu adstringierend*, um wohlschmeckend zu sein. Im dritten Bande der »Asiatic Researches« wird die Frucht des Pandanus beschrieben, als sei sie unter dem Namen Mellori ein wichtiges Nahrungsmittel der Bewohner der Nikobarischen Inseln, und auf der Insel Mauritius wird eine seiner Arten wegen der langen faserigen Blätter angepflanzt, aus denen Matten und Säcke für Kaffee und Baumwolle gemacht werden.

Diese kleine Insel oder vielmehr das sie umgebende Riff, das drei bis vier Seemeilen lang ist, gewährt Schutz gegen die Südostwinde, und da sie eine mäßige Tagesreise von den Murrayinseln entfernt ist, bildet sie einen passenden nächtlichen Ankerplatz für ein Schiff, das durch die Torresstraße geht. Ich benannte sie Half Way Island (Insel auf der halben Wegstrecke). Sie hat wahrscheinlich über eine halbe Stunde im Umfange, scheint aber sowohl an Höhe als an Ausdehnung zuzunehmen. Vor nicht gar langer Zeit war sie eine der Bänke, die durch Anschwemmung von Sand und zertrümmerten Korallen entstanden, wovon die meisten Riffe Zeugnisse und die in der Torresstraße eine große Menge Belege liefern. Diese Bänke sind auf verschiedenen Stufen der Entwicklung. Manche sind gleich dieser zu Inseln geworden, aber noch nicht bewohnbar. Manche sind über dem Hochwasserstande, aber ohne Vegetation, während andere bei jeder Flut überschwemmt werden.

* Die Mundschleimhaut zusammenziehend wie die Frucht des Schlehdorns. (Anm. des Hrsg.)

Mir scheint es, daß, wenn die Tierchen, welche die Korallen auf dem Grunde des Ozeans bilden, zu leben aufhören, ihre Gebäude entweder wegen einiger klebriger Überbleibsel in ihnen oder wegen einer besonderen Eigenschaft des Salzwassers aneinander hängenbleiben, und daß die Lücken allmählich mit Sand und zerbrochenen Korallenstücken durch Anspülung des Meeres ausgefüllt werden, welche gleichfalls dort hängenbleiben, so daß endlich eine Felsmasse gebildet wird. Nachfolgende Stämme dieser Tierchen errichten ihre Wohnungen auf der entstehenden Bank und sterben in der Bemühung, dieses Denkmal ihrer wundervollen Arbeiten zu erweitern, vorzüglich aber zu erhöhen. Die Sorge, in den früheren Zeiten senkrecht zu arbeiten, beweist einen erstaunenswerten Instinkt in diesen kleinen Geschöpfen. Ist ihre Korallenmauer, die mehrenteils in Gegenden liegt, wo beständige Winde sind, bis zum Meeresspiegel emporgeführt, so gewährt sie einen Schutz, unter dem sie ihre erzeugten Kolonien sicher aussenden können. Dieser ihrer instinktmäßigen Vorsicht scheint es zuzuschreiben zu sein, daß die dem Winde ausgesetzte Seite eines Riffs, das der offenen See zugewandt ist, gewöhnlich, wenn nicht immer, der höchste Teil desselben ist und in der Regel senkrecht, zuweilen aus einer Tiefe von 200 und mehr Faden emporsteigt. Es scheint zur Existenz dieser kleinen Tiere erforderlich, daß sie immer mit Wasser bedeckt sind. Denn sie arbeiten nicht über dem Niedrigwasserstande, ausgenommen in den Höhlen auf dem Riffe. Aber der Korallensand und andere zerstörte Überreste setzen sich an den Felsen fest und bilden mit ihm eine solide und so hohe Masse, als die gewöhnlichen Fluten reichen. Ist diese Höhe überstiegen, so verlieren die künftig anschwimmenden Überreste, weil sie nicht mehr bedeckt werden, ihre anhängende Eigenschaft und bilden, indem sie in einem lockeren Zustande verbleiben, auf dem Gipfel des Riffes das, was man gewöhnlich den Schlußstein nennt. Nicht lange dauert es, so besuchen die Seevögel die neue Insel, Salzpflanzen schlagen ihre Wurzeln hinein, und ein urbarer Boden fängt an sich zu bilden. Eine Kokosnuß oder eine Pandanusfrucht wird an das Ufer getrieben. Landvögel besuchen sie und bringen Samen von Sträuchern und Bäumen mit. Jede hohe Flut und vorzüglich jeder Sturm fügen der Bank etwas bei. Nach und nach ist die Form einer Insel hergestellt, und zuletzt kommt der Mensch, um von ihr Besitz zu nehmen.

Half Way Island ist im oben dargestellten Entwicklungsgange ziemlich weit vorgerückt, nachdem sie viele Jahre, vielleicht viele Zeitalter über die Höhe der höchsten Springfluten und selbst über die Wogen der heftigsten Stürme erhöht war. Ich unterschied inzwischen in dem ihre Grundlage bildenden Felsen Sand, Korallen und Muscheln, die früher aufgehäuft waren, in einem mehr oder minder vollkommenen Zusammenhange. Kleine Stücke Holz, Bimsstein und andere fremdartige Körper, welche der Zufall den kalkartigen Substanzen beigemengt hatte, als ihr Zusammenhang begann, waren in den Felsen eingeschlossen und in manchen Fällen ohne Gewalt von ihm zu trennen. Der obere Teil der Insel ist eine Mischung derselben Stoffe in einem lockeren Zustande mit ein wenig Humusboden, der mit Kasuarina und anderen Bäumen und Sträuchern bedeckt ist, welche Papageien, Tauben und einigen anderen Vögeln Nahrung geben, deren Vorfahren diese Insel wahrscheinlich für diese Vegetation Dank schuldig ist. Sie liegt unter 143°18′ ö. L. und 10°8′ s. Br.

Am 2. November erreichten wir die Goodinsel, unserem botanischen Gärtner zu Ehren so genannt. Sie liegt unter 142°10′30″ ö. L. und 10°32′58″ s. Br., ist zwischen einer und zwei Seemeilen lang und gleicht dem übrigen Teile der Gruppe darin, daß sie hügelig, bewaldet und felsig ist und luvwärts kleine Buchten hat. Der Stein ist Granit und spröde. Aber es gibt hier auch Porphyr, und an einem Orte fand ich Adern von Grünspan, als hätten die oberen Klippen Kupfererz enthalten. Die über diese Insel verbreiteten Bäume taugten nur zur Feuerung. In Menge wuchs aber eine Art von Seidenbaumwollpflanze. Die Fasern in der Hülle sind stark und haben einen feinen Glanz. Vielleicht wären sie vorteilhaft in Manufakturen anzuwenden.

Jetzt war entschieden, daß die Schilderhäusern gleichenden Gebilde weiße Ameisenhügel von acht und mehr Fuß Höhe waren. Pelsaert fand ähnliche Hügel an der Westküste und sagt: »Man hätte sie für Häuser der Eingeborenen halten können.« Auch Dampier sah sie an der Nordwestküste und irrte sich auf gleiche Art. Aber er sagt, er hätte gefunden, daß es Felsen seien, wahrscheinlich, weil er die Untersuchung nicht mit seiner gewöhnlichen Sorgfalt machte. Die sie bewohnenden Ameisen sind klein, rötlich, haben schwarze Köpfe und scheinen eine träge, schwache Art zu sein. Wir trafen hier die gemeine schwarze Fliege in ungeheurer Menge, und sie war uns ebenso lästig, als Dampier die an der Nordwestküste beschreibt.

Die Wallisinseln sind klein, niedrig und felsig. Die nördlichste scheint ohne Vegetation zu sein. Sandige Untiefen umgeben sie, die mit dem festen Lande zusammenhängen und keinem Schiffe die Durchfahrt zu gestatten scheinen.

Sechzehntes Kapitel

Entlang der Ostküste des Carpentariagolfs (4. November bis 1. Dezember 1802)

Am Morgen des 4. November kamen mehrere Landvögel an Bord, welche die Größe einer Taube hatten, aber schlanker waren. Wollte man sie ergreifen, so wehrten sie sich verzweifelt, da sie an jedem Flügel mit einer starken Klaue zum Kampfe bewaffnet waren. Diesen Vogel hatten wir schon in Port Phillip an der Südküste gesehen. Er gehört zu dem Geschlechte *Tringa* (Wasserläufer) und ist mit der *Tringa Coensis* nahe verwandt.

Am 7. ward eine schmale Öffnung in der Küste entdeckt, und da die Naturforscher die Produkte dieser Gegend zu untersuchen wünschten, ward das Walfangboot ausgesetzt, und wir gingen hinein, um die Einfahrt zu erforschen. Als wir uns ihr näherten, fuhr ein Kahn oder etwas Ähnliches von der Nord- bis zur Südseite hin und zurück. Der Ruderer bediente sich beider Hände zum Rudern, gleich den Bewohnern der Murrayinseln. Wir fanden es wegen der Untiefen ziemlich schwierig, hineinzugelangen, da der Kanal zwischen denselben eng und gekrümmt und nicht tiefer als neun bis zehn Fuß war. An der Nordseite befand sich ein Trupp Eingeborener, und Bongarih ging nackt und waffenlos zu ihnen an die Küste. Obgleich sie Speere hatten, zogen sie sich doch vor ihm zurück, und alle unsere Bemühungen, mit ihnen Verbindung aufzunehmen, waren vergebens. Es war für unsere Naturforscher nicht sicher, in Gegenwart dieses verdachtvollen Volkes zu botanisieren, und deshalb ruderten wir eine halbe Stunde weiter hinauf gegen einen grün aussehenden Ort an derselben Seite und landeten da ungefähr um Mittag. Die Wassertiefe bis hierher war zwei Faden, und ich konnte von hier die Einfahrt, die sich nach OSO erstreckte und dann mehr nach Süden um eine bewaldete Spitze lief, zweieinhalb Seemeilen weiter übersehen. Wegen der Stärke der Flut drang sie wahrscheinlich viele Meilen in die Küste.

Während die Botaniker ihre Untersuchungen anstellten und ich längs dem Ufer ging, um einige Vögel zu schießen, ertönten mehrere Rufe in dem Walde, als wenn Volk gegen uns anrücken wolle. Da nun hier eine zu schöne Gelegenheit war, von den Eingeborenen heimlich umgebracht zu werden, versammelten wir uns und zogen uns in unser Boot zurück, um ihre Ankunft zu erwarten. Da ein Seewind eingetreten war und die Eingeborenen sich nicht sehen ließen, ruderten wir an den ersten Ort zurück, wo die Gegend offen war und unsere Naturforscher botanisierten, während auf den Sandhügeln Wachen aufgestellt waren.

An den oberen Teilen des Hafens war die Gegend gut bewaldet, vorzüglich mit Eukalyptus. Aber bei dem Eingange desselben gab es wenig mehr als trockenen Sand mit einigen Kasuarina- und Pandanusbäumen. Eine aus unvollkommen verfestigtem Korallensand und Muscheln bestehende Steinart bildete ihren Boden. Spuren von Känguruhs im Sande sowie auch ein Hund wurden gesehen. Ausgesaugte Pandanuskerne lagen überall herum, und kleine Muschelschalen waren über den Strand verstreut. Vergebens sah ich mich nach dem Kahne um, der hier gelandet war, sowie nach Hütten der Eingeborenen.

Bevor wir das Ufer verließen, ward ein Beil an einem Baumast befestigt, so daß es vom Ufer deutlich in die Augen fiel. Kaum waren wir wieder in das Boot gestiegen, als der Trupp Eingeborener, 16 an der Zahl, wieder erschien und uns zurief. Wie wir des Bootes Spitze aber gegen sie kehrten, liefen sie davon. An der Südseite der Einfahrt waren vier andere Eingeborene, die auch bei unserer Annäherung fortliefen. Wir steckten also ein anderes Beil in den Sand und kehrten zu dem Schiffe zurück.

Dieses Volk war durchaus nackt und glich sowohl in der Farbe als in jeder anderen Hinsicht den Bewohnern der östlichen und südlichen Küsten des Australlandes. In der Torresstraße waren Bogen und Pfeile die Angriffswaffen, aber hier sahen wir nur Speere. Jeder Mann hatte mehrere in seiner Hand und etwas, von dem man vermutete, es sei ein Wurfholz.

Diese kleine Öffnung scheint der Coenfluß der holländischen Karte zu sein. Ihre Einfahrt ist zu schmal und zu flach, um etwas anderes als ein Boot zuzulassen. Sie liegt unter 141°47′ ö. L. und 12°13′ s. Br.

Am 8. November kam mittags die von der holländischen Jacht »Duyfken« im Jahre 1606 entdeckte Spitze in Sicht, welche auf der holländischen Karte nicht angegeben ist. Damit aber die Erinnerung daran nicht verlorengehe, nannte ich sie Duyfken Point. Ihr südlichstes Ende liegt unter 141°42′ ö. L. und 12°35′ s. Br. Die westlich von dieser Spitze liegende Bucht dringt von der geraden Richtung der Küste gegen elf bis zwölf Seemeilen in das Land ein, und in ihr befinden sich drei schmale Öffnungen. Die Küste ist sehr niedrig und an vielen Orten mit Manglebäumen besetzt.

Am 9. kamen wir mittags bei einem über die Küste hervorspringenden, etwas höheren und sich durch einige rote Klippen auszeichnenden Vorgebirge vorbei, welches auf der holländischen Karte angemerkt ist. Aber ich nannte es Pera Head, um den Namen des zweiten Schiffes, welches im Jahr 1623 längs dieser Küste segelte, zu ehren. Es liegt unter 141°40′ ö. L. und 12°58′30″ s. Br. Am 10. waren wir mittags unter 141°32′ ö. L. und 13°42′35″ s. Br., also auf der Höhe des Kaps Keer Weer (Kehre wieder!), wo die Jacht »Duyfken« ihre Untersuchung aufgab.

Am 13. November sah man vom Mastkorbe einen Landstrich, der sicher eine beständige oder doch eine einstweilige Verbindung mit dem Meere hatte. Aber man konnte keine solche entdecken. Die Breite 15°53′ S entspricht dem Nassauflusse der alten holländischen Karte, und nach den Beispielen, die schon hier von den holländischen Flüssen gegeben sind, scheint wahrscheinlich diese Lache gemeint zu sein. Als wir mittags unter 141°14′30″ ö. L. und 16°24′29″ s. Br. waren, sahen wir vom Deck aus Bäume und bald darauf Rauch emporsteigen. Der kleine hier befindliche Vorsprung ist auf der alten holländischen Karte als Staatenfluß bezeichnet. Wo man aber diesen Fluß finden kann, weiß ich nicht.

Am 14. November mittags waren wir unter 101°0′ ö. L. und 17°3′15″ s. Br. Ein vorspringender Küstenteil lag drei bis vier Seemeilen nach NOzO, und die Tiefe war dreieinhalb Faden. An der Südseite dieses kleinen Vorsprungs schien eine schmale Öffnung zu sein, deren Breite dem Van-Diemen-Flusse der alten Karten entspricht. Aber quer durch den Eingang zu derselben lag eine ausgedehnte, beinahe trockene Fläche, die wahrscheinlich selbst Boote am Einlaufen hindern würde. Hat dieser Ort im Jahr 1644 irgendeinen Anspruch auf den Namen eines Flusses gehabt, so muß seitdem die Küste eine gewaltige Veränderung erlitten haben.

Nachmittags war unser Lauf längs der Küste mehr westlich. Dieses und die zunehmende Seichtigkeit des Wassers ließ mich fürchten, daß ich das Ende des Golfes so finden würde, wie es auf alten Karten dargestellt ist, und daß die Hoffnung auf eine Straße oder Durchfahrt nach irgendeinem anderen Teile des Australlandes vergeblich sei. Um vier Uhr befanden wir uns einer kleinen Öffnung gegenüber, welche der auf der holländischen Karte am südöstlichen Ende des Golfes eingezeichnete Caronfluß zu sein scheint. Was er nun auch zu Tasmans Zeiten gewesen sein mag, so würde heutzutage kein Seefahrer versuchen, mit einem Schiffe in ihn einzufahren. Seine Mündung liegt unter 140°52′ ö. L. und 17°26′ s. Br.

Am 15. ward die südlichste Spitze des Carpentariagolfes unter 17°26′ s. Br. entdeckt, die aber vielleicht noch etwas südlicher in das Land dringen kann. Von hier nahm jedoch die Küste eine nordwestliche Richtung.

Am 16. befanden wir uns mittags unter 139°54′ ö. L. und 17°21′15″ s. Br. und gingen am 17. bei der Sweersinsel vor Anker, um den »Investigator« auszubessern. Als wir mit einem frischen Winde von der Seite in die Torresstraße fuhren, zog das Schiff zehn Zoll Wasser in der Stunde ein, und in manchen Stunden meldete der Zimmermann sogar 14 Zoll. Von zwei Planken wurde festgestellt, daß sie verrottet waren, und das Darunterliegende war in keinem besseren Zustande. Am 19. ward eine acht bis elf Seemeilen lange Insel in diesem Golf entdeckt und nach dem Lord William Bentinck Bentinckinsel benannt, sowie eine zweite, die den Namen Alleninsel nach dem praktischen Bergmanne unserer Expedition erhielt. Ihre Südostspitze liegt unter 139°26′ ö. L. und 17°5′ s. Br.

Die Alleninsel ist zwischen vier und fünf Seemeilen lang, und obwohl im allgemeinen unfruchtbar, so trägt sie doch Büsche, kleine Bäume und etwas gutes Gras. Sie ist durchaus niedrig und ihr Südostende ist felsig. Man fand kein frisches Wasser an der Küste, auch keinen Platz, wo Fässer gelandet werden konnten. Nachdem ich einige Peilungen vorgenommen hatte, überließ ich die Naturforscher sich selbst und ruderte nordwestlich, um die Insel zu umschiffen. Aber ein unpassierbares Riff dehnte sich so weit aus, daß dieser Plan aufgegeben werden mußte. Nachdem ich von einer dieser Klippen Winkel genommen hatte, begab ich mich ostwärts auf eine zwei Seemeilen entfernte kleinere Insel, wo ich verschiedene Eingeborene sah. Das Wasser war zu seicht, als daß das Boot sich ihnen nähern konnte. Doch landeten wir in einer kleinen Entfernung von ihnen und gingen hinter drei Männern her, die sechs kleine Flöße nach den äußersten nördlichen Felsen schleppten, auf denen drei andere Eingeborene saßen.

Da diese Männer ihre Flöße nicht verlassen wollten, so war eine Zusammenkunft unvermeidlich. Einer von uns ging unbewaffnet auf sie zu, und da Zeichen gemacht wurden, daß sie ihre Speere niederlegen sollten, so verstanden sie dieses so, daß sie sich niedersetzen sollten, welches sie auch taten. Nach und nach ward ein freundliches Verhältnis hergestellt. Sie nahmen einige rotgesponnene Mützen und Netze an sowie ein Beil und ein Hohleisen, deren Gebrauch ihnen sogleich deutlich ward, als man ihnen denselben erklärte. Zum Danke gaben sie uns zwei sehr unbearbeitete Speere und ein Wumera oder Wurfstock, fast von derselben Gestalt wie bei den Eingeborenen um Port Jackson.

Die Flöße bestehen aus mehreren geraden, stark getrockneten Ästen des Manglebaumes, die mit den breitesten Enden an der einen Seite verbunden sind, so daß sie hier einen breiten Teil bilden und sich an der anderen Seite in eine Spitze schließen. Nahe bei dem breiten Ende ist ein Bündel Gras, auf dem der Mann, der rudert, sitzt. In der Tat hätte ich schwerlich vermutet, daß es einen Mann über dem Wasser halten könne. Auf einem der Flöße befand sich ein kurzes Netz, das wegen der Größe seiner Maschen wahrscheinlich zum Schildkrötenfange bestimmt war. Auf einem anderen war ein junger Haifisch. Dieses schien mit ihren Rudern und Speeren der ganze Betrag ihrer irdischen Reichtümer zu sein.

Zwei von diesen drei Männern waren schon in den Jahren vorgerückt, und nach ihrer Gesichtsbildung schienen sie Brüder zu sein. Mit Ausnahme zweier Oberhäupter von Tahiti waren sie die größten Eingeborenen, die ich je sah. Beide Brüder waren drei bis vier Zoll länger als mein Master, der fünf Fuß elf Zoll lang ist. Durch Stärke oder schlanken Wuchs zeichneten sie sich nicht aus. Gleich den meisten Australiern haben ihre Schenkel nicht das Verhältnis zu ihren Köpfen und ihren Leibern wie bei den Europäern. Der dritte Eingeborene war nicht so groß wie die beiden anderen, aber nach unseren Begriffen besser proportioniert. Ihr Körperbau unterschied sich übrigens nicht bedeutend von dem ihrer Landsleute an den Süd- und Ostküsten. Aber jedem von ihnen fehlten zwei Vorderzähne im Oberkiefer. Ihr Haar war kurz, aber nicht kraus, und ein netzartiges Gewebe, welches der jüngste Mann um seinen Kopf gewickelt hatte, war die einzige Zier oder Kleidung, die man bei ihnen sah. Zu meinem Erstaunen hatten die beiden Alten die Beschneidung erlitten. Aber die Stellung des Jüngsten, der immer sitzen blieb, gestattete nicht, daß über ihn eine Beobachtung gemacht werden konnte.

Nachdem ich mich fünf Minuten bei ihnen aufgehalten hatte, schlugen die alten Männer mir vor, zu unserem Boote mitzugehen. Dieses ward bewilligt, und wir gingen Hand in Hand mit ihnen. Aber sie hielten auf dem halben Wege an, und indem sie etwas zurücktraten, hielt der Älteste eine kurze Rede, welche er mit dem emphatisch ausgesprochenen Worte »Dschärih!« beschloß. Dann kehrten sie zu ihren Flößen zurück und schleppten sie zu ihren drei Gefährten, die auf den entferntesten Felsen saßen. Ich vermutete, daß sie Frauen waren und daß der Vorschlag der Männer, mit uns zu unserem Boote zu gehen, eine Erdichtung war, um uns von jenen zu entfernen. Es schien jedoch nicht, daß die Weiber sich so vor uns fürchteten, als dieses die Männer in ihrer Hinsicht zu tun schienen. Denn als wir an den Flößen vorbei zurückkehrten und ihnen dabei viel näher als zuvor kamen, so beschäftigten sie sich ruhig mit der Sammlung von Austern. Es war nicht mein Wunsch, dieses arme Volk zu beunruhigen. Daher ließen wir sie auf ihrem eigenen Wege und nahmen die entgegengesetzte Richtung zur Untersuchung der Insel.

Dieses niedrige Landstück hat eine Länge von ein bis zwei Meilen und erhielt wegen seiner Form den Namen Horseshoe Island (Hufeiseninsel). Es gibt auf derselben sehr wenig Sandboden, und mit Ausnahme der Manglebäume an der Küste trägt sie nichts weiter als Gebüsch. Wir fanden keine einzige Hütte. Aber das um zwei oder drei benachbarte Feuerplätze herumliegende dürre Gras zeigte den letzten Aufenthalt der Eingeborenen hier an. Daneben lagen mehrere große Schneckenhäuser, wahrscheinlich die Gefäße, in denen sie Wasser vom festen Lande hierher gebracht hatten; denn auf dieser Insel war keines zu finden, auch kein Anschein, daß man sich welches verschaffen könne. Panzer und Knochen von Schildkröten waren in Menge umher verstreut. Am Strande waren auch Spuren von diesen Tieren, und mehrere derselben sah man während des Tages im Wasser. Aber uns gelang es nicht, auch nur eine zu fangen.

Als ich am Abend auf das Schiff zurückkehrte, steuerte ich von Horseshoe Island nach dem Südostende der Alleninsel und sondierte den Kanal zwischen beiden, hatte aber nur einmal drei Faden Tiefe, sonst weniger. Dieser Weg war daher keine passende Durchfahrt für das Schiff, und da die verschiedenen niedrigen Inseln gegen Nordosten die Erwartung nicht begünstigten, westlich von der Bentinckinsel eine zu finden, erachtete ich es für das Ratsamste, zurückzukehren und das Schiff zwischen Bentinck- und Sweersinsel zu legen, bis das notwendige Kalfatern beendet sei. Man hatte auf beiden Inseln Eingeborene gesehen, und dieses gab Hoffnung, daß man noch Wasser finden werde, um damit die Behälter vor Eintritt des schlechten Wetters durch den Nordwestpassat, den man jeden Tag erwartete, zu füllen.

Bei Tagesanbruch am anderen Morgen ward der Anker gelichtet, und da wir uns gegen widrige Winde vorarbeiten mußten, ward die Breite der Durchfahrt zwischen der Bentinckinsel und dem südlichen festen Lande bestimmt und sondiert. Abends ankerten wir im Dunkeln eine halbe Seemeile von der westlichen Sandspitze der Sweersinsel in fünf Faden Tiefe. Dieser Ankerplatz zwischen zwei Inseln, obgleich man diesen Platz keinen Hafen nennen kann, ist doch fast ebenso gut geschützt, und ich nannte ihn Investigator's Road (Investigators Reede). Es scheint, daß sie zwischen NNW und NOzN Stürmen ausgesetzt sei. Allein die Klippen von jeder Küste nehmen beinahe die Hälfte des Raumes ein, und das Wasser ist in dem übrigen Teile zu seicht, um irgendeine dem Schiffe gefährliche Woge zuzulassen.

Am folgenden Tage ward ein Boot ausgesendet, um mit dem Netze an der Sweersinsel zu fischen. Die Naturforscher teilten sich in zwei Gruppen, um beide Inseln zu besuchen, und die Zimmerleute begannen, die Steuerbordseite des Schiffes zu kalfatern. Ich wiederholte die Beobachtungen unter dem Inspection Hill, um den Gang der Chronometer zu überprüfen. Als ich bei meiner Rückkehr erfuhr, daß der Unterbefehlshaber auf dem zum Fischfange bestimmten Boote eine kleine Grube mit etwas schmutzigem Wasser, neben dem eine Muschel lag, entdeckt habe, so gab ich Befehl, daß dieser Ort durch den Sand und das Lager von weißlichem Tone bis auf zehn oder elf Fuß Tiefe ausgegraben werden solle. Unter dem Tone fanden wir einen Boden von Steinen und grobem Sande und daß das Wasser klar und sehr geschwind hineinfloß. Dieses war eine große Entdeckung, besonders da die Quelle an der Westspitze der Sweersinsel nicht fern vom Strande lag, wo man die Fässer bequem landen konnte und wo wir großen Erfolg im Fischfange hatten.

Die Naturforscher, welche die Bentinckinsel besuchten,

fanden einen kleinen Süßwassersee unfern der Küste, und dem entsprach, daß der innere Teil der Sweersinsel gegen das nördliche Ende mit Morästen gefüllt sei. Dieser verhältnismäßige Überfluß an Wasser auf solchen niedrigen Inseln am Ende der trockenen Jahreszeit scheint sehr merkwürdig zu sein. Er kann vielleicht der tonigen Beschaffenheit des Lagers direkt unter dem Sande und dem körnigen Felsen, auf dem dieses Lager ruht, zugeschrieben werden. Das eine verhindert die Verdunstung des Regenwassers, das andere das weitere Versickern.

Früh am nächsten Morgen (am 23. November 1802) ward das Schiff bis auf zwei Kabeltaulängen an die Westspitze nahe der Quelle gebracht. Leutnant Fowler ward mit einem Teile der Matrosen und Seesoldaten an der Küste etabliert. Er nahm Zelte mit sich, ein Netz und andere Bedürfnisse, um das Schiff mit Wasser zu versorgen und uns mit Fischen zu versehen. Die Zimmerleute gingen daran, das Schiff zu kalfatern; aber je mehr sie darin fortschritten, erhielt ich Meldung auf Meldung über an den verschiedenen Teilen des Schiffes festgestellte verrottete Stellen an Planken, Bohlen, Spanten, Holznägeln usw., bis es beunruhigend ward. Deshalb gab ich dem Master und dem Zimmermann den Auftrag, eine regelrechte Untersuchung aller wichtigen Teile durchzuführen, die, ohne unsere Mission zu gefährden, erreicht werden konnten, und mir darüber einen schriftlichen Bericht anzufertigen mit Antworten auf bestimmte, ihnen gestellte Fragen. Nach einer zweitägigen Untersuchung ward mir dieser Bericht vorgelegt, der in den folgenden Worten endete:

Der »Investigator« ward bei genauerer Untersuchung von einer ungemein schlechten Beschaffenheit befunden. Vieles Holz war verfault. Herr Aken hat mehrere gleichartige und am gleichen Orte wie der »Investigator« erbaute Schiffe gekannt und fand, daß, wann immer sie zu verrotten begannen, es sehr schnell damit vor sich ging. Bei dem fortgeschrittenen Zustande, den dieses Schiff nun erreicht zu haben schien, war es ihre gemeinsame Auffassung, daß es binnen zwölf Monaten kaum mehr eine haltbare Planke besitzen werde, bleibt das Wetter allerdings ruhig, und geschieht kein Unglück, dann sollte es noch weitere sechs Monate ohne allzu großes Risiko fahren können.

Ich kann die Überraschung und die Sorge nicht beschreiben, die mir dieser Bericht bereitete. Ihm zufolge war eine sofortige Rückkehr nach Port Jackson nötig, sowohl um die Tagebücher und Karten der bereits abgeschlossenen Untersuchungen zu sichern als auch um das Leben der Schiffsgesellschaft nicht zu gefährden, und meine Hoffnung, die äußeren Umrisse dieses riesigen und in vielen Punkten interessanten Landes festzustellen, waren, wenn nicht zerstört, so doch auf unbestimmte Zeit verschoben.

Eine Fahrt nach Port Jackson zu dieser Zeit bot keine gewöhnlichen Schwierigkeiten. Fuhr ich weiter nach Westen fort, so war es wahrscheinlich, daß der ungünstige Passatwind ein unüberwindliches Hindernis darstellen würde, und kehrte ich gegen Osten zurück, so mußte ich stürmisches Wetter in der Torresstraße erwarten, einer Stelle, wo die vervielfachten Gefahren zu noch weit größerer Besorgnis Ursache gaben. Diese Betrachtungen sowie der ernstliche Wunsch, womöglich die Erforschung des Carpentariagolfes zu vollenden, bestimmten meinen Entschluß, während der Dauer des Nordwestpassates wie vorher mit der Küstenaufnahme fortzufahren und bei dem Eintreten eines guten Windes den westlichen Weg nach Port Jackson einzuschlagen, wenn das Schiff sich zu einer Winterfahrt längs der Südküste tauglich zeigen sollte, wenn aber nicht, dann in den nächsten Hafen Ostindiens einzulaufen.

Am 28. November hatten wir unsere Wasser- und Brennholzeinnahme vollendet. Der Konstabler hatte alles Pulver in der Sonne getrocknet. Die Zelte und die Mannschaft waren an Bord gebracht. Auch war alles vollführt, was die Zimmerleute zur Ausbesserung, Kalfaterung, Ergänzung des verfaulten Schiffsbauholzes usw. hatten bewirken können.

Jetzt will ich die vorzüglichsten Bemerkungen, die ich während unseres Aufenthalts zwischen diesen Inseln machte, in einem Überblick zusammenfassen. Das am meisten an den Küsten gesehene Gestein ist ein Eisenerz, das an manchen Orten so reichhaltig ist, daß ich glaube, es wäre ein bedeutender Besitz für eine in der Nähe angelegte Kolonie. Über diesem liegt eine zusammengebackene Masse von Korallen, Muscheln, Korallensand und Eisenerzkörnern, die oft an der Oberfläche erscheinen, gewöhnlich aber mit Sand oder Humuserde oder einer Mischung von beiden bedeckt sind. So schienen im allgemeinen die Bestandteile aller dieser Inseln, mit Ausnahme mancher lokaler Verschiedenheiten, zu sein.

Selbst in den besten Teilen ist der Boden kaum fruchtbar zu nennen. Die kleinen Bäume und Büsche, welche hier wachsen, und das Gras an manchen der weniger bedeckten Orte retten die großen Inseln von dem Vorwurfe gänzlicher Unfruchtbarkeit. Die hauptsächlichsten Baumarten sind der Eukalyptus und die Kasuarina, doch von zu kleinem Wuchse, um zu etwas anderem als zur Feuerung gebraucht zu werden. Der Pandanus wächst fast überall, vorzüglich aber in sandigen Gegenden. Die Botaniker machten ein langes Verzeichnis von Pflanzen, von denen mehrere ihnen ganz neu waren.

Wir sahen weder Säugetiere noch Kriechtiere auf dieser Insel. Vögel hingegen sind sehr zahlreich. Die nützlichsten derselben sind Enten von sehr verschiedenen Arten und Trappen. Eine derselben, die Herr Bauer geschossen hatte, wog zwischen zehn und zwölf Pfund und gab uns ein treffliches Mittagsmahl. Das Fleisch dieses Vogels ist gerade dem unseres Türkischen Hahnes* entgegengesetzt, da das weiße Fleisch an den Keulen, das dunkle aber an der Brust sitzt. In den waldigen Gegenden dieser Insel sieht man Krähen, weiße Kakadus, Kuckucksfasanen, Tauben und kleine dieser Gegend eigene Vögel, außerdem Rotgänse, See-Elstern und Sandlerchen, doch sind, mit Ausnahme der Rotgänse, diese Arten nicht zahlreich. Im Meere lebt eine große Vielfalt von Fischen, und zwar in solchem Überfluß, daß es selten war, daß man der ganzen Schiffsgesellschaft nicht eine Mahlzeit durch ein- oder zweimaliges Auswerfen des Netzes geben konnte. Schildkröten gibt es zwischen den Inseln in Menge. Doch schien es ein Mißgeschick zu sein, daß wir keine einzige fangen konnten.

Eingeborene sahen wir häufig, sowohl auf der Bentinck- als auch auf der Sweersinsel. Aber sie mieden uns durchaus und verschwanden oft auf eine uns unbegreifliche Art. Wahrscheinlich verbargen sie sich in in die Erde gegrabenen Höhlen. Denn wir trafen eine solche einmal an, die zwei Gemächer enthielt, in deren jedem ein Mensch sich niederlegen konnte. Feuerstellen unter schattigen Bäumen mit rund umher verstreutem Heu wurden häufig angetroffen. Ich vermute, daß dieses ihre Wohnungen bei gutem und daß die Höhlen es bei schlechtem Wetter sind. Die Farnkraut- oder eine ähnliche Wurzel scheint einen Teil ihrer Nahrung zu bilden. Denn es waren sowohl im Sande als in den trockenen Sümpfen Stellen, wo der Boden so mit zugespitzten Stöcken umgegraben war, als wenn Schweine da gewühlt hätten.

Ob dieses Volk immer auf diesen Inseln wohnt oder vom festen Lande auf sie herüber kommt, ist ungewiß. Es

* Truthahn. (Anm. des Hrsg.)

scheint keine Kähne zu haben, wohl aber auf Flößen, ähnlich denen, die wir auf Horseshoe Island und an anderen Küstenpunkten fanden, Seefahrten anzustellen. Nach den früheren, von Holländern gegebenen Nachrichten erwartete ich, daß die Anwohner des Carpentariagolfes wild und grausam und sowohl mit Pfeilen und Bogen als auch mit Speeren bewaffnet wären. Ich fand sie aber im Gegenteile furchtsam und so begierig, einen Umgang mit Fremden zu vermeiden, daß nur allein Überraschung unsere einzige Zusammenkunft mit ihnen auf Horseshoe Island veranlassen konnte; und gewiß war dann nichts Wildes in ihrem Betragen. Von Bogen und Pfeilen war weder auf diesen Inseln noch am Coenflusse etwas zu sehen, und ihre Speere waren viel zu schwer und zu ungeschickt verfertiget, daß sie als Angriffswaffen gefährlich sein könnten, aber bei der Verteidigung möchten sie einiges Gewicht haben.

Merkwürdig ist es, daß die drei Eingeborenen, die wir auf Horseshoe Island sahen, zwei Vorderzähne im Oberkiefer verloren hatten. Dampier sagt, wenn er von den Bewohnern der Nordwestküste spricht: »Die zwei vordersten Zähne im Oberkiefer fehlen ihnen allen, Männern und Weibern, Alten und Jungen.« Aber bei den Eingeborenen an der Torresstraße, der Keppel- und Herveybai und der Glass House Bay an der Ostküste sah man nichts davon. Südlicher bei Port Jackson wird aber den Knaben, wenn sie mannbar werden, ein Vorderzahn aus dem Oberkiefer gebrochen, aber nicht mehr. Mädchen sind dieser Operation nicht unterworfen. An der Twofold Bay weiter südlich findet kein derartiger Brauch statt. Auch beobachtete ich ihn nicht am Port Phillip oder am King-George-Sunde. Hingegen auf dem Van-Diemens-Land* scheint er teilweise üblich zu sein; denn Herr Labillardière

* Tasmanien. (Anm. des Hrsg.)

sagt: »Wir beobachteten einige, bei denen einer der mittleren Zähne im Oberkiefer fehlte, und andere, denen zwei fehlten. Wir konnten die Ursache dieser Gewohnheit nicht erfahren. Sie ist übrigens nicht allgemein. Denn die meisten Leute haben alle ihre Zähne.« Die Beschneidung, welche zwei von drei Eingeborenen auf Horseshoe Island erlitten hatten und von der bessere Beweise an anderen Küstengegenden des Carpentariagolfes gefunden wurden, ist, wie ich glaube, ganz neu in der Beschreibung des Australlandes.

Auf der Sweersinsel fanden wir sieben Menschenschädel und mehrere Knochen in der Nähe von drei erloschenen Feuern und ein viereckiges, sieben Fuß langes Stück Teakholz. Auf der Bentinckinsel sah ich die Stümpfe von wenigstens 20 Bäumen, welche durch eine Axt oder ein anderes scharfes eisernes Werkzeug gefällt waren. Nicht weit davon waren die Scherben eines irdenen Kruges verstreut. Diese Umstände miteinander verglichen, schien es wahrscheinlich, daß hier vor etwa zwei bis drei Jahren ein Schiff aus Ostindien gescheitert, daß ein Teil der Mannschaft von den Eingeborenen erschlagen sei und daß sich die übrigen vielleicht auf nach Art der Eingeborenen verfertigten Flößen auf das feste Land geflüchtet hätten.

Die Vorteile, die hier ein Schiff finden kann, sind hauptsächlich folgende: Schutz gegen alle Winde in der Investigator's Road, Holz zur Feuerung, süßes Wasser und ein ziemlicher Überfluß an Fischen und Schildkröten. Denn wenn ich der Beschreibung dieser Reise in der Zeit etwas vorgreifen darf, so gibt es Inseln, die ein Boot von gedachter Reede aus erreichen kann, auf denen die Schildkröten nicht von den Eingeborenen vertrieben werden. Sollte es je in dem Plane einer Expedition liegen, in das Innere des Australlandes von der Spitze des Carpentariagolfes einzudringen, so ist die Investigator's Road vorzüglich für ein Schiff während der Abwesenheit der Reisenden geeignet. Die für ihre Unternehmung günstigste Jahreszeit würden Mai, Juni und Juli sein, aber nicht so für das Schiff, da die Mannschaft wahrscheinlich außerstande sein würde, sich Schildkröten zu dieser Zeit zu verschaffen. Für eine ähnliche Expedition an die entgegengesetzte Seite der Südküste würden der September, Oktober und November sich am besten eignen.

Von der Zeit unserer ersten Ankunft bis zur Abfahrt von der Sweersinsel stand das Thermometer an Bord zwischen 81° und 90° F (27–32° C). An der Küste mochte es am Tage 5° bis 10° F (3–6° C) höher gestanden haben. Folglich war die Luft sehr warm. Da aber beständig kühlende Lüfte von der See und vom Lande kamen, so war selten die Hitze unerträglich und die Insekten wenig beschwerlich. Der Inspection Hill auf der Sweersinsel liegt unter 139°45′52″ ö. L. und 17°8′15″ s. Br.

Siebzehntes Kapitel

Die Südküste des Carpentariagolfs (1. bis 27. Dezember 1802)

Mittags am 1. Dezember war das Land sechs bis sieben Seemeilen entfernt und schien der innere Teil des großen Vorsprunges zu sein, der auf den alten Karten unter dem Namen Kap Van Diemen angegeben ist. Aber die felsige Beschaffenheit der Küste und die Unebenheit der Oberfläche waren so sehr von der sandigen Einförmigkeit des festen Landes verschieden, daß ich stark an dem Zusammenhange beider zweifelte.

Bei näherer Besichtigung fand sich dieses bestätigt. Am 3. Dezember näherten wir uns um Mittag dem östlichen Ende und erblickten eine kleine Insel sechs Seemeilen weiter nördlich, eine von den dreien, die in der alten Karte nächst dem Kap Van Diemen dargestellt sind. Sie ist dicht mit Wald, vorzüglich der saftigen weißen Art, bedeckt, woher sie den Namen Pisoniainsel erhielt. Eine andere größere Insel ward vom Kap aus gesichtet. Diese konnte keine von den dreien sein. Denn sie liegt so dicht an der Küste, daß Tasman, oder wer immer diese Teile entdeckte, schwerlich diese Trennung bemerkt haben würde. Auch kamen in der Tat die beiden anderen Inseln sogleich südwärts in Sicht, und zwar nahe der für sie in der alten Karte angegebenen Lage. Da der Wind, um das Kap zu umschiffen, ungünstig war, richteten wir unsere Fahrt auf die beiden Inseln und ankerten bald nach vier Uhr an der Südostseite der äußersten, in sechseinhalb Faden Tiefe auf gut haltendem Grund.

Spuren von Schildkröten erkannte man am Strande, als wir um die Nordostspitze fuhren; dies gewährte uns eine angenehme Hoffnung auf frische Lebensmittel. Mehrere Monate hindurch hatten wir tropische Küsten erforscht, ohne irgendeinen der Vorteile, die gewöhnlich damit verbunden sind, zu ernten, und wir wurden oft beim Anblick der Schildkröten im Wasser und ihrer Knochen und Panzer um die Feuerplätze am Lande zu Tantalussen. Aber wir hofften nun einen Ort gefunden zu haben, wo uns die Eingeborenen nicht zuvorgekommen sein würden und wir uns für so manche Enttäuschungen entschädigen könnten.

Als wir gegen die Insel hinfuhren, hatten wir nahe am Strande fünf Faden Tiefe. Mehrere Schildkröten schwammen hier, und viele wurden über dem hohen Wasserstande bemerkt, welche wir an uns zu bringen eilten, aber tot und verfault fanden. Sie scheinen beim Emporklimmen an einem steilen Teile des Strandes auf ihre Rücken gefallen, und, da sie sich selbst nicht wieder aufrichten konnten, jämmerlich umgekommen zu sein.

Während ich vom höchsten Hügel der Insel Kompaßpeilungen vornahm, hatte das ungeduldige Schiffsvolk, das die Ankunft der Schildkröten auf dem Lande nicht erwarten konnte, sie im Wasser angefallen und zwar drei große gefangen, aber meine Harpune zerbrochen. Sie hatten auch einige aus den Gruben gezogen, von denen der obere Teil des Strandes voll war. Von einer füllten sie einen Hut voll Schildkröteneier, und von einer anderen nahmen sie einen Schwarm junger Schildkröten, die einen Durchmesser wie eine Crown-Münze hatten und die ich in jedem Teile des Bootes herumkriechen fand. Es war dann nach Sonnenuntergang, und zahlreiche Schildkröten waren versammelt, die nur auf unsere Abfahrt warteten, um den Strand zu erreichen. Ich eilte daher auf das Schiff und sendete den Leutnant Fowler mit einem Teile der Mannschaft an Land, dort die Nacht zu bleiben und die Schildkröten auf den Rücken zu drehen.

Am nächsten Morgen (dem 4. Dezember 1802) gingen zwei Boote ab, um den Offizier und das Volk nebst ihrem Fange abzuholen. Aber ihr Erfolg war so groß gewesen, daß es notwendig war, die Barkasse auszusetzen, und es kostete fast den ganzen Tag, alle Schildkröten, welche die Decks und Schiffsräume fassen konnten, ohne dadurch die Bedienung des Schiffes zu behindern, an Bord zu bringen. Herr Brown, der Naturforscher, fand sie der wahren grünen Schildkröte zwar sehr, doch nicht ganz ähnlich, so daß er glaubte, es sei eine noch unbeschriebene Art. Wir beschlossen 46 zu behalten, von denen die kleinste 250 Pfund und jede im Durchschnitt 300 dergleichen wog. Außerdem waren viele an die Küste zurückgekehrt, was ihnen auch von uns gestattet ward.

Bountiful Island (Freigiebige Insel), so nannte ich sie, ist nahe drei Meilen lang und im allgemeinen niedrig und sandig. Die höchsten Teile sind Sandrücken, die mit einem langen kriechenden, groben Grase überdeckt sind, was den Sand zusammenhält und ihn gegen das Treiben durch den Wind sichert. An den niederen Orten wachsen gewöhnliches Gras, einige Büsche und kleine Bäume. Das Grundgebirge besteht aus einer gestreiften Ockererde, teils aus mit Eisenerzteilen verbundenem Sande. Nichts zeigte an, daß je diese Insel besucht worden wäre, woher es wahrscheinlich ist, daß die Eingeborenen der benachbarten Küsten keine Kähne besitzen. Denn mit diesen ließe sich eine Distanz von zwölf Seemeilen wohl zurücklegen, aber für solche Flöße, als ich auf Horseshoe Island sah, ist sie zu weit.

Eine Art Trappen mit einem sehr starken Schnabel, aber nicht größer als ein Huhn, war auf Bountiful Island sehr häufig und schien sich von jungen Schildkröten zu ernähren. Die Wirkung des Instinkts ist in allen Fällen bewundernswert und war bei diesen kleinen Amphibien sehr auffallend. Sie sahen, kaum aus ihren Gruben entnommen, das Tageslicht, als sie eiligst dem Wasser zuliefen, als wüßten sie, daß die Trappen ihnen auflauerten. Wurden sie in einer von der See abgewendeten Richtung aufgestellt, so drehten sie sich selbst herum und nahmen den geradesten Weg nach dem Meere. Aber nicht nur die Trappen auf dem Lande haben sie als Feinde zu fürchten, sondern auch im Meere die Haifische, die so zahlreich und so gefräßig sind, daß sich beständig sieben von fünf bis neun Fuß Länge an den Schiffsseiten befanden. Diese empfangen gern diese kleinen Tiere, welche ihren ersten Feinden entgangen sind, und selbst eine völlig ausgewachsene Schildkröte hatte ein halbkreisförmiges Stück, das ungefähr ein Zehntel des ganzen Körpers betrug, durch den Biß dieses Raubfisches aus seiner Seite verloren. Was aber außerordentlicher ist, so hatte sich die Schale wieder geschlossen, und die Stelle war geheilt. Wäre die Vernichtung dieser Tiere in den verschiedenen Zuständen ihres Daseins nicht so ungeheuer, so müßte es ihnen endlich an Nahrung gebrechen, denn ihre Fruchtbarkeit ist so groß, daß alle tropischen Meere und Küsten in wenigen Jahren keinen Raum mehr für sie haben würden. Die Zahl der bei den Weibchen gefundenen Eier betrug gewöhnlich von 400 bis 700. In einer, die früher in der folgenden Jahreszeit gefangen ward und die 459 Pfund wog, belief sich die Zahl der fast erbsgroßen Eier auf 1940, wie Leutnant Fowlers Tagebuch besagt. Sie scheinen jedesmal von 20 bis 100 Eier zu legen, und dieses tun sie verschiedene Male in ihrer Jahreszeit. Nachher gehen sie wenig an die Küsten. Im Australlande scheint ihre Jahreszeit im August zu beginnen und im Januar oder Februar zu enden.

Unser Ankerplatz, eine Seemeile von der Südostseite von Bountiful Island, war unter 139°46′18″ ö. L. und 16°41′ s. Br. Die Nordspitze von Kap Van Diemen liegt unter 139°49′30″ ö. L. und 16°32′ s. Br. Es bildet eine gegen 36 Seemeilen lange Insel mit einem Umkreise, ohne die kleinen Biegungen der Küste zu rechnen, von 90 Seemeilen. Ich landete nicht auf ihr, aber ihre Oberfläche schien mehr felsig als sandig zu sein, und nach den Sträuchern und Bäumen, die sie bedecken, zu urteilen, mußte sie einen, wenngleich nicht bedeutenden Teil Humuserde besitzen. In anderen Erdgegenden würde man sie für ein niedriges Land halten, aber hier, wo selbst Baumwipfel schwerlich die Spitze eines Mastbaumes an Höhe übertreffen, muß man sie als ein mäßig hohes Land betrachten. Denn an einigen Orten mag sie wohl 300 Fuß Höhe haben. Man sah an verschiedenen Stellen Rauch aufsteigen und hier und dort Eingeborene, die wahrscheinlich hier feste Bewohner, aber wohl wenig zahlreich sind.

Käme der Name Van Diemen nicht so oft in der

Beschreibung des Australlandes vor, so würde ich ihn dieser Insel erteilt haben. Daher gab ich ihr zu Ehren meines Beschützers, des Generalgouverneurs des britischen Indien den Namen Morningtoninsel, und die ganze, von mir an der Spitze des Carpentariagolfes entdeckte Inselgruppe habe ich Wellesleyinseln benannt.

Am 8. Dezember ankerten wir abends unter 138°43′ ö. L. und 16°39′40″ s. Br. Das feste Land von den Wellesleyinseln bis zu dieser Ankerstelle ist von derselben Beschaffenheit wie das, längs dem wir vorher 570 Seemeilen gefahren waren, nämlich eine sehr niedrige bewaldete Gegend, von einem sandigen Strande begrenzt. Die Küste hat einige schwache Krümmungen, wiewohl so schwach, daß man keinen Punkt derselben zweimal anpeilen kann. Diese ekelhafte Gleichförmigkeit begann aber etwas unterbrochen zu werden. Denn eine Reihe niedriger Hügel ward im Innern in einer Entfernung von acht bis zwölf Meilen gesehen, so daß dadurch die Krümmungen der Küsten leichter zu unterscheiden waren.

Am 14. Dezember erreichten wir die Vanderlininsel. Das gleichnamige Vorgebirge auf ihr liegt unter 137°9′30″ ö. L. und 15°34′30″ s. Br. Mehrere Eingeborene hatte man längs der Ostseite einen Kahn oder ein Floß ziehen sehen, und ein Trupp von 35 derselben hatte sich versammelt, um das Schiff zu beobachten. Diese verhältnismäßig zahlreiche Volksmenge und der die Naturforscher mehr als gewöhnlich interessierende Anblick dieser Insel ließen mich wünschen, einen sicheren Ankerplatz neben ihr zu finden. Am Morgen des 15. Dezember landeten wir an der Nordostspitze, welche eine Halbinsel ist, die durch einen niedrigen Sandrücken mit der Insel in Verbindung steht und nahe bei ihrem Ende drei Hügel hat. Von dem höchsten derselben bestimmte ich zwei kleine Inseln nach Nordwesten, wo in der alten Karte ebenfalls zwei eingezeichnet waren, und sah mehr Land westlich von Kap

Vanderlin, anscheinend eine eigene große Insel. Da das Wasser zwischen denselben weit ausgedehnt war und es guten Schutz versprach, kehrten wir nach einer kurzen Untersuchung an Bord zurück, um das Schiff dahin zu führen.

Ein harter, dicht gekörnter Sandstein bildet die Grundlage der nordöstlichen Spitze der Vanderlininsel. Aber die Hügel und die oberen Felsen sind kalkartig wie der Inspection Hill an der Spitze des Golfes. Der Boden ist sehr sandig und nur dürftig mit Vegetation bekleidet. Doch schienen in den mehr inneren Teilen der Insel die Hügel ziemlich gut mit Wald bedeckt zu sein. Man sah hier Fußtapfen von Menschen, Hunden und Känguruhs und nahe der Küste Spuren von Schildkröten. Aber wir erblickten weder Menschen noch Tiere.

Am 16. Dezember landete ich früh mit den Naturforschern, um Kompaßpeilungen vorzunehmen, unter anderem von dem rauhen und unebenen Nordende der westlichen Insel, das ich Cape Pellew nannte, welches drei bis vier Seemeilen in westlicher Richtung entfernt ist. Es liegt unter 137°2′ ö. L. und 16°30′30″ s. Br. Die Grundlage der östlichsten und größten Insel war derselbe dicht gekörnte Sandstein wie auf der Vanderlininsel. Die Oberfläche bestand aber aus losen Korallenstücken mit einer leichten Vermischung von Humusboden, der einige wenige Sträucher und Büsche erzeugte. Spuren von Menschen oder Schildkröten waren hier keine zu sehen.

Nach unserer Rückkehr auf das Schiff steuerten wir nach der Öffnung zwischen Kap Vanderlin und Cape Pellew. Der Wind kam von NW, und da dieses die Gegend war, aus der er am beständigsten wehte, ankerten wir unter der westlichen Insel eine halbe Seemeile von der Küste. Eine andere felsige Insel bei Kap Vanderlin lag gegen NOzN, und eine kleine, die fünf Kompaßstriche im südöstlichen Viertel maß, lag eine halbe Seemeile von dem

Schiffe. Gegen Süden war wenig Land zu sehen. Aber von dieser Seite war die See nicht zu fürchten. Die einzige Richtung, in der wir nicht geschützt waren, war zwischen NNO und ONO.

Die Naturforscher landeten seitwärts vom Schiffe, und Leutnant Flinders begann eine Reihe von Beobachtungen wegen des Ganges der Chronometer auf der kleinen Insel, die daher den Namen Observation Island (Beobachtungsinsel) erhielt. Meine Aufmerksamkeit zog eine kleine Bucht an der Westküste auf sich; an deren Ufern wuchs häufiger als irgendwo anders eine kleine Art von Kohlpalme, daher ich sie Cabbage Tree Cove (Kohlpalmenbucht) nannte. Sie bot den Anschein eines kleinen vollkommenen Hafens dar, und unter der Voraussetzung, daß sie süßes Wasser enthielt, war sie gerade ein solcher Ort, als ich während der erforderlichen Zeit, im Walfangboote eine Untersuchung der Inseln anzustellen, für das Schiff brauchte. Ich fand, daß sie beinahe zwei Seemeilen weit in die Insel eindrang, und an ihrer Spitze mündete ein schmaler Bach. Unglücklicherweise aber war die Tiefe der Einfahrt für das Schiff nicht groß genug, da sie nur zwei Faden betrug, und im oberen Teile war sie selbst für ein Boot zu seicht.

Am 17. Dezember morgens ward ein Teil der Mannschaft an Land gesendet, um Brennholz zu schlagen, und da hier ein bei Ebbe trockener Strand war, ward das Netz nicht ohne Erfolg ausgeworfen. Ein kleines Flüßchen lief hinter den Manglebäumen am Hinterteile des Strandes, und hieb man einen Weg durch sie, so konnten unsere leeren Wasserfässer gefüllt werden. Doch hoffte ich einen besseren Ort zu finden und fuhr in dieser Absicht, aber auch um die Vermessung fortzusetzen, in dem Boote ab.

Von dem äußersten Ende der vom Schiffe sichtbaren westlichen Insel fand ich die Küste sich gegen WSW bis zu einem Punkte erstrecken, wo eine Öffnung gegen W von eineinhalb Seemeilen Breite und von bedeutender Tiefe war. Etwa neun Seemeilen hinter der Öffnung lagen zwei felsige Inseln und hinter denselben ein größeres Land, welches sich auch als eine Insel erwies und wegen seiner Lage in der Gruppe die westliche Insel genannt ward. Die Insel, deren Nordende Kap Pellew ist und deren südliches Ende ich jetzt erreicht hatte, ward die nördliche Insel genannt, und das mir gegenüberliegende Land, welches die Südseite der Öffnung bildete und ziemlich groß zu sein schien, ist auf der Karte mit dem Namen Zentralinsel benannt. Alle diese Inseln sind von mäßiger Höhe und scheinen mehrere Buchten und kleine Eingänge zu haben, welche Süßwasserbäche versprechen. Aber das Wetter war zu ungünstig, um eine nähere Untersuchung anstellen zu können. Nachdem ich Kompaßpeilungen von den Süd- und Südostspitzen der nördlichen Insel genommen hatte, kehrte ich an Bord zurück.

Am folgenden Tage ward weiter Holz eingenommen, und obgleich die Witterung trübe blieb und oft starker Regen fiel, wurden doch einige Kompaßpeilungen vorgenommen und Beobachtungen für die Chronometer angestellt. Am 19. Dezember klärte sich früh das Wetter auf, und ich fuhr mit dem Schiffe nach Kap Vanderlin, teils wegen der Vermessung, teils um den Naturforschern eine bessere Gelegenheit zur Untersuchung dieser Insel zu geben, die um so belehrender ausfallen zu müssen schien, da diese Insel die größte dieser Gruppe war.

Die höchsten Teile von Kap Vanderlin sind Hügel, die fast nur aus Sand bestehen. Auf der Landenge hinter demselben sind verschiedene Sträucher und Büsche. Unter diesen fand man einen wilden Muskatnußstrauch in ziemlicher Menge. Aber die Schale und die Nuß hatten einen brennenden, gewürzhaften Geschmack.

Während der zwei Tage, die wir hier blieben, untersuchte ich eine seichte Bai an der Ostseite der Zentralinsel und ging gegen Westen bis zu den felsigen Inseln, indem ich die Lage mehrerer Punkte von verschiedenen Stellen aus durch Kompaßpeilungen bestimmte. Verschiedene Süßwasserflüßchen wurden an dem Ende mehrerer kleiner Buchten gefunden, aber die Tiefe derselben war zu gering, als daß das Schiff sich einem derselben ganz annähern konnte. Deshalb kehrten wir nach unserem ersten Ankerplatze bei Cabbage Tree Cove zurück, um einen Weg durch den Manglewald zu hauen und um die Wassergefäße aus dem dahinter fließenden kleinen Bache zu füllen. Diese Arbeit überließ ich der Sorge des Ersten Leutnants, und die Fortsetzung der Beobachtung des mittleren Ganges der Chronometer der des Zweiten. Ich ging denselben Nachmittag in meinem Boote auf eine viertägige Exkursion aus, bei der mich Herr Westall, Landschaftsmaler der Expedition, begleitete.

Bisher habe ich wenig über diese Inseln gesagt – über ihre Erzeugnisse, die Spuren von Eingeborenen oder früheren Besuchen –, die ich bei dieser oder früheren Exkursionen mit dem Boote entdeckte.

In der alten holländischen Karte ist Kap Vanderlin als ein großer Vorsprung vom festen Lande dargestellt und die äußeren Enden der nördlichen und westlichen Inseln als kleinere Spitzen desselben. Zwischen denselben sind zwei Einbuchtungen oder Baien eingezeichnet, welche vielleicht den zwischen den Inseln liegenden Öffnungen entsprechen. Aber ich finde die Bestimmung der vier kleinen westlich von Kap Vanderlin eingezeichneten Inseln schwer. Auch die sich in der alten Karte gegen WSW erstreckende Küstenlinie stimmt mit der Lage der äußeren Enden dieser Inseln überein, so daß in dem Ganzen Ähnlichkeit genug ist, um deren Identität zu zeigen. Ob an dieser Küste seit anderthalb Jahrhunderten eine Umwälzung vorgefallen ist und Teile derselben in Inseln verwandelt worden seien oder ob der holländische Entdecker bloß eine entfernte und flüchtige Untersuchung anstellte und sich beim Entwurf seiner Karte auf Vermutungen stützte, wie es in damaliger Zeit so ungemein üblich war? Das ist vielleicht unmöglich zu bestimmen. Aber ich denke, daß die große Veränderung, welche durch unsere Vermessung die Erdkunde dieser Teile erhalten hat, es gestattet, einen Namen anzuwenden, der ohne Nachteil eines der früheren, das Volk anzeigt, auf dessen Veranlassung diese Vermessung gemacht ward. Ich habe den eines ausgezeichneten Offiziers der britischen Marine, dessen ernste Bemühungen, mich in einem folgenden Teile meiner Reise vor Unterdrückungen zu schützen, meine Dankbarkeit verdient, dazu gewählt und diese Inseln Sir-Edward-Pellew-Gruppe benannt.

Der von dieser Gruppe eingenommene Raum hat gegen 34 Seemeilen in der Länge und 22 in der Breite. Die einzelnen Inseln sind sieben bis 17 Seemeilen lang. Das Grundgebirge derselben scheint ein harter, dicht gekörnter Sandstein zu sein, mit einer geringen Beimischung von Quarz und in einigen Fällen von Eisenerz. Oberhalb fand man zuweilen Kalk oder Korallenfelsen, aber der harte Sandstein war verbreiteter. Wo die Oberfläche nicht nackter Felsen ist, besteht sie aus Sand, dem mehr oder minder Humuserde beigemengt ist. Aber in keinem Falle stellte ich eine große Fruchtbarkeit fest. Doch waren alle die größeren Inseln, und vorzüglich die Westseite der Vanderlininsel, ziemlich gut mit Bäumen und Sträuchern bewachsen, und an vielen niedrigen Orten wuchs Gras.

So wie in den meisten anderen Gegenden des Australlandes gehörten auch hier die verbreitetsten Bäume zu den verschiedenen Arten des Eukalyptus, die sich aber durch ihre Kleinheit und durch andere Eigenschaften sehr von denen an den Ost- und Südküsten unterschieden. Die neue Art der Kohlpalme, die Herr Brown *Livistona inermis* nannte, ist im Überflusse vorhanden.

Aber des Kohls ist zu wenig, um einen interessanten Nahrungsartikel für eine Schiffsgesellschaft zu geben. Von dem jungen, in Streifen zerteilten und getrockneten Laube machten sich die Matrosen schöne leichte Hüte, die bei warmem Wetter vortrefflich waren. Die Muskatnuß wächst vorzüglich auf der Vanderlininsel auf einem sich weit ausbreitenden Busche. Da sie aber damals nicht reif war, so konnte man kein richtiges Urteil über ihre Eigenschaften fällen. Unter anderen von den Naturforschern entdeckten Pflanzen waren zwei Sträucher, die zu dem Geschlechte der *Santalum* gehörten, deren Holz (Sandelholz) im Morgenlande zum Wohlgeruche verwendet wird. Aber ihre Verwandtschaft zu einem so schätzbaren Baume ward wegen der unvollkommenen Beschreibung desselben damals nicht erkannt und deshalb auch kein Versuch mit dem Holze desselben in Hinsicht auf Wohlgeruch gemacht.

Auf allen größeren Inseln schien sich das Känguruh aufzuhalten. Obgleich wir keine sahen, so erblickten wir doch ihre Spuren auf den meisten sandigen Plätzen, an denen wir landeten. Die Art schien klein zu sein. In den Waldungen hielten sich Habichte, zwei Arten Tauben und einige Trappen auf, und am Ufer sah man eine schöne Entenart und mehrere der gewöhnlichen Seevögel. Spuren von Schildkröten wurden an den meisten Stränden erblickt, vorzüglich aber auf den kleineren Inseln, auf denen man immer wieder Überreste von Schildkrötenmahlzeiten fand.

Auf allen Inseln fanden wir Spuren von Eingeborenen, sowohl auf den großen als auf den kleinen. Letztere werden aber nur zeitweise besucht. Sie schienen ebenso wie die Bewohner der Wellesleyinseln jede Verbindung mit Fremden vermeiden zu wollen. Wir sahen sie nur einmal in einiger Entfernung vom Schiffe. Zwei an der Küste der Nordinsel gefundene Kähne waren aus Streifen

Ansicht einer Insel der Sir-Edward-Pellew-Gruppe

von Baumrinde, die Brettern glichen, zusammengenäht, so daß der Rand eines Streifens über dem eines anderen lag, so wie bei unseren mit Holznägeln erbauten Booten. Ihre Breite betrug gegen zwei Fuß. Aber die Länge konnte man, weil sie zu sehr zerbrochen waren, nicht bestimmen. Es ist ungewiß, ob diese Kähne von den Eingeborenen verfertigt worden sind. Denn sie glichen mehr einer Sache, die ohne Zweifel anderen Völkern angehörte als den Australländern, und ihre Bauart war weit vorzüglicher, als man sie bisher bei den Kähnen der Australier entdeckt hat. Daß sie aber aus Rinde bestanden, scheint doch anzudeuten, daß sie von diesen verfertigt worden waren.

Derselbe Zweifel fand bei einem kleinen, auf der Insel gefundenen Denkmale statt. Unter einem Rindendache waren zwei zylindrische, etwa 18 Zoll lange Stücke von Stein aufgestellt, welche vom Strande zu stammen schienen, wo sie die Wogen durch Hin- und Herrollen abglätteten und ihnen die Gestalt von einem Kegel gaben. Rund um jeden derselben waren zwei schwarze Kreise gezogen, immer einer nach dem einen Ende zu. Zwischen denselben waren vier ovale schwarze Flecken in gleicher Entfernung voneinander rund um den Stein, mehr mit Holzkohlen gemalt. Die Räume zwischen den ovalen Flecken waren mit weißen, mittels des Dotters eines Schildkröteneies befestigten Daunen und Federn bedeckt, wie ich aus dem Leime und der danebenliegenden Schale des Eies schloß. Über die Absicht der Aufstellung dieses Denkmals unter einem Dache konnte niemand eine vernünftige Vermutung machen. Die erste Idee war, daß es einigen Bezug auf den Tod hatte, und wir gruben in der Nähe nach, um unsere Neugierde zu befriedigen, fanden aber nichts.

Anzeichen, daß irgendein fremdes Volk diese Inseln besucht hatte, waren überall so zahlreich und so weit verbreitet, als diese von den Eingeborenen verlassen waren. Außer Stücken von irdenen Gefäßen und mit Beilen abgehauenen Bäumen fanden wir Überbleibsel von Gitterwerk aus Bambus, Palmblätter mit baumwollenem Zwirne, in eine den chinesischen Hüten ähnliche Form zusammengenäht, und die Überbleibsel von weiten, blauen, baumwollenen Hosen von der Art, die man maurische nennt. Ein hölzerner Anker mit einem Haken und drei Bootsruder von violettem Holze wurden auch gefunden. Aber was mich am meisten in Erstaunen setzte, war eine Sammlung von Steinen, die in gerader Linie aufgehäuft war und einer niedrigen Mauer mit kurzen, senkrecht von hinten auf sie zulaufenden Linien, die den hinteren Raum in Abteilungen zerlegten, glich. In jeder derselben waren Spuren von Kohlenfeuer, und rund umher waren die Bäume abgehauen. Herr Brown sah auf einer anderen Insel einen ähnlichen Bau mit nicht weniger als 36 Abteilungen, über die ein grobes Stück von Strumpfwirkerei ausgedehnt war. Die benachbarten Manglebäume waren auf eineinhalb Acres abgeholzt. Offenbar stammte dieses Volk aus Asien, aber von welcher besonderen Nation und was sein Geschäft hier gewesen sei, konnte man nicht bestimmen. Dessen ungeachtet vermutete ich, daß es Chinesen waren und daß die Muskatnüsse möglicherweise der Grund ihres Hierherkommens seien. Von den auf den Wellesleyinseln gefundenen Resten zerbrochener Boote vermutete man, sie hätten Schiffbrüchigen gehört. Diese Meinung schien mir aber nicht richtig zu sein.

An Bord war der mittlere Stand des Thermometers nahe 85° F (29° C). An der Küste war es heißer. Dessen ungeachtet waren die Moskitos nicht sehr störend. Aber die gemeinen schwarzen Fliegen waren wegen ihrer außerordentlichen Anzahl und Unverschämtheit schwerlich eine geringere Plage. Sie flogen in Mund und Nase und setzten sich auf das Gesicht oder einen anderen Teil des

Körpers mit so viel Sorglosigkeit, als flögen sie auf einen Gummibaum zu. Dieses war der Fall sowohl am Ufer als auch an Bord des Schiffes, als es hier vor Anker ging und einen oder zwei Tage nachher. Aber die menschliche Gesellschaft bewirkte eine Veränderung des Betragens selbst dieser kleinen Tiere. Bald wurden sie vorsichtiger, flogen bei dem Aufheben der Hand fort und betrugen sich, nachdem wir das Land drei oder vier Tage verlassen hatten, ordentlich wie andere Fliegen, und obgleich sie zahlreich an Bord waren, so verursachten sie doch wenig Beschwerden. Dampier fand diese Insekten an der Nordküste ebenso beschwerlich; denn er sagt, indem er von den Eingeborenen spricht: »Ihre Augenlider sind immer halb verschlossen, um die Fliegen aus denselben abzuhalten. Sie sind hier so beschwerlich, daß kein Fächeln sie davon abhält, in eines Gesicht zu kommen, und ohne Hilfe beider Hände, sie abzuhalten, werden sie in die Nasenlöcher und in den nicht dicht verschlossenen Mund kriechen.«

Brennholz kann man sich auf dieser Inselgruppe leicht verschaffen, von Dezember bis Mai wahrscheinlich auch Wasser. Die Observationsinsel liegt unter 134°4′15″ ö. L. und 15°36′15″ s. Br.

Achtzehntes Kapitel

Entlang der Westküste des Carpentariagolfs (27. Dezember 1802 bis 10. Februar 1803)

Ein gleicher Irrtum wie mit den Kaps Van Diemen und Vanderlin ist auch dort auf der holländischen Karte, wo die Insel Maria als ein Vorgebirge eingezeichnet und benannt ist. Westlich von ihr ist eine große Bai oder Bucht unter dem Namen Limmens Bocht angegeben, wo sich die Küste nordöstlich bis zu einem hervorspringenden Kap ohne Namen erstreckt, das eine 40 Seemeilen lange Untiefe hat, die von ihm ausgeht, und zwischen dieser Untiefe und Kap Maria ist eine kleine Insel eingezeichnet. In diesen einzelnen Angaben war die alte Karte im allgemeinen richtig, aber in den Umrissen und Positionen irrig.

In der Nacht wurden auf der Insel Feuer erblickt, und früh am 1. Januar 1803 landete ich mit den Naturforschern, um die Produkte zu erforschen und Kompaßpeilungen vorzunehmen. Meine Aufmerksamkeit ward durch etwas, das der Hütte eines Eingeborenen ähnlich war, erregt. Es war ein gegen acht Fuß hoher Ameisenhaufen von roter Erde, gleich einem Heuhaufen gebildet. Die Bewohner waren dieselbe schwache Insektenart, die ich vorher auf den Prince of Wales Islands sah. Der kleinste Druck zerquetschte sie.

Die Länge dieser Insel von NO nach SW beträgt gegen sieben, und ihre Breite schwankt zwischen einer und vier Seemeilen. Ihre nördliche Spitze, die ich weiterhin Kap Maria nenne, liegt unter 135°53′30″ ö. L. und 14°50′0″ s. Br. Ein Schieferfelsen scheint ihre Grundlage zu bilden. Ihre Oberfläche ist hügelig, gut mit Wald bedeckt, und Gras wächst zwischen den losen Steinen hervor. Trotz ihrem unfruchtbaren Boden war die Ansicht vom Schiffe aus grün und angenehm. Daß Menschen auf derselben lebten, bewiesen die nächtlichen Feuer, und dieses ward durch die frischen Fußstapfen im Sande bestätigt. Aber sie vereitelten unsere Nachforschung, und wir fanden weder Kähne noch Wohnungen.

Am 4. Januar ward unsere Fahrt gen N fortgesetzt, indem wir ein ausgedehntes Land, welches ich für das Groote Eylandt der älteren Karten hielt, 17 bis 24 Seemeilen rechts liegen ließen. Ehe ich die Erforschung dieser

Insel begann, wünschte ich vorher die Küste des festen Landes weiter aufzunehmen und womöglich den Naturforschern Gelegenheit zu geben, seine Produkte zu untersuchen; nur einmal hatten sie, seit wir in den Carpentariagolf gekommen waren, Gelegenheit gehabt, an Land zu gehen. Um sieben Uhr richteten wir unseren Kurs gegen das Land, und als wir in eine Tiefe von dreieinhalb Faden gekommen waren, warfen wir Anker auf einem Grunde von blauem Schlamme, etwa eine Seemeile von der Küste. Kein Teil des Groote Eylandt ward erblickt. Aber eine Insel von bedeutender Ausdehnung und Höhe, welche auf der alten Karte nicht eingezeichnet war, liegt sechs bis sieben Seemeilen nach ONO, und ich nannte sie zu Ehren des Admirals Richard Bickerton Bickertoninsel. Zwischen ihr und dem festen Land liegt offenes Wasser von vier bis sechs oder sieben Seemeilen Breite, durch das allem Anschein nach von dieser Seite ein Schiff sicher fahren könnte.

Während die Naturforscher dem Schiffe gegenüber landeten, fuhr ich mit dem Walfangboote auf eine fünf Seemeilen entfernte bewaldete Insel unweit der Bickertoninsel. Eine Meridianbeobachtung gegen Norden und Süden ergab für ihre Breite 13°48′30″ S. Sie ist etwa eine Seemeile lang, und obgleich einige Büsche und Bäume auf ihr wachsen, so ist sie kaum mehr als eine Sandbank. Am Strande waren Gruben, welche die Schildkröten gemacht hatten, und unter anderen Beweisen, daß diese Insel zuweilen von Eingeborenen besucht wird, fand ich landeinwärts von der Küste vier Menschenschädel liegen.

Von dieser waldigen Insel setzte ich zu dem festen Lande neben dem Schiffe über und nahm für die Vermessung eine Reihe Kompaßpeilungen vor. Am Ufer waren Stücke von Bambus und andere Spuren von demselben fremden Volke, das schon oft Erwähnung fand. Drei kleine Hütten wurden gefunden, die so ganz mit Grase bedeckt waren, daß keine Öffnung in sie zu finden war. Aber sie waren leer, und nichts war unter ihnen begraben. Am Ufer eines kleinen Süßwassersees sammelten die Botaniker ohne Schwierigkeit eine Menge neuer Pflanzen. Man sah nirgends Eingeborene, aber man fand mehrere Skelette, die in den hohlen Stümpfen von Bäumen standen. Da ihre Schädel und Knochen teils rot, teils weiß beschmiert oder bemalt waren, so boten sie einen sehr seltsamen Anblick. In einiger Entfernung sah man einige Känguruhs, und nach ihren Fußtapfen im Sande zu urteilen, mußten sie hier sehr zahlreich sein. Das Land ist nahe der See steinig und unfruchtbar. Weiter in das Land hinein erhebt es sich allmählich und scheint gut mit Gras und Wald bedeckt zu sein.

Früh am 5. Januar steuerten wir ostwärts nach dem Groote Eylandt, welches ich jetzt umschiffen wollte. Als wir an der Südseite der Bickertoninsel vorbeikamen, sichteten wir in derselben eine große Bucht oder Bai, welche bei dem Nordostpassat Schutz gewähren würde, wenn sie für ein Schiff tief genug wäre. Da die Hügel im Hintergrunde hoch und bewaldet sind, so ist es wahrscheinlich, daß sie einen Süßwasserstrom erhalten. Die den Eingang der Bucht umgebende Gegend erweckt den Anschein, daß sie sandig und unfruchtbar ist.

Zwischen den nächsten Teilen des Groote Eylandt und der Bickertoninsel liegen acht Seemeilen offenes Wasser, dessen Tiefe, wenn ich nach dem urteilen kann, was wir bei der Überfahrt im Südteil desselben hatten, zwischen 13 und 17 Faden liegt, also eine vollkommen sichere Durchfahrt darzubieten scheint. Auch kann die sehr hohe und bewaldete Insel, die fast genau in der Mitte der Öffnung liegt, nicht als irgendein Hindernis betrachtet werden. Diese Insel konnte nach ihrer Lage als eine der drei Zentralinseln, die auf der holländischen Karte zwischen dem Groote Eylandt und dem festen Lande eingezeichnet sind, betrachtet werden. Ich nenne sie Connection Island (Verbindungsinsel), weil meine Vermessung der Küsten des Groote Eylandt durch sie Zusammenhang erhielt und sie sehr unabhängig von den Chronometern machte. Der Mittelpunkt von Connection Island liegt nach südlichen und nördlichen Mittagsbeobachtungen unter 13°50′30″ s. Br., und die Länge würde nach dem besten Chronometer 136°27′, aber nach der Vermessung und den Mondbeobachtungen nur 136°24′15″ Ost betragen.

Am Nordwestende des Groote Eylandt befindet sich ein ausgedehntes Vorgebirge, welches auf dieser Seite das Ende einer aus der Mitte der Insel kommenden Kette bewaldeter Hügel bildet, von denen der höchste unter dem Namen Central Hill eingezeichnet ward. An der Westseite der Insel reichen die Anhöhen nicht bis dicht an die Küste, sondern lassen einen Raum dazwischen, der sich gegen Süden erweitert, wo das Land niedrig, sandig und unfruchtbar ist, und auch die – obgleich mehrenteils mit Wald bedeckten – Hügel zeigen doch wenig Fruchtbarkeit. Die Küste ist teils felsig, teils sandiger Strand. Ihre äußerste Südwestspitze liegt unter 136°25′ ö. L. und 14°15′0″ s. Br. Ihre südöstliche, felsige Spitze liegt unter 137°3′30″ ö. L. und 14°17′0″ s. Br.

Vor der Nordspitze von Groote Eylandt liegen mehrere Klippen und zwei Inseln. Die eine unter 136°45′ ö. L. und 13°37′0″ s. Br. erhielt den Namen Northpoint Islet (Nordspitzeninselchen), und die andere ward Chasm Island (Spalteninsel) benannt.

Zu der letzteren fuhr ich mit den Naturforschern auf einem Boote, um selbst von den höchsten Klippen Kompaßpeilungen vorzunehmen. Aber die vielen tiefen Schluchten, welche die höheren Teile zertrennten, machten es unmöglich, ihre Gipfel in der kurzen Zeit, die wir aufwenden konnten, zu erreichen. Einige wenige Kompaßpeilungen von der niedrigen östlichen Spitze waren alles, was erhalten werden konnte. Sie erhielt den Namen Chasm Island wegen ihrer Schluchten und liegt eineinhalb Seemeilen von einer niedrigen Spitze des Groote Eylandt, von wo sich die Küste südlich ausdehnt und eine Bucht zu bilden scheint, in die ich das Schiff zu führen mich entschloß.

Wir fanden auf dem Chasm Island eine Frucht, welche einer neuen Art *Eugenia* angehört. Sie hatte die Größe eines Apfels, und ihr säuerlicher Geschmack war angenehm. Auch waren hier einige große, mit Muskatnüssen bedeckte Büsche, ähnlich denen, die wir am Kap Vanderlin sahen. In verschiedenen dieser Schluchten schossen Bäume 30 bis 40 Fuß hoch auf, und betrachtete man sie genau, so waren es die Bäume, von denen die Muskatnüsse abgefallen waren, so daß das, was oberhalb ein ausgebreiteter Busch war, in der Tiefe wegen des Mangels von Luft und Licht ein hoher schlanker Baum ward und die wunderbare Kraft der Natur zeigte, sich örtlichen Umständen anzupassen. Die Frucht war klein und von keinem angenehmen Geruche. Auch ist es nicht wahrscheinlich, daß sie je der Muskatnuß der Molukken gleichkommen werde. Es ist die *Myristica insipida* in Browns »Prodromus Florae Novae Hollandiae«, Seite 400.

In den steilen Seitenwänden dieser Schluchten befanden sich tiefe, unter dem Felsen hineingehende Höhlen. An den Wänden derselben fand ich rohe, mit Holzkohlen und etwas roter Farbe auf den weißen Grund des Felsens gemachte Zeichnungen, die Meerschweine, Schildkröten, Känguruhs und eine Menschenhand darstellten. Herr Westall, der sie später besuchte, fand die Abbildung eines Känguruhs, dem eine Reihe von 32 Personen folgte. Die dritte Person derselben war doppelt so hoch als die anderen und hielt in ihrer Hand etwas dem Whaddie oder dem hölzernen Schwerte der Eingeborenen um Port Jackson ähnliches. Sie sollte wahrscheinlich ein Oberhaupt vorstellen. Sie konnten nicht, wie bei uns, den Vorrang durch Kleidung und Verzierungen andeuten, da sie nichts von dieser Art tragen. Deshalb schienen sie die Höhe der Figur mit der Zugabe einer Waffe, den Alten gleich, zum Zeichen der höheren Würde gemacht zu haben, welche in den früheren Zeiten der Gesellschaft unstreitig aus einer höheren Körperkraft folgen mußte.

Die Nordwestbai auf Groote Eylandt wird im Süden und Osten von dieser Insel und im Westen von einem einzelnen Stücke Landes von fünf bis sechs Seemeilen Länge umgeben, welches ich Winchelsea Island nannte, und eine kleine, höhere Insel, die etwa eine Viertel Seemeile östlich vom Schiffe lag, erhielt den Namen Finchinsel.

Am 15. Januar früh landeten die Naturforscher auf Groote Eylandt, und ich begab mich mit dem zweiten Leutnant zur Finchinsel, um dort astronomische und magnetische Beobachtungen anzustellen.

Das Grundgestein der großen und der sie umgebenden Inseln ist ein feinkörniger Sandstein gleich dem auf der Sir-Edward-Pellew-Gruppe. Wir fanden auch Korallen, Eisenstein und Quarz. An manchen Orten war der kristallisierte Quarz in Körnern durch den Sandstein versprengt, und an anderen war der Sandstein zum Teil verglast. Wo wir landeten, bestand der Boden so ganz aus Steinen und Sand, daß man durchaus keine Möglichkeit sah, ihn zu kultivieren. Aber die nur wenig von der Küste entfernten Anhöhen waren gut mit Wald bedeckt, und es ist unwahrscheinlich, daß im Innern von Groote Eylandt nicht fruchtbare Täler sein sollten. Der in der Mitte der Insel liegende Hügel, der 600 bis 800 Fuß hoch ist, schien nur neun Meilen von der Spitze der Nordwestbai entfernt zu sein, und ich wünschte, eine Exkursion auf seinen Gipfel zu machen, um das Innere der Insel zu übersehen. Aber da der Zustand unseres Schiffes so war, daß wir möglichst rasch vorwärts fahren mußten, so ward dieses unterlassen.

Der Wald auf Groote Eylandt bestand mehrenteils aus verschiedenen Arten von Eukalyptus. Die Bäume waren dünn und möchten zur Feuerung und anderem gemeinen Gebrauche, aber nicht für höhere Zwecke dienen. Chasm Island war der einzige Platz, wo Muskatnüsse gefunden wurden. Doch waren die Wanderungen der Botaniker ziemlich glücklich. Keine Eingeborenen, auch keine Känguruhs oder andere Säugetiere wurden gesehen. Auch Vögel schienen sparsam vorhanden zu sein. Kleine Wassermengen, welche vom letzten Regen in Felshöhlen zurückgeblieben waren, dienten den Seeleuten zum Waschen ihrer Kleidungsstücke. Aber wir fanden nirgends hinreichendes Wasser zur Versorgung eines Schiffes, noch Uferstellen, wo wir mit Erfolg das Netz auswerfen konnten. Die Finchinsel liegt unter 136°36′58″ ö. L. und 14°43′31″ s. Br.

Am 18. Januar wurden zwei sandige Inseln, die Burney- (deren Südwestspitze unter 13°42′17″ s. Br. liegt) und die Nicolinsel entdeckt. Wenig Wald wuchs auf ihnen, aber sie waren zum Teil mit langem Grase bedeckt, zwischen dem verschiedene Trappen lebten, daher ich sie Bustard Islands (Trappeninseln) nannte. Die Grundlage der größeren bestand aus derselben Mischung von Sandstein und Quarz wie an der Nordwestbai. Zerbrochene Korallen und Sand bilden den Strand. Die Burneyinseln sind mäßig hoch, felsig und unfruchtbar, doch dicht mit Eukalyptus und Kasuarina besetzt.

Am 20. Januar ward die Morganinsel entdeckt, die ihren Namen von dem unten näher zu erwähnenden traurigen Vorfalle erhielt. Ich landete mit den Botanikern auf ihr und bestieg einen Hügel an ihrem Ostende, wo allein die Aussicht nicht durch Waldungen versperrt war. Manche der zuvor bestimmten Punkte waren von da sichtbar, und das feste Land ward gegen Norden bis zu einem Hügel, der den Namen Mount Grindall erhielt und neben dem ein anderer runder Hügel auf einer Insel lag, aufgenommen. Hinter demselben erstreckte sich das feste Land beinahe über die Hälfte der Woodahinsel östlich. Letztere erhielt ihren Namen, weil ihre Form einige Ähnlichkeit mit dem Whaddie oder Woodah, dem von den Eingeborenen von Port Jackson gebrauchten hölzernen Schwerte, besaß.

Ein Teil der Mannschaft ward am 21. Januar morgens zum Holzschlagen und ein anderer zum Fischfange ausgesendet. Auch landeten die Botaniker, und ich ging, um die Breiten zu beobachten und Ortsbestimmungen vorzunehmen, an das Westende der Insel. Jeder war bewaffnet, da man ganz vor kurzem in den Sand eingetretene Fußtapfen gesehen hatte und wir ein Zusammentreffen mit den Eingeborenen erwarten mußten. Nachdem ich meine Geschäfte beendigt hatte, ging ich mit einem kleinen Trupp um das Nordwestende der Insel und kehrte dann über das hohe Land durch ein sehr ermüdendes Strauchwerk zu den Holzfällern und dem Boote zurück. Wie ich aus dem Walde kam, sah man vier bis fünf Eingeborene auf einem etwa eine halbe Meile links liegenden Hügel und einige von den Holzfällern auf sie zugehen. Unser Anblick schien die Eingeborenen besorgt zu machen, daß sie umzingelt werden könnten, und sie liefen unmittelbar fort. Aber unser ruhiges Fortschreiten zu dem Boote, welches ich in der Hoffnung, daß unser Volk sie zu einer Zusammenkunft bringen könne, veranlaßt hatte, schien ihre Furcht zu mindern und ihnen Genugtuung zu geben. Die wissenschaftlichen Mitglieder unserer Schiffsgesellschaft begleiteten mich zum Mittagessen an Bord, und ich hörte von Herrn Westall, daß ein Kahn mit sechs Männern von der Woodahinsel kam, während er eine Zeichnung vom Ostende der Insel machte. Er kümmerte sich wenig um sie, bis er fand, daß sie ihn sahen und in geringer Entfernung von ihm landeten. Da hielt er es für ratsam, sich mit seinem Bedienten nach dem Truppe der Holzfäller zurückzuziehen. Die Eingeborenen folgten ihm dicht auf dem Fuße nach, und als sie auf dem Gipfel des Hügels erschienen, gingen Herr Whitewood, der Mastersmaat, und einige seiner Holzfäller friedlich auf sie zu. Dieses geschah zu der Zeit, als das Erscheinen meines Trupps sie zur Flucht veranlaßte. Wie wir aber die Küste verlassen hatten, waren sie still gestanden, und unser Volk ging ruhig zu ihnen den Hügel hinauf.

Die Eingeborenen hatten Speere. Da ihre Zahl gering war und unsere Leute bewaffnet waren, so fürchtete ich keine Gefahr. Kaum hatten wir aber das Schiff erreicht, als wir Musketenschüsse hörten. Unsere Leute machten Zeichen und brachten einige tot oder verwundet nach dem Boote herunter. Ich sendete sofort, unter der Leitung des Masters, zwei bewaffnete Boote zu ihrer Unterstützung, mit dem Befehle, daß er, wenn er die Eingeborenen anträfe, freundlich sein, ihnen Geschenke geben und sie nicht in die Wälder verfolgen solle. In der Tat vermutete ich, daß unsere Leute zuerst angegriffen hätten, gebot aber dem Master, daß wenn die Eingeborenen einen unnötigen Angriff gemacht hätten, ihren Kahn zur Strafe aufzubringen, indem ich am kommenden Tage solche Schritte tun wollte, als ich für nötig erachtete.

Um fünf Uhr ward Herr Whitewood mit vier von Speeren herrührenden Wunden an Bord gebracht. Es schien, daß die Eingeborenen, indem sie auf unseren Empfang warteten, ihre Speere so gut wie unsere Leute ihre Flinten in Bereitschaft hatten. Herr Whitewood, der voranging, streckte seine Hand aus, um einen Speer zu empfangen, der ihm nach seiner Vermutung dargeboten ward. Aber der Eingeborene, der vielleicht dachte, daß dies ein Versuch sei, ihm seine Waffen zu nehmen, rannte den Speer in die Brust seines vermuteten Feindes, der Offizier schnappte sein Flintenschloß ab, aber es versagte, worauf er sich zu seinen Leuten zurückzog. Die hierdurch ermutigten Eingeborenen warfen ihm mehrere Speere nach, von denen drei ihre Wirkung taten. Unsere Leute versuchten zu feuern, und nach einiger Zeit waren zwei Flinten im Gange, und die Eingeborenen flohen, doch nicht ohne einen Hut mitzunehmen, der heruntergefallen war. Der Matrose Thomas Morgan, der einige Zeit mit bloßem Kopfe der Sonne ausgesetzt gewesen war, bekam den Sonnenstich. Er ward zugleich mit Herrn Whitewood an Bord gebracht und starb in derselben Nacht.

Sobald der Master gehört hatte, was vorgefallen war, fuhr er im Walfangboote an das Ostende der Insel, um sich in Besitz des Kahnes zu setzen. Indem er die von mir ihm gegebenen Befehle vergaß, sendete er Herrn Lacy mit den Holzfällern über das Land, um von dieser Seite die Eingeborenen abzuschneiden. Ihre Forschungen waren eine Zeitlang fruchtlos. Aber im Dunkel des Abends sahen die Holzfäller drei Eingeborene, die in den Kahn gelangt waren, bevor sie abgeschnitten werden konnten. Ein scharfes Feuer ward auf sie gegeben, und ehe sie aus der Wirkung desselben kamen, fiel einer, und die anderen sprangen aus dem Kahne, tauchten unter und entkamen so. Ein Matrose, der ihn erschossen haben wollte, schwamm zum Kahne, auf dessen Boden er ihn tot mit einem Strohhute liegen fand, den er als sein Eigentum erkannte. Während er dies triumphierend erzählte, stieß er das schwankende Schiffchen um, und die Leiche versank. Aber der Kahn ward an das Ufer gezogen, und der Master kehrte damit um neun Uhr zurück.

Über das, was vorgefallen war, war ich sehr betroffen und mit dem Master höchst unzufrieden, daß er meinem Befehl so entgegen gehandelt hatte. Aber da das Unglück einmal geschehen war, so ward am anderen Morgen ein

Boot zur Aufsuchung des toten Körpers ausgesendet. Der Maler wollte gern eine Zeichnung von ihm machen, und der Naturforscher und Wundarzt ihn zu anatomischen Absichten benutzen. Die Leiche fand man am Wasserrande, nicht der Länge nach wie ein angespülter Körper, sondern mit dem Kopfe am Ufer und mit den Füßen die Wassergrenze erreichend. Die Arme waren unter dem Kopfe kreuzweise zusammengeschlagen und das Gesicht war gegen die Erde gerichtet, also in der Stellung von jemand, der gerade noch fähig ist, sich aus dem Wasser zu retten und zu sterben. Ich glaube, daß es einer der Eingeborenen war, der aus dem Kahne sprang, um sich zu retten, und von denen man dachte, sie seien entwischt. Er war von mittlerer Größe, eher schlank, hatte eine hervorragende Brust, schwache Schenkel und einen den übrigen Urbewohnern dieses Landes ähnlichen Körperbau. Auch zeigte es sich, daß er beschnitten war. Eine Flintenkugel hatte ihn in das Schulterblatt getroffen und stak im Genicke.

Der Kahn bestand aus Rinde, aber nicht aus einem Stücke wie bei Port Jackson. Ihn bildeten zwei der Länge nach aneinandergenähte Stücke, deren Saum auf einer Seite war. Beide Enden waren auch zusammengenäht und durch Harz dicht gemacht. An jeder schmalen Verbindungsrinde der beiden Kahnseiten war ein dünner Stab mit kriechenden Weinranken befestigt, um die Gestalt des Kahnes zu erhalten und ihn fester zu machen. Seine Länge betrug 13½ und seine Breite zweieinhalb Fuß. Er erschien sechs Männer aufnehmen zu können, da er größer als die gewöhnlich zu Port Jackson gebrauchten war.

Es stimmt mit dem gewöhnlichen feigen Charakter der Bewohner des Australlandes nicht überein, wenn man voraussetzen wollte, daß diese Eingeborenen von der Woodahinsel in der Absicht hierherüber kamen, einen Angriff zu machen. Aber der Umstand, daß sie ohne

Weiber und Kinder waren, ihr schnelles Folgen hinter Herrn Westall und ihr bewaffnetes Vorrücken gegen die Holzfäller, dieses alles beweist, daß sie lieber einen Streit suchen als vermeiden wollten. Ich kann diese ungewöhnliche Aufführung bloß dadurch erklären, daß sie Zwistigkeiten mit und keine hohe Meinung von ihren asiatischen Besuchern unterhielten, von denen wir so viele Spuren und manche sogar in der Nähe dieses Ortes gefunden hatten.

Der Körper des so unglücklich umgekommenen Thomas Morgan ward an diesem Tage (dem 22. Januar 1803) mit der üblichen Zeremonie der Tiefe übergeben und die Insel nach ihm Morganinsel genannt. Die Grundsteinart derselben ist zum Teil tonartig, zum Teil Sandstein mit einer Mischung von Eisenerz, häufiger aber von Quarz an einigen Orten. An den Abhängen der Hügel und in den Tälern ist etwas fruchtbarer Boden, und daselbst wachsen, besonders aber am Ostende der Insel, kleine Bäume und grobes Gras. Man findet dort auch zu gewissen Zeiten Ansammlungen von süßem Wasser. Der Hügel auf dem Ostende der Morganinsel liegt unter 136°9′30″ ö. L. und 13°27′30″ s. Br.

Am 23. Januar abends ankerten wir in der Blue Mud Bay (Blauer-Ton-Bai), auf deren Boden ein blauer Ton von so guter Beschaffenheit ist, daß man hier eine Fabrik von irdenem Geschirre einrichten könnte.

Am 26. ward ein sechs Seemeilen vom Lande hervorspringendes Vorgebirge, dem ich den Namen Kap Shield gab, unter 136°29′ ö. L. und 13°19′45″ s. Br. entdeckt. Man sah zwei Kasuare auf ihm, sowie Fußtapfen von Menschen, Hunden und Känguruhs. Die Bäume sind klein, und der Boden ist sandig. Aber die Botaniker machten eine reiche Sammlung von Pflanzen, von denen einige wenige ihre vorherigen Entdeckungen erweiterten.

Der Mount Grindall auf dem festen Lande liegt unter

136°6′20″ ö. L. und 13°15′30″ s. Br. Sein Gipfel besteht aus demselben mit Quarzteilen vermengten Sandsteine, als wir auf Groote Eylandt sahen. Aber die Felsen an der Küste bestehen aus Granit, und ein Block erschien wegen des ihm häufig beigemengten Glimmers in hohem Glanze. Das ihn umgebende Land hat wenig fruchtbaren Boden, da es entweder sandig oder steinig ist. Dessen ungeachtet war es fast überall mit Gras und Wald bedeckt, und unter den Bäumen stand eine Gruppe von der neuen Art der Eugenia, deren Frucht die Mannschaft des Bootes Äpfel nannte und in ihre Schnupftücher sammelte. Zwei Eingeborene sah man auf Round Hill Island (Rundhügelinsel), aber keine auf dem Mount Grindall, sowie auch keine Spur, daß sie kürzlich hier gewesen wären. Fußtapfen von Hunden und Känguruhs waren sowohl neu als auch zahlreich.

Am 3. Februar sahen wir mehrere Eingeborene dem Schiffe gegenüber an der Küste. Leutnant Fowler ward abgeschickt, um mit ihnen in Unterhandlung zu treten und nach süßem Wasser zu suchen. Die erwarteten ihn, ohne die bei den Australländern so übliche Furcht zu zeigen; und nach einer freundschaftlichen Unterhandlung, in der wechselseitige Geschenke gemacht wurden, kehrte Herr Fowler mit der Nachricht zurück, daß süßes Wasser im Überflusse vorhanden sei.

Am nächsten Morgen früh landete ich mit den Naturforschern, nachdem ich Befehle zum Aufschlagen zweier Zelte, zum Auswerfen des Netzes und einer Korporalwache, die unter dem Kommando des Ersten Leutnants an Land gehen sollte, gegeben hatte. Die Eingeborenen rannten aus ihren Nachtlagern herbei, um uns zu besuchen. Es waren zwölf junge und im mittleren Alter stehende Männer, welche alle große Freude ausdrückten, zumal als sie Bongarih, unsern gut gebauten Eingeborenen aus Port Jackson sahen. Bei der Ankunft der beiden anderen

Boote zogen sich die Eingeborenen mit Ausnahme zweier, welche Beistand bei dem Einholen des Netzes leisteten, in die Wälder zurück. Die anderen kamen nach und nach, unbewaffnet wie zuvor, zurück und erhielten einen Teil der Fische. Es ward für das Aufschlagen der Zelte eine Stelle gewählt, und wechselseitiges Zutrauen schien hergestellt zu sein. Ich begab mich in den Wald gegen einige Sandhügel hin, um Ortslagen zu bestimmen. Wie ich aber einen Umweg um einen Salzmorast, der mir im Weg lag, nehmen mußte, hörten wir, daß die Eingeborenen in den Wald liefen und sich einander zuriefen. Dieses geschah zweimal. Endlich ward eine Flinte abgeschossen, worauf ich eiligst zu den Zelten zurückkehrte.

Als die Naturforscher den Wald mit ihren Begleitern erreicht hatten, folgte ihnen der größte Teil der Eingeborenen. Einer von ihnen fand Gelegenheit, ein Beil der Hand eines Bedienten zu entreißen. Dann rannten die Eingeborenen fort. Da sie aber keine Verfolgung bemerkten, noch daß man darauf besonders acht gehabt habe, kehrten sie bald zurück und wurden freundlicher als zuvor. Jeder von unseren Leuten hatte einen Eingeborenen bei sich, mit dem er Arm in Arm ging, und Herrn Browns Bedienter hatte deren zwei, die ihm besondere Aufmerksamkeit bezeigten, so daß, während der eine ihn bei dem Arme hielt, der andere ihm die Flinte von der Schulter wegstahl, und sie sämtlich fortliefen, d. h. alle, die noch zurückgeblieben waren. Denn mehrere hatten sich früher fortgeschlichen. Ein Flintenschuß wurde dem Diebe nachgeschickt. Aber er war schon zu weit entfernt, und der Schuß verursachte nichts weiter, als daß er schneller lief. Die Naturforscher hielten es für unvorsichtig, ihre Forschungen fortzusetzen, und kehrten zu den Zelten zurück.

Zwei Stunden vergingen, bevor wir etwas von den Eingeborenen hörten. Manche sah man in dem Walde, und man hielt mit zweien eine Unterredung, in der man zu verstehen gab, man wolle ihnen ein Beil geben, würden sie die Flinte ausliefern. In kurzer Zeit brachten sie solche mit zerbrochenem Ladestock und ohne Krätzer* wieder, worauf sie das Beil erhielten. Hierauf kamen die Eingeborenen voll Zutrauen an die Zelte, und manche wären die Nacht hindurch da geblieben, wenn man es ihnen gestattet hätte.

Am folgenden Tage (dem 5. Februar 1803) kamen die Eingeborenen früh zu den Zelten und betrugen sich bis zum Mittage ruhig, als einer, der sehr gütig behandelt worden war, mit einer Holzaxt davon lief und wegen der Dichtigkeit des Waldes die gegen ihn angestellte Verfolgung vereitelte. Der Korporal und ein anderer Seesoldat, die ohne ihre Hüte hinter den Eingeborenen hergelaufen waren, erlitten einen Sonnenstich und wurden in einem der Raserei ähnlichen Zustande an Bord geschickt. Aber sie genasen glücklich.

Da ich dieses Volk so stark zum Stehlen jedes Dinges, das es erlangen kann, geneigt fand, so beorderte ich den Leutnant Fowler, eine Gelegenheit zu ergreifen, wo er sich zweier Eingeborener bemächtigen konnte, um einen nach einiger Zeit zu entlassen und ihm zu verstehen zu geben, daß der andere im Schiffe hinweggeführt werden würde, bringe man das gestohlene Beil nicht wieder zurück.

Wir kehrten am Nachmittage zum Schiff zurück. Seit der Entwendung des Beiles hatten sich die Eingeborenen den Zelten nicht genähert. Aber am folgenden Morgen kamen zwei derselben, welche einige kleine Früchte brachten. Als sie eingeladen wurden, Fische zu essen und sich dazu niederzusetzen, bemächtigte man sich ihrer sogleich.

* Bei Vorderladern ein an den Ladestock anzuschraubendes korkenzieherähnliches Instrument zum Herausziehen von Patronen. (Anm. des Hrsg.)

Andere, die ihnen folgten, liefen fort, als sie ihr Geschrei hörten. Bald darauf ward der älteste und verständigste von beiden freigelassen, da er durch Zeichen versprach, die Axt wieder herbeizuschaffen und man ihm zu verstehen gab, daß sein Kamerad fortgeführt werden würde, wenn er nicht Wort hielte. Wir bemerkten von dem Schiffe viele Eingeborene in den Wäldern hin- und herlaufen und nach den Zelten sehen. Damit sie kein Unheil stifteten, ward ein Sechspfünder mit einem Traubenschuß bereit gehalten. Nachdem aber der eine Gefangene freigelassen war, so schienen sie weniger Angst zu haben, und mehrere schwammen über eine kleine salzige Bucht nach ihrem gewöhnlichen Aufenthalte zurück.

Abends landete ich bei den Zelten und nahm den noch verhafteten Eingeborenen, einen Jüngling von 14 Jahren namens Woga, in das Boot und ruderte an den von den Eingeborenen am meisten besuchten Ort, wobei ich einige hinter den Büschen erblickte. Zwei kamen hervor und brachten in ihren Armen ein junges Mädchen und boten es durch ausdrucksvolle Zeichen dem Bongarih dar, wahrscheinlich um ihn an die Küste zu locken und sich seiner als Geisel zu bemächtigen. Wir verlangten die Herausgabe der Axt, und unser Gefangener schien alle seine Kräfte aufzubieten, um dieses Gesuch zu unterstützen. Aber die immerwährende Antwort war, der Dieb Jehanschirih sei geschlagen worden und hinweggelaufen. Da wir nun sahen, daß wir schwerlich die Axt wiedererhalten würden, ward Woga unter vielem Geschrei, Drohungen und großer Widerwehr von seiner Seite wieder an Bord gebracht. Hier aß er aber mit aller Herzenslust, lachte, schrie zuweilen und gab auf alles Obacht, drückte auch oft seine Bewunderung über das aus, was er sah, vorzüglich über die Schafe, Schweine und Katzen. Wir hatten an keinem Punkte des Carpentariagolfes noch irgendwo sonst im Australlande Bogen und Pfeile gesehen. Als die von den Murrayinseln mitgebrachten dem Woga gezeigt wurden, kannte er ihren Gebrauch und gab ihnen Namen in seiner Sprache. Es mag daher die Erzählung des Bürgermeisters Witsen wahr sein, daß sich ihrer die Bewohner an der Nordwestküste und im Golf bedienten. Aber wenn er die Bogen von einer solchen Länge beschreibt, »daß wenn davon geschossen wird, das eine Ende auf dem Boden aufgesetzt wird«, so muß ich glauben, daß der, welcher ihm diesen Bericht erstattete, etwas übertrieben habe.

Am folgenden Morgen nahm ich nach dem Frühstücke unseren Gefangenen mit zu den Zelten. Als wir uns der Küste näherten, machte er einen Versuch, aus dem Boote zu entspringen, welches ihn abermals zu binden nötig machte. Denn an Bord des Schiffes hatte man ihn losgebunden. Er sträubte sich sehr und rief Bongarih zu seiner Hilfe an. Aber nach einiger Zeit ward er ruhig, und ich verließ ihn an einen Baum gebunden, wo er Reis und Fische verzehrte.

Ein Teil unserer Naturforscher landete neben der Spitze der Bai und hoffte, ohne Störung botanisieren zu können. Aber eine Menge Eingeborener hatte sich hier versammelt und suchte sie dadurch in den Wald zu locken, daß sie andeuteten, es könnten daselbst eine Menge Tiere geschossen werden. Aber jene fürchteten Verrat und hielten es für ratsam, nach dem Boot zurückzukehren, worauf die Eingeborenen sie mit zugespitzten Speeren umgaben und jeden Anschein von feindlichen Absichten hatten. Das Anlegen der Gewehre auf sie verhinderte für einen Moment ihr Vorgehen. Aber sie kamen wieder auf uns los. Da ward auf jeden der beiden vordersten ein Schuß abgegeben, welches sie in die Flucht trieb, so daß man sie nachher nicht wieder sah. Aber die Naturforscher fanden es nicht geraten, in ihren Geschäften fortzufahren, und kehrten auf das Schiff zurück.

Keiner der beiden Eingeborenen fiel, da aber die Flinten mit Rotwildschrot geladen waren, vermutete man, daß einer oder beide verwundet worden seien.

Nun trat der zweite Abend von Wogas Gefangenschaft ein, ohne daß die Axt zurückgegeben worden war. Seine Verhaftung hatte uns vielmehr Verdruß und seinen Landsleuten Unglück verursacht. Beharrte ich darauf, ihn hinwegzuführen, so konnte dieses unseren Nachfolgern, vorzüglich dem Kapitän Baudin, den wir, nach dem, was er uns zu Port Jackson gesagt hatte, täglich anzutreffen erwarteten, nachteilig sein. Hätten die Folgen uns allein betroffen, so war die Zeit unserer Abreise so nahe, daß ich über den Umstand, den Woga gefangen zu haben, hätte froh sein müssen; denn er war ein munterer, mutiger Bursche, den unsere Behandlung bald mit uns versöhnt haben würde und der sowohl bei unseren künftigen Unterhandlungen mit den Eingeborenen als durch Mitteilung mancher interessanter Nachrichten sehr brauchbar hätte sein können. Aber aus obigem Grunde und weil ich fühlte, nicht anders gerecht handeln zu können, entschloß ich mich, den Gefangenen zu entlassen, wenn auch die Axt nicht zurückgegeben würde. Woga schien heute in seiner Gefangenschaft etwas traurig zu sein, glaubte aber nicht seine Entlassung zu erhalten und hatte den größten Teil des Morgens und Nachmittags Nahrung zu sich genommen. Er bat dann aber dringend um seine Befreiung und versprach mit Tränen in den Augen, daß er die Axt zurückbringen werde. Nachdem er einige Kleidung und Geschenke erhalten hatte, ward ihm seine Abreise gestattet. Etwa 200 Yards ging er ganz langsam. Dann aber sah er sich um und rannte mit aller Kraft los, indem er uns keinen Glauben an die Erfüllung seiner pathetischen Versprechungen ließ.

Es ist oben erwähnt, daß auf der holländischen Karte eine flußförmige Öffnung da eingezeichnet ist, wo sich diese Bucht befindet. Da ihr auf besagter Karte kein Name beigelegt ist und ich glaube, daß unsere Untersuchung derselben uns ein Recht gibt, einen zu bestimmen, so habe ich sie Caledonbai benannt, zum Beweise meiner Achtung für den verdienten Edelmann, der kürzlich Gouverneur des Kaps der Guten Hoffnung ward und nach dem auch der Berg an der Südseite seinen Namen erhielt.

In diese Bai ist keine andere sichere Einfahrt als zwischen den Inseln in ihrem Eingange und dem Kap Grey, welches sich durch den runden Hügel auf seinem Ende auszeichnet und unter 136°42′ ö. L. und 13°1′ s. Br. liegt. Brennholz war überall im Überflusse und auch keine Schwierigkeit, Wasser aus den Teichen und Höhlen in dem niedrigen sandigen Lande nächst der Küste um die Alexanderspitze zu erhalten. Aber ich zweifle, ob solche nicht von Mai bis Dezember gänzlich, ebenso wie die kleinen vom Caledonberge herabkommenden Bäche, versiegt sind. Unser Erfolg im Fischfange war sehr beschränkt. Es wurden mehr Seeschnecken ohne Schalen, oder was wir Seegurken nannten, als Fische an Land zogen. Diese unterschieden sich dadurch von denen, die wir an der Ostküste gesehen hatten, daß sie einen festeren Bau und eine lichtbraune oder graue statt schwarze Farbe hatten. Trat man diese Schnecken mit dem Fuße, so spritzten sie einen Strahl Wasser in einige Entfernung aus.

Die Gegend um Caledonbai ist besonders an den Vorgebirgen zu ihren beiden Seiten im allgemeinen niedrig. Die an der Caledonbai und an der Südseite liegenden Hügel bestehen aus Granit, welche Steinart hier auch an anderen Orten gefunden wird. Aber an der Alexanderspitze ist mehr oder minder eisenhaltiger Sandstein das Grundgebirge, und die Mittelspitze besteht fast ganz aus Eisenerz. Ein Stück desselben führte die Nadel des Theodoliten ganz herum. Aber die von dort genommenen Kompaßpeilungen schienen von denen auf dem Caledonberge und auf der Alexanderspitze, welche auf einem Meersandhügel vorgenommen worden waren, nur um einen halben Grad zu differieren.

So weit unsere Untersuchung ging, ist der Boden arm und entweder steinig oder sandig, mit einer kleinen Beimischung von Humusboden an manchen Orten. Dessen ungeachtet standen sowohl Gras als Waldungen in dem üppigsten Wuchse, welcher der Menge des kürzlich gefallenen Regens und der Wärme des Klimas zuzuschreiben ist. Ich glaube, daß in der trockenen Jahreszeit das Land größtenteils ausgedorrt ist. Auf sandigen Orten fanden wir die Kasuarina im Überflusse und die Eukalyptusarten zwischen den Felsen, wo sie eine bedeutende Höhe erreichten. Die wilde Muskatnuß ward allein auf der Mittelspitze gefunden. Der von uns so genannte Apfel, eine neue Art von Eugenia, wuchs an der Alexanderspitze und auch an anderen Orten.

Die Eingeborenen um die Caledonbai gehören zu demselben Stamme wie die um Port Jackson und den King-George-Sund, Gegenden, die beinahe an den beiden äußersten Teilen des Australlandes liegen. Doch waren sie nicht so kraftvoll gebaut, als andere von uns gesehene Stämme; aber dieser Unterschied würde durch reichlichere Nahrungsmittel wahrscheinlich verschwinden. Alle, die zu den Zelten kamen, hatten einen Vorderzahn auf der linken Seite des Oberkiefers verloren, wogegen bei dem Alter der Mannbarkeit zu Port Jackson der auf der rechten Seite herausgenommen wird. Ob die Frauen dieselbe Operation erleiden, konnten wir nicht erfahren, da wir nur einmal eine Frau, und zwar in der Entfernung, gesehen hatten. Sie trug ein kleines Stück Rinde statt dem Feigenblatte, welches die einzige Andeutung von Kleidung war, die wir bei ihnen sahen. Über den Ellenbogen tragen die Männer gewöhnlich eine Binde von Netzwerk, in welcher ein kurzes Stück von starkem Grase namens

Tomo steckte, das sie als Zahnstocher brauchten. Aber der merkwürdigste Umstand bei diesen Leuten ist, daß sie sämtlich den jüdischen und mohammedanischen Brauch der Beschneidung haben. Dasselbe ward zuvor schon bei einem Eingeborenen von der Insel Woodah und bei zweien der Wellesleyinseln bemerkt. Es scheint daher, daß dieses an der Westküste des Carpentariagolfes allgemeine Sitte sei. Woher aber diese stamme oder warum dieses geschehe, vermag ich nicht anzugeben. Ein solches Verfahren fand ich weder an den Süd- und Ostküsten, noch fand man es bei den Bewohnern der Inseln in der Torresstraße, welche übrigens ebenso nackt gehen als die Australier.

Wir sahen bei diesem Volke keine anderen Waffen als Speere. Aber es kannte auch Pfeile und Bogen. Wahrscheinlich hat es Kähne von Baumrinde, obgleich wir keine sahen. Denn mehrere Bäume waren wohl zu dieser Absicht abgeschält. Aber als Bongarih ihnen den aus der Blue Mud Bay mitgebrachten Kahn zum Geschenk machte, zeigten sie wenig Vergnügen über diese Gabe und schienen nicht zu wissen, wie sie ihn auszubessern hätten.

Daß diese Bai früher von einigen Fremden besucht ward, ward durch die Kenntnis, welche die Bewohner vom Feuergewehre hatten, bewiesen, und ward auf ihr Ersuchen eine Flinte abgefeuert, so beunruhigte sie dieses wenig. Eine Menge von Pfosten, die nahe an der Küste lagen, waren zweifellos mit eisernen Werkzeugen behauen. Fragten wir die Einwohner über diesen Gegenstand, so ahmten sie mit ihren Händen die Bewegung eines Beiles nach, das einen Baum umhauen soll, und riefen beim Aufhören »Puh!«. Dieses war alles, was wir von den Eingeborenen erfahren konnten. Aber wegen des hier gefundenen Bambus und des hier angetroffenen, dem von der Sir-Edward-Pellew-Gruppe so ähnlichen Gitterwerks waren es wahrscheinlich dieselben Asiaten, von denen so viele Spuren überall seit der Einfahrt in diesen Golf gefunden wurden. Die Neigung, welche die Eingeborenen zeigten, vorzüglich unsere Äxte zu stehlen, die alledem, was ich von ihren Landsleuten gehört oder selbst erfahren habe, so widersprechend ist, gibt einen Beweis, daß sie früher von einem mit eisernen Werkzeugen versehenen Volke besucht worden waren. Aber wegen ihrer Kühnheit scheint es zu erhellen, daß die Wirkung des Feuergewehres in den Händen der Fremden nicht sehr sicher war oder sehr selten zur Bestrafung eines Angriffes gebraucht ward. Der Umstand, daß die Eingeborenen uns für die letzte gestohlene Axt ein paar Beeren brachten, scheint zu zeigen, daß sie für ihre Diebereien sehr geringe Entschädigung zu geben gewohnt sind. Ich hege einige Hoffnung, daß die, welche uns folgen werden, nicht, wenigstens nicht mit solcher Frechheit, bestohlen werden und zugleich, daß die Anwohner der Caledonbai eine fernere Verbindung mit den Europäern nicht vermeiden, sondern wünschen werden.

Ich weiß nicht, ob die Sprache an irgend zwei Teilen des Australlandes, sind sie auch nahe, völlig übereinstimme. Denn selbst zu Botany Bay, Port Jackson und Broken Bay sind nicht nur der Dialekt, sondern auch viele Wörter vollkommen verschieden, und dieses bestätigt einen Teil der Bemerkung, deren Wahrheit allgemein anerkannt zu sein scheint, daß, obgleich Ähnlichkeit der Sprachen zweier Völker einen gleichen Ursprung derselben beweist, doch die Unähnlichkeit der Sprachen kein Beweis für das Gegenteil ist. Mag daher die Sprache an der Caledonbai ganz von der an der Ost- und Südküste gesprochenen verschieden sein, so haben doch die Einwohner einen gemeinschaftlichen Ursprung. Auch glaube ich nicht, daß die Sprache gänzlich so verschieden ist, daß sich nicht einige Annäherungen finden sollten, obgleich die an erwähnter Bai gesprochene Sprache von

Bongarih so wenig als von uns verstanden ward. In drei Fällen fand ich eine Ähnlichkeit. Das persönliche Fürwort zu Port Jackson »gni-a« (ich) ward auch hier und wahrscheinlich in demselben Sinne gebraucht. Als Nachfrage nach dem entwendeten Beile gemacht ward, so erwiderten die Eingeborenen: »Jehan sjerih-py!« indem sie das Zeichen, als schlügen sie jemand, machten; und »py« bedeutet in der Sprache von Port Jackson »schlagen«. Der dritte Fall war, daß der Knabe Woga den Bongarih in das Boot rief. Nachdem dies mehrere Male geschehen war, ohne daß er eine Antwort erhalten hatte, ward er ärgerlich und rief: »Bongarih-gah!« auf eine heftige Art, was Bongarih selbst in einem ähnlichen Falle getan haben würde.

Die Verschiedenheit der Sprachen im Australlande bietet einen außerordentlichen Kontrast mit den Inseln im Großen Ozean dar, wo von den Sandwichinseln (Hawaii) unfern des nördlichen Wendekreises bis zum südlichen Ende Neuseelands unter 47° s. Br. die Sprache fast überall dieselbe ist und der Dialekt sich so wenig unterscheidet, daß die verschiedenen Inselbewohner es gar nicht schwer finden, einander zu verstehen.

Die Zelte an der Alexanderspitze lagen unter 136°55′45″ ö. L. und 12°47′15″ s. Br. Das Thermometer stand an Bord zwischen 83 und 87° F (28–31° C) und an der Küste der Caledonbai wahrscheinlich 10° (ca. 6° C) höher. Einige unserer Leute litten an der Ruhr, die ein Fieber begleitete, welche Krankheit der Wundarzt der Hitze und der Feuchtigkeit der Atmosphäre zuschrieb. Denn seit dem Dezember, in dem der Nordwestpassat begann, regnete es fast täglich, und Gewitter waren sehr häufig. Den Kopf der Sonne unbedeckt auszusetzen, vorzüglich wenn man mit einer schweren Arbeit beschäftigt war, zeigte sich hier sehr gefährlich. In der Blue Mud Bay verlor ich dadurch einen Mann, weil er sich in dieser Hinsicht nicht in acht genommen hatte, und an demselben Orte kamen aus derselben Ursache zwei andere kaum mit dem Leben davon. Moskitos waren an der Küste sehr beschwerlich und ebenso die schwarzen Fliegen. Giftige Tiere aber sahen wir bei unseren beschränkten Exkursionen um die Caledonbai nicht.

Neunzehntes Kapitel

Von Arnhemland nach Timor (10. Februar bis 8. April 1803)

Am 11. Februar 1803 früh um acht Uhr kamen wir bei dem Kap Arnhem vorüber, das man auf der holländischen Karte nicht benannt hat, einem mit Gras bedeckten, sanft von der Küste landeinwärts ansteigenden Vorsprunge. Eine große Klippe liegt nahe an seinem südöstlichen Ende unter 137°1′ ö. L. und 12°19′ s. Br. Das zu Mittage in der größten Entfernung sichtbare Land war ein mit flachem Gipfel versehener Berg, den ich Mount Saunders benannte, und näher bei uns lag ein höherer und stärker bewaldeter Berg, der gleichfalls einen flachen Gipfel hatte und gegen Norden steil war, den ich Mount Dundas nannte. Nachmittags fuhren wir gegen Westen, und eine Insel, die nördlich von beiden genannten Bergen mit mehreren, gegen NW um sie her verstreuten Klippen und kleinen Inseln lag, ward entdeckt. Die Insel ist gegen sechs Meilen lang und eine halbe bis eine Meile breit, niedrig und größtenteils von Waldung entblößt. Ihre Küsten sind im allgemeinen sandig. Da sie in der holländischen Karte nicht eingezeichnet war, so nannte ich sie mit den Felsen und kleinen Inseln gegen N und NO die Melvilleinseln.

Ihr südliches Ende liegt unter 136°52′ ö. L. und 12°8′30″ s. Br. An der gegenüberliegenden Küste zwischen Mount Saunders und Mount Dundas ist eine sandige Bucht, in der Schiffe vor allen Winden, mit Ausnahme des Nordostwindes, geschützt liegen könnten, wenn sie hinreichende Wassertiefe fänden. Die auf den Anhöhen stehenden Bäume hatten ein dunkelgrünes Laub. Das unter ihnen liegende niedere Land war aber sandig und unfruchtbar und dehnte sich in gleicher Beschaffenheit sieben Meilen weiter gegen Westen bis zu einer niedrigen Spitze in der Nähe einer bewaldeten kleinen Insel aus. Weiterhin nahm die Küste eine nördliche Richtung.

Am 14. Februar wurden Leute zum Holzschlagen nach der Dundasspitze gesendet, und die Naturforscher begaben sich auch dahin. Sie bildet eine Halbinsel des hohen felsigen Landes, das ich Drimmy Head nannte. Bei hohem Wasser ist sie wirklich eine Insel. Dann fuhr ich südwärts längs der Küste von Drimmy Head und erhielt von einem Berg nahe am südwestlichen Ende eine gute Aussicht auf die Bai und sah die westliche Küste nordwärts bis zu einem felsigen Vorgebirge, das ich nach Herrn William Wilberforce, dem verehrten Repräsentanten von Yorkshire, benannte.

Am 16. Februar begleiteten mich die Herren Brown und Bauer auf einer Bootsexkursion in den östlichen Teil der auf der holländischen Karte nicht angegebenen Bai. Zuerst landeten wir auf der kleinen bei Drimmy Head liegenden Insel, damit Herr Brown ihre mineralogische Beschaffenheit untersuchen könne, und steuerten dann drei Seemeilen östlich nach einem niedrigen mit Manglebäumen bedeckten Vorsprung. Diese wuchsen auf stark mit Eisenstein durchzogenen Felsen. Nachdem wir von hier längs der mit Manglebäumen bewachsenen Küste nordwärts gefahren und an einem anderen Orte gelandet waren, gelangten wir zu der Landenge, die Drimmy Head mit dem Lande der Dundasspitze verbindet, und da bald die Flut kam, so ging das Boot durch einen schmalen Kanal jenseits der Landenge, der mit Manglebäumen besetzt war. Um ein Uhr erreichten wir das Schiff, wo alles zum Lichten des Ankers bereit war.

Da, wie schon oben bemerkt ist, der Name dieser Bucht in der holländischen Karte fehlt, so habe ich sie zu Ehren des ersten Lords der Admiralität, Herrn Robert Saunders Dundas, Viscount Melville, welcher den mir von seinen Vorgängern gewährten Schutz verlängert hat, Melvillebai genannt. Sie ist der beste Hafen, den wir im Carpentariagolf fanden. Die Einfahrt von NNW ist vier Seemeilen weit und frei von Gefahren. Innerhalb derselben bestehen die, welche man nicht sehen kann, lediglich aus einer Sandspitze, die von Point Dundas eine halbe Seemeile nach SSO läuft, und dem Half Tide Rock (Halb-Ebbe-Felsen), der eine halbe Seemeile vom nordwestlichen Teile des Drimmy Head liegt.

Die Melvillebai gewährt einen guten Ankergrund, da der Boden entweder Ton oder Sand ist. Der beste Ankerplatz ist aber gerade in der Einfahrt zwischen Point Dundas und dem Harbour Rock (Hafenfelsen), wo ein Schiff an dem sandigen Strande in einer Tiefe von drei bis fünf Faden festmachen kann und vier bis fünf Schiffe sicher ankern können. Wir erhielten hier Brennholz und einen erträglichen Vorrat an Fischen. Hätte Wasser gemangelt, so hätte man es durch Graben am Fuße der Hügel im NO von Harbour Rock erhalten können, da eine von den Eingeborenen gemachte Grube gutes Wasser enthielt.

Das Gestein an der Nordseite der Melvillebai ist eine granitische Zusammensetzung von Quarz, Glimmer und rohen Granaten. Diese sind groß und geben dem Stein das Aussehen von Puddingsteine.* Würde er geschliffen, so

* Flintkonglomerat. (Anm. des Hrsg.)

müßte er sehr schön sein. An manchen Stellen liegt eine Rinde von Kalkfels. An der Südseite der Bai ist das Gestein tonartig, aber häufig mit eisenhaltigen Körnern gemengt, und an der Südostseite bestehen die Felsen aus Eisenerz, von dem ein kleines Stück die Nadel meines Theodoliten um 8° vom Meridiane hinwegzog. Die hier vorgenommenen Kompaßpeilungen wurden um 50° falsch befunden, aber zu spät, um zu bestimmen, ob dieser Irrtum von der Anziehung der Küste verursacht ward oder weil die Nadel durch einen Mißgriff auf 310° statt auf 360° gestellt worden war.

Es sah nicht so aus, als ob an den Küsten der Bai ein ergiebiger Boden wäre. Aber gegen die Süd- und Ostseite war die Gegend mit einer angenehmen Mischung von Gras und Bäumen bedeckt und besser für Viehzucht geeignet, als ich je eine in einer so kleinen Breite getroffen habe. Obgleich der Humusboden nicht tief ist, so würde er viele dem Klima gemäße Produkte hervorbringen können. Denn Wärme und Nässe wirken so stark auf die Vegetation, daß nur wenig Erde erforderlich ist, sie zu erhalten. An der Südseite sind die Bäume mehrenteils verschiedene Arten von Eukalyptus, die schlank und hoch, aber nicht dick wachsen; dann eine Kasuarina von der Art, wie sie am Coenflusse und anderen Küstengegenden des Golfes gefunden ward, die man so im Überflusse fand, daß wir sie als Brennholz brauchten. Ein *Santalum,* näher mit dem wahren Sandelholze verwandt als irgendeine vorher in diesem Lande gesehene Art, wuchs an den Rändern der Bai.

Keine Einwohner wurden bemerkt, auch keine Spuren von ihnen. Aber da zweimal Hunde gesehen wurden, so ist es wahrscheinlich, daß die Eingeborenen uns aus einer nicht so weiten Entfernung beobachteten. Sie hatten alle Orte besucht, an denen ich gelandet war, und sie müssen daher Kähne haben. Auch fanden sich hier Spuren von den schon oft erwähnten Fremdlingen, unter anderem Teile von Gitterwerk und ein Stück von einem großen irdenen Geschirr. Känguruhs schienen in den Wäldern in Menge zu sein. Braune und große weiße Tauben waren im Überflusse vorhanden, und ein fast schwarzer Vogel von der Größe eines Huhnes ward geschossen. Gleichfalls fand man hier schwarze und weiße Kakadus und eine prachtvolle, zu Port Jackson unbekannte Papageienart. Die Seevögel bestanden aus blauen und weißen Kranichen, See-Elstern und Sandlerchen. Unser Netz brachte gewöhnlich außer Fischen einige graue nackte Seeschnekken oder Seegurken mit an das Ufer, doch nicht so häufig als in der Caledonbai.

Hier wurden wir von den schwarzen Fliegen nicht so gepeinigt als zuvor. Aber Moskitos und Sandfliegen waren zahlreich und höchst lästig. Die meisten Büsche enthielten von einer kleinen grünen Ameise gebaute Nester. Wurden die Büsche gestreift, so kamen die rachgierigen kleinen Tiere scharenweise gezogen und hörten nicht eher auf, ihren Ruhestörer zu verfolgen, als bis er ihnen aus dem Gesichte kam. Indem wir unseren Weg oft durch das Unterholz erzwangen, wurden zuweilen Haare und Kleider mit ihnen angefüllt. Da nun ihr Biß sehr scharf ist und ihre Rache nie gestillt wird, so war kein anderer Rat, als sich möglichst bald auszukämmen und zu entkleiden.

Die Sonne stand jetzt nahe dem Zenit. Dieses verhinderte nicht nur, die Breite in dem künstlichen Horizonte zu beobachten, sondern unterwarf auch die auf dem Seehorizonte an demselben Mittage gegen Süden und Norden angestellten Beobachtungen Unrichtigkeiten. Folglich mögen unsere Ortsbestimmungen, die in dieser Gegend gemacht sind, wenig richtig sein. Point Dundas liegt unter 136°41′45″ ö. L. und 12°13′0″ s. Br.

Von der Nordseite des felsigen Kap Wilberforce erstreckt sich eine fünf bis zehn Seemeilen lange Kette von

Inseln und Klippen gegen ONO, welche ich nach meinem würdigen Freunde zu Hull, dem Geistlichen John Bromby, Brombyinseln nannte. Eine derselben ist felsig und zwei Meilen lang. Die ganze Kette schien durch Klippen unter Wasser verbunden zu sein. Aber zwischen Kap Wilberforce und der nächstliegenden Insel war eine offene, etwa eine dreiviertel Seemeile breite Durchfahrt, in die wir gegen einen frischen Wind nach WNW steuerten. Die nördlichste Spitze des Kap Wilberforce lag unter 136°33′ ö. L. und 11°52′ s. Br.

Am 17. Februar 1803 war die Untersuchung des Carpentariagolfes vollendet. Die Ausdehnung desselben von der Endeavour Stralt bis zum Kap Wilberforce beträgt fünfeinhalb Längen- und sieben Breitengrade. Ohne die zahlreichen Inseln und Einbuchtungen beträgt die Länge seiner Küsten 960 Seemeilen. Die in den alten Karten angegebene Form desselben ist nicht sehr irrig, welches beweist, daß dieses das Resultat einer wirklichen Untersuchung war. Da man aber keine besonderen Nachrichten über die Entdeckung der südlichen und westlichen Teile besitzt und nicht einmal den Namen des Entdeckers weiß, obgleich sie mit Recht Tasman zugeschrieben wird, so ward diese Karte für wenig mehr als für die Darstellung eines Märchenlandes gehalten und erhielt nicht den Glauben, welchen sie verdiente. Von nun an wird man dem Carpentariagolf seine Zugehörigkeit zu den kartierten Gegenden der Erde nicht mehr bestreiten können.

Nachdem wir die enge Straße zwischen Kap Wilberforce und den Brombyinseln zurückgelegt hatten, folgten wir der Küste des festen Landes gegen SW, indem wir auf der rechten Seite einige hohe und große Inseln hatten, welche so zur Küste lagen, daß es ungewiß war, ob hier eine Durchfahrt zwischen beiden sich finde. Vor der nächsten Insel sah man einen mit Männern besetzten Kahn, und auf einer Art von Reede am Südende derselben Insel lagen sechs oben bedeckte Schiffe, als sollten sie für die nasse Jahreszeit dienen. Unsere Vermutungen waren darüber verschieden, was dieses für ein Volk und was sein Geschäft hier sei. Aber wir zweifelten wenig, daß es nicht das nämliche sei, dessen Spuren wir so häufig am Carpentariagolfe fanden. Ich hatte zu der Meinung geneigt, daß diese Spuren von Chinesen herrührten, und der Bericht der Eingeborenen an der Caledonbai, daß sie Schießgewehre hätten, verstärkte diese Vermutung. Verglich ich nun dieses mit der Erscheinung dieser Schiffe, so hielt ich sie für seeräuberische Diebe, die sich hier vor Verfolgung verbargen und zu der günstigen Zeit, oder wenn sie Beute anlocke, wieder hervorkamen. Von dieser Idee eingenommen, begaben wir uns nach der Reede, und da unsere Flagge und unser Wimpel aufgezogen wurden, hing jedes ihrer Schiffe eine kleine weiße Flagge aus. Bei der Annäherung sendete ich den Leutnant Flinders in einem bewaffneten Boote zu ihnen, um zu hören, wer sie seien, und bald darauf gingen wir in Flintenschußweite in zwölf Faden Tiefe vor Anker.

Jede Bewegung im Walfangboote und in den Schiffen, nächst denen es lag, ward durch unsere Gläser genau beobachtet. Aber alles schien friedlich abzugehen. Nach der Rückkehr des Leutnants Flinders hörten wir, daß es Praue aus Makassar* waren. Die sechs malaischen Befehlshaber kamen bald darauf in einem Kahne an Bord. Glücklicherweise war mein Koch ein Malaie, und ich konnte mich durch ihn mit ihnen unterhalten. Das Oberhaupt der sechs Praue war ein kleiner ältlicher Mann namens Pobassoo. Er sagte, es wären 60 Praue in verschiedenen Abteilungen an der Küste und Saloo sei der Oberbefehlshaber. Diese Leute waren Mohammedaner, und wie sie in unseren Schiffsraum hinabsahen, drückten sie

* Südliches Celebes. (Anm. des Hrsg.)

großes Erschrecken darüber aus, daß sie darin Schweine erblickten. Übrigens machten sie keinen Einwurf gegen Portwein und baten um eine Flasche, um sie bei Sonnenuntergang mitzunehmen.

Am folgenden Morgen begab ich mich mit zwei von den Gelehrten und meinem Dolmetscher an Bord von Pobassoos Schiff, um weitere Nachforschungen anzustellen. Nachher kamen die sechs Oberhäupter an Bord des »Investigators«, und mehrere Kähne lagen längs des Schiffes, um Tauschhandel zu treiben. Vor Mittag langten noch fünf andere Praue bei den vorigen an, und wir hatten mehr Volk um das Schiff, als ich an Bord zu lassen für ratsam fand. Denn jeder trug einen kurzen Dolch oder Kris an seiner Seite. Meine Leute waren bewaffnet, und mit den Kanonen ward manövriert, auch auf Verlangen der Oberhäupter ein Schuß aus denselben abgefeuert. Am Abende zogen sie sich sämtlich ruhig zurück. Aber unsere Kanoniere wurden dienstbereit gehalten, und die halbe Mannschaft war die ganze Nacht auf Wache. Das Wetter war sehr regnerisch, und gegen Morgen hörte man viel Getöse von den Prauen. Bei Tagesanbruch gingen sie unter Segel und steuerten durch die enge Straße zwischen dem Kap Wilberforce und den Brombyinseln, durch welche wir gekommen waren, und richteten nachher ihren Kurs südöstlich in den Carpentariagolf.

Mein Wunsch, alles dieses Volk Betreffende kennenzulernen, und die strenge Aufsicht, die ich auf sie haben mußte, hielten mich ab, während ihres Aufenthaltes ein anderes Geschäft zu treiben. Nach Pobassoos Berichte, von dem ich hauptsächlich meine Belehrung erhielt, hatten 60 dem Radscha von Boni gehörende Praue, welche 1000 Mann trugen, Makassar zwei Monate zuvor mit dem Nordwestpassat zu einer Expedition an diese Küste verlassen. Diese Flotte lag dann, immer fünf oder sechs Praue beieinander, an verschiedenen Orten westlich. Pobassoos Abteilung war die vorderste. Diese Praue schienen von etwa 25 Tonnen (zu 2000 Pfunden) zu sein und waren mit 20 bis 25 Mann besetzt. Die von Pobassoo führte zwei kleine metallene, von den Holländern erhaltene Kanonen. Aber die anderen hatten nur Flinten, außer denen jeder Malaie offen oder insgeheim einen Kris oder Dolch trägt. Ich fragte nach ihren Bogen und Pfeilen und dem Gifte Ippo. Aber sie hatten von alledem nichts, und ich hatte Mühe, ihnen begreiflich zu machen, was ich mit dem Ippo meine.

Der Gegenstand dieser Expedition war ein gewisses Seetier, Trepang genannt. Von diesem gaben sie mir zwei getrocknete Exemplare, und ich fand, daß dieses die *Bèche de mer* oder die Seegurke war, die wir zuerst an den Riffen der Ostküste gesehen und nachmals so zahlreich mit dem Netze an der Küste, vorzüglich in der Caledonbai, gefangen hatten.

Die Malaien fangen den Trepang durch Tauchen in drei bis acht Faden Tiefe, und wo er im Überflusse ist, kann ein Mann mit einem Male acht bis zehn in die Höhe bringen. Die Art, ihn aufzubewahren, ist folgende: Das Tier wird auf einer Seite aufgeschnitten, gekocht und durch ein Gewicht von Steinen ausgepreßt. Dann wird es auf zerspaltenem Bambus offen der Sonne und danach dem Rauche ausgesetzt. Ist er so weit fertig, daß er in Säcke gepackt werden kann, so muß er doch oft der Sonne ausgesetzt werden. 1000 Trepangs machen ein Pikul oder gegen 125 holländische Pfund, und 100 Pikuls sind die Ladung für eine Prau. Sie werden nach Timor gebracht und dort an die Chinesen verkauft. Sind alle Praue beieinander, so kehren sie nach Makassar zurück. Unter Timor scheint Timorlaut* verstanden zu werden. Denn

* Die Tanimbarinseln zwischen Timor und Neuguinea. (Anm. des Hrsg.)

als ich Pobassoo nach den dortigen Engländern, Holländern und Portugiesen fragte, wußte er nichts von denselben. Er hatte zwar von Kupang, einer holländischen Niederlassung, gehört, sagte aber, diese liege auf einer anderen Insel.

Es gibt zwei Arten von Trepang, den schwarzen, Baatoo genannt, von dem der Pikul für zwölf Pfund Sterling, und den weißen oder grauen, Koro genannt, von dem der Pikul an dieselben für sechs Pfund Sterling verkauft wird. Der Baatoo scheint das zu sein, was wir auf den Korallenriffen nahe bei den Northumberlandinseln fanden, und würde eine Kolonie am Broad Sound oder der Shoalwater Bay gegründet, so möchte sie vielleicht beträchtlichen Vorteil von dem Trepang ziehen. Im Carpentariagolf sahen wir nur den Koro oder die graue Seegurke.

Pobassoo hatte in den vergangenen 20 Jahren sechs oder sieben Reisen von Makassar hierher gemacht, und er war einer der ersten, der dahin kam, hatte aber hier nie vorher ein Schiff gesehen. Diese Reede war der erste Sammelplatz für seine Abteilung, um vor ihrer Fahrt in den Golf Wasser einzunehmen. Eine ihrer Praue war das Jahr vorher verlorengegangen, und viele Nachfragen wurden von Pobassoo an uns gemacht, ob wir nicht das Wrack gesehen hätten. Da das Ruder eines Kahnes ihm gezeigt ward, erkannte er es als der Prau zugehörend. Sie hatten oft Scharmützel mit den Küstenbewohnern. Pobassoo selbst war mit einem Speere am Knie verwundet worden, und ein anderer Mann ward gleichfalls leicht verwundet, und sie rieten uns, uns vor den Eingeborenen sehr in acht zu nehmen.

Sie hatten keine Kenntnis von irgendeiner europäischen Niederlassung in diesem Lande, und wie sie den Namen Port Jackson hörten, schrieb ihn Pobassoos Sohn zur Erinnerung von links nach rechts auf. Bis man ihnen einige Muskatnüsse zeigte, wußten sie nicht, daß sie dort wuchsen. Auch hatten sie nie Kokosnüsse, Pisangfrüchte oder andere pflanzliche Nahrungsmittel dort kennengelernt. Fische und zuweilen Schildkröten waren alles, was sie sich verschafft hatten. Sie führten in Bambusstücken für einen Monat Wasser mit sich. Ihre Nahrung besteht aus Reis, Kokosnüssen und getrockneten Fischen sowie aus einigen Hühnern für die Oberhäupter. Ich fragte sie, ob sie einige Flüsse oder Einfahrten in das innere Land kennten, ob sie Karten machten von dem, was sie sähen, oder ob sie sich überhaupt der Karten bedienten? Alles dieses beantwortete Pobassoo verneinend. Aber er sagte uns, es sei auf Timor ein Fluß, in den das Schiff einlaufen könne, und er unterrichtete mich von zwei Schildkröteninseln, deren eine nicht fern von unserer Station auf dieser Reede im NW liege, die andere aber vom Mastkorbe aus entdeckt werden würde, wenn wir längs der Küste segeln würden. Ich konnte kein anderes nautisches Instrument bei ihnen auffinden als einen kleinen Taschenkompaß, der anscheinend in Holland verfertigt war. Durch ihn bestimmten sie ihren Kurs in der See, ohne irgendeine Karte zu besitzen oder eine astronomische Beobachtung anzustellen. Das schwarze gummierte Tau, von dem wir Stücke bei der Sir-Edward-Pellew-Gruppe gefunden hatten, war auf ihren Prauen üblich, und sie sagten, daß jener Gummi von derselben Palmenart erhalten würde, die den süßen Sirup, Gulah genannt, gebe.

Meine zahllosen Fragen wurden mit Geduld und mit anscheinender Wahrheit beantwortet. Pobassoo blieb sogar nach meinem Wunsch einen Tag länger als er gewollt hatte. Denn der Nordwestpassat, sagte er, würde nicht einen Monat länger blasen, und er habe sich schon verspätet. Ich beseitigte seine und seiner Begleiter Unruhe durch verschiedene Geschenke, vorzüglich eiserne Werkzeuge, die sie gern zu besitzen wünschten. Er bat mich um eine kleine englische Flagge, die er in der Folge an der

Spitze seines Geschwaders aufsteckte. Er wünschte auch einen Empfehlungsbrief von mir zu haben, um ihn, wenn er ein anderes europäisches Schiff träfe, vorzeigen zu können. Ich schrieb daher einen solchen an den Kapitän Baudin, den er wahrscheinlich im Carpentariagolf, entweder bei seiner Ankunft oder bei seiner Rückkehr, treffen mußte.

Gleich nach der Abfahrt der Praue begannen die Naturforscher und ich unsere Untersuchungen. Der Ort, wo das Schiff ankerte, ward Malaische Reede genannt und wird von zwei Inseln gebildet, von denen die eine im SW Pobassooinsel, auf der hinter dem Strande ein Süßwasserbach war, die andere aber im N Cottoninsel, nach Kapitän Cotton von der indischen Regierung, genannt ward. Letztere erstreckt sich sechs bis sieben Seemeilen gegen N und nordwestlich von ihr liegt eine andere große, von mir Wigraminsel benannt. Weiterhin waren zwei kleine Inseln und in einer größeren Entfernung eine andere, die wegen ihrer Trennung von den übrigen Truant Island (truant = herumschweifend) genannt ward. Drei andere zu dieser sich fast von NO nach O erstreckenden Gruppe gehörende Inseln erhielten die Namen Inglis, Bosanquet und Astell. Letztere ist von beträchtlicher Größe. Die ganze Gruppe erstreckt sich parallel zur Küste des festen Landes und den Brombyinseln. In der holländischen Karte fehlen sie vollkommen. Sie sind da festes Land ohne irgendeinen unterscheidenden Namen. Ich nannte sie Inseln der Englischen (Ostindischen) Kompanie.

Die holländische Karte zeigt eine Insel von großem Umfange, die an diesem Teile der Nordküste liegt. Thévenot gibt ihr keinen Namen, aber bei manchen anderen Schriftstellern führt sie den Namen Wessels oder Wezels Eylandt, vermutlich von dem Schiffe, das 1636 Arnhemland entdeckte. Von dem Südende der Cottoninsel sah man ein nach NW liegendes Land, von dem ich vermutete, es sei ein Teil dieser Insel. Regenwolken verdunkelten sie aber so, daß ihre Lage nicht bestimmt werden konnte.

Vom 19. bis zum 22. war die Witterung häufig regnerisch mit Donner und Blitz, und der Wind blies in starken Stößen zwischen Nord und West, machte es daher nicht ratsam, weiterzufahren. Während dieser Tage untersuchten die Naturforscher die die Malaische Reede bildenden Inseln, und ich lief mit dem Boote nach der Astell- und dann nach dem Nordende der Cottoninsel aus, um die Meerestiefe zu bestimmen und Kompaßpeilungen für die Vermessung vorzunehmen. Bei letzterer Exkursion sahen wir drei schwarze Kinder am nordöstlichen Strande, und indem ich den Weg fortsetzte, bemerkten wir zwei Hütten von Baumrinde und neben denselben einen ältlichen unter einem Baume sitzenden Mann. Dieser, als er sich entdeckt sah, lächelte und ging hinter einen Strauch, von wo man einen verwirrten Lärm von Weibern und Kindern hörte, die in den Wald flüchteten. Auch der Mann zog sich auf den Hügel zurück, und unsere Zeichen von Freundschaft hielten ihn nicht zurück. In einer der Hütten fanden wir ein sackförmiges Netz, welches einige Stücke von Gummi, Knochen und einen abgebrochenen Brettnagel enthielt, sowie eine Muschel zum Trinkgeschirr. Gegen einen nahen Strauch standen drei Speere, von denen einer eine Menge Widerhaken hatte und mit einiger Kunst verfertigt war. Diesen nahm ich hinweg, alles übrige blieb aber, wie wir es gefunden hatten, nur daß wir ein Beil und ein Schnupftuch hinzufügten.

Die Cotton-, die Pobassoo- und die Astellinsel, auf welche unsere Untersuchung beschränkt war, sind mäßig hoch, bewaldet und neigen sich an ihrer Westseite gegen den Wasserspiegel, bilden aber an der Ost- und noch mehr an der Südostseite steile Klippen. Dieselbe Formation haben die übrigen Inseln. Die Steinart der höheren Teile ist Granit oder Sandstein von dichtem Korne. Aber der niedrigere Teil der Klippen ist tonartig und in Schichten geteilt, die eine Dicke von der eines Schillings bis zu zwei oder drei Fuß haben. Sie neigen sich gegen 15° nach Westen. Indem ich einige Stücke aus diesen Klippen ausbrach, sah ich sie wunderbar mit Figuren von Blumen und Bäumen bezeichnet, welche, wie man mir sagte, dem Eindringen von Blutstein oder Eisenerz in die Spalten zuzuschreiben waren. Die Lager haben eine rötliche Farbe und gleichen flachen Ziegeln. Man könnte sie fast ganz ohne Vorbereitung als solche gebrauchen. Sie sind hier in hinreichender Menge, um eine ganze Stadt zu errichten, und der Sandstein auf dem oberen Teile der Klippen ist gleichfalls sehr zum Baue der Mauern von Häusern tauglich.

Die höheren Flächen dieser Inseln sind unfruchtbar, aber in den Tälern, durch welche damals Bäche liefen, ist ein erträglich fruchtbarer Boden. Eins dieser Täler am Südende der Cottoninsel möchte einen trefflichen Platz zur Errichtung eines Klosters für Mönche abgeben, welche die Hitze des Klimas ertragen könnten und gefühllos gegen den Stich der Moskitos wären. Hier wächst die wilde Muskatnuß in Menge, die ihre Frucht aus ihrem Stamme erzeugende Feige, zwei Palmenarten und ein Baum, dessen Rinde im Oriente allgemein zur Verfertigung von Stricken verwendet wird. Außerdem findet man hier eine Menge anderer Bäume, deren Gipfel mit Schlingpflanzen umgeben sind, die den unten laufenden Gewässern Schatten gewähren. Aber dieser, dem Anscheine nach entzükkende Aufenthaltsort bot etwas ganz anderes dar als Kühlung und Ruhe. Die Hitze war zum Ersticken und die Moskitos gestatteten keinen Augenblick Ruhe. Unser Gärtner, Herr Good, vertraute auf der Pobassooinsel an einer dazu geeigneten Stelle vier von den Malaien erhaltene Kokosnüsse und die uns noch übrigen Kartoffeln der Erde an.

Die Malaische Reede liegt unter 136°27′ ö. L. und 11°53′45″ s. Br. (doch ist die Breitenbestimmung nicht ganz zuverlässig). Die Inglisinsel ist zwölf Meilen lang und hat eine Breite von ein bis drei Meilen. Ihre Klippen und Produkte sind fast von derselben Beschaffenheit wie die der Cottoninsel. Nur ist der südöstliche Teil höher, und der Wuchs und die Belaubung des Waldes kündigten größere Fruchtbarkeit des Bodens an.

Das felsige Ostende der Bosanquetinsel, in einer Entfernung von einer Seemeile im Norden vom Ankerplatz, lag unter 135°54′ ö. L. und 11°57′20″ s. Br.

Als ich den Plan dieser ausgedehnten Bai zeichnete, war ich etwas erstaunt, die große Ähnlichkeit mit der ihr in der holländischen Karte gegebenen Form zu entdecken. Sie hat keinen Namen. Da aber kein Zweifel sein kann, daß entweder Tasman oder vielleicht ein früherer Seefahrer sie erforscht hat, habe ich ihr den Namen der Küste gegeben, an der sie liegt, nämlich Arnhembai. Insofern man einen sicheren Ankergrund verlangt, kommt sie jedem mir bekannten Hafen gleich. Hier sind über 100 Quadratmeilen Raum für die Aufnahme von Schiffen geeignet, und der Grund schien überall gut zu sein. Über die Veranlassung, die Arnhembai zu besuchen, läßt sich nicht genug sagen. Holz ist an allen Küsten im Überflusse, und ein Bach, der von den Höhen der Mallisoninsel herablief, hätte uns auch mit Wasser versorgt, wenn wir es bedurft hätten. Aber drei Monate später wäre er wahrscheinlich vertrocknet gewesen. In den oberen Teilen der Bai sind die Küsten flach und an manchen Orten mit Manglebäumen überwachsen. An den niedrigen Küsten sahen wir kein anderes Mineral als Eisenerz, dem im oberen Teile der Melvillebai und dem der mittleren Spitze der Caledonbai ähnlich. Es scheint wahrscheinlich zu sein, daß Eisen sich durch den Raum dieses Landes erstreckt, der zwischen den Vorgebirgen der drei Baien liegt, obgleich die äußeren Ufer und Hügel entweder granitisch oder tonartig oder von Sandstein sind. Die flache Gegend, in der das Eisenerz gefunden wird, scheint einen guten Boden zu haben, der mit Gras und Waldung reich bekleidet und dem, wo Granit oder Sandstein vorherrscht, bei weitem vorzuziehen ist. Dieses urteile ich aus dem, was ich nächst den Vorgebirgen der Buchten gesehen habe. Denn unsere Exkursionen in das Innere waren notwendig sehr beschränkt, und ich verließ nicht die Küste der Arnhembai, da ich durch die skorbutischen Geschwüre meiner Füße daran gehindert ward.

Diese Gegend scheint nicht sehr bevölkert zu sein. Spuren von Menschen aber fanden wir überall, wo wir landeten. In den Waldungen waren verschiedene Vogelarten, vorzüglich Papageien. Spuren von Känguruhs waren ebenso zahlreich als an der Melvillebai. Diese Umstände würden einer in der Nachbarschaft angelegten Kolonie günstig sein. Soll aber ein solcher Schritt erwogen werden, so ist es zuvor höchst notwendig, diese Gegend in der trockenen Jahreszeit von Juni bis zum November zu erforschen. Man kann nämlich vermuten, daß dann die Vegetation vertrocknet ist und die Süßwasserquellen fast ganz unergiebig sind.

Die Mitte der Einfahrt in die Arnhembai liegt unter 136°3′ ö. L. und 12°11′ s. Br. Bei der unter 136°6′ ö. L. und 11°47′ s. Br. liegenden Cunninghaminsel beginnt eine dritte Inselkette, welche sich gleich den Brombyinseln und denen der Englischen Kompanie von der Küste gegen NO erstreckt. Sie ist von ganz ähnlicher Beschaffenheit wie die beiden oben genannten Inselketten. Auf der holländischen Karte ist diese dritte Inselkette als eine lange Insel eingezeichnet und auf einigen Karten Wesselinsel benannt, welchen Namen ich geringfügig in Wesselinseln umänderte.

Wir hatten nun die Vermessung der Küste über einen

Timor

halben Monat länger betrieben, als der Master und der Zimmermann erklärt hatten, daß das Schiff ohne großes Wagnis segeln könne, vorausgesetzt, es bleibe beim guten Wetter und daß es kein Unfall betreffe. Da das, was noch an Zeit übrig war, nicht mehr hinreichend war, um nach Port Jackson zu gelangen, so hielt ich es für unverständig, die Erforschung weiter fortzusetzen. Der Zustand meiner eigenen Gesundheit und der der Schiffsmannschaft, verbunden mit der Verrottung des Schiffes, zwangen mich, hier die Untersuchung zu beenden. Alle meine Gefährten waren durch die Hitze und Feuchtigkeit, durch starke Ermüdungen und durch Mangel an nährenden Substanzen geschwächt. Ich selbst war wegen der skorbutischen Geschwüre unfähig, auf den Mastkorb zu steigen oder Expeditionen im Boote zu machen. Da nun das ganze

Vermessungsfach auf mir beruhte, so war unser längerer Aufenthalt für einen seiner Hauptgegenstände zwecklos.

Die Insel, welche Herr M'Cluer die Neujahrsinsel benannte, ist eine mit zertrümmerten Korallen vermengte und auf ein Korallenriff geworfene Sandbank. Sie hat vier bis fünf Seemeilen Umfang und ihre höheren Teile sind dick mit Gestrüpp und Strauchholz bewachsen. Vieles aber bedecken Manglebäume, und sie steht bei der Flut unter Wasser. Frische Spuren zeigten, daß hier vor kurzem Eingeborene gewesen oder noch da waren. Auch Schildkröten waren, aber schon vor geraumer Zeit, hier gewesen. Sie liegt unter 133°2′ ö. L. und 10°55′ s. Br.

Am 31. März 1803 langten wir in Kupang auf der Insel Timor an, deren äußerste Südwestspitze unter 123°29′ ö. L. und 10°22′ s. Br. liegt. Kupang hat fast keinen anderen Handel als mit Batavia. Sandelholz, Wachs, Honig und Sklaven werden ausgeführt und Reis, Arrak, Zucker, Tee, Kaffee, Betelnüsse, chinesische, einige ostindische und europäische Manufakturwaren eingeführt.

Die Kupangbai ist gegen Westen den Winden ausgesetzt. Aber von Anfang Mai bis Ende Oktober ist der Ankerplatz sicher. Auch ist nach Mitte März oder vor Mitte November wenig von den Nordwestwinden zu fürchten. Aber die bestehenden Anordnungen der Holländischen Kompanie sind, daß ihre Schiffe bis zum 1. Mai unter dem Nordostende von Pulau Semau etwa fünf Seemeilen von Kupang liegen sollen, obgleich die Reede von Babao an der Nordseite der Bai, von der Dampier spricht, ein besserer und sicherer Ankerplatz sein soll. Der Kommandeur des amerikanischen Schiffes »Hunter« hatte unter Semau festgemacht, weil er hier die holländische Brigg fand, und obgleich man ihm versicherte, daß er nichts in der Bai zu befürchten habe, hütete er sich hineinzufahren, bis er durch unser Beispiel dazu Mut bekam. Dieses Schiff war auf einer Handelsspekulation, und der Befehlshaber kaufte hier Sandelholz und Wachs. Zu Solor hatte er einige Sklaven, jeden für zwei Flinten, gekauft, von denen er das Stück in Holland bei Kriegsende für fünf Reichstaler 20 Groschen (14 Schillinge) erhandelt hatte. Er erwartete, sie in Batavia für 80 oder 100 Dollars (16 bis 20 Pfund Sterling) zu verkaufen, so daß er seine Auslage gegen 32 mal ersetzt erhalten wollte. Bringt dieser Handel solche ungemeinen Vorteile ein, so muß die Menschlichkeit keinen schwachen Kampf befürchten, seine Unterdrückung zu vollenden. Aber was war das Resultat dieser Handelsreise? Den Kommandeur und die Mannschaft überfiel zu Dili ein Fieber, und fast alle starben, bevor sie Batavia erreichten.

Ich stellte manche Nachforschung nach den malaischen Trepangfischern an, die wir am Eingange des Carpentariagolfes trafen, und hörte folgende Nachrichten: Die Bewohner von Makassar sind lange gewohnt gewesen, den Trepang auf den Java benachbarten Inseln und auf einer trockenen Untiefe, die südlich von Roti liegt, zu fangen. Aber etwa vor 20 Jahren ward eine ihrer Praue vom Nordwestpassat an Neuhollands Nordküste getrieben, und da sie hier den Trepang in Menge fanden, kehrten sie in der Folge und bis jetzt hierher zurück, um hier zu fischen. Der Gouverneur von Kupang, Mynheer Geisler, war der Meinung, daß sie die Chinesen nicht zu Timorlaut, sondern zu Makassar selbst träfen, wo sie gewohnt waren, Vogelnester, Trepang, Haifischflossen usw. einzukaufen, und es ist daher wahrscheinlich, daß die Praue zu Timorlaut nur ihren Sammelplatz nach ihrer Rückkehr vom Carpentariagolf haben und dann zusammen mit ihren Ladungen nach Makassar gehen. Der Preis des gemeinen Trepangs in Kanton ist für den Pikul 62½, aber für den besten von schwarzer Art 93¾ Reichstaler, welches mit dem, was mir auf der Malaischen Reede erzählt ward, übereinstimmt und den Chinesen den üblichen Gewinn von 100 Prozent für den Transport von Makassar nach China gewährt.

Dem Kapitän Johnson, der von hier im Mai nach Batavia abgehen wollte und mir versprach, Briefe von dort zu befördern, vertraute ich eine Nachricht über die an der Ost- und Nordküste gemachten Untersuchungen für die Admiralität an, zugleich mit dem Berichte des Masters und des Zimmermannes über den Zustand des Schiffes und einer Nachricht über die Belehrung, die ich über die Trepangfischerei erhalten hatte.

Zu Kupang erhielten wir folgende Vorräte für unser Schiff: Reis, Arrak, Zucker und Palmensirup, Gullah genannt; frisches Fleisch, Obst und Gemüse während unseres Aufenthaltes und für die folgenden zehn Tage. Das Fleisch war von jungen Karabaus, einer Büffelart,

Junge Eingeborene von Timor

kleinen Ferkeln und jungen Ziegen. Jeder Karabau mußte mit acht, jedes Ferkel mit fünf und jede junge Ziege mit zwei Reichstalern bezahlt werden. Gemüse waren teuer und nicht gut, und für manche Früchte war es noch zu früh im Jahre. Aber Kokosnüsse, Orangen, Limonen, Bananen und Pampelmusen waren ziemlich in Menge vorhanden. Tee, Kandiszucker und andere Artikel der Art wurden in den kleinen Buden der chinesischen Malaien gekauft. Geflügel ward durch Tauschhandel erhalten.

Nach dem Aussehen derer zu urteilen, die sich eine bedeutend lange Zeit in Kupang aufgehalten haben, ist das Klima nicht gut. Selbst im Vergleiche mit uns, die wir doch bedeutend gelitten hatten, sahen sie wie Kranke aus.

Zwanzigstes Kapitel

Von Timor zurück nach Port Jackson (8. April bis 4. Juli 1803)

Da es mir mißlungen war, eingesalzenes Fleisch zu erhalten und einen Offizier von Kupang an die Admiralität zu senden, hatte ich notwendigerweise den Plan aufgeben müssen, an der Nordküste des Australlandes zurückzufahren. Da seitdem der Verfall des Schiffes nicht so schnell vor sich ging, als man es erwartet hatte, so vermutete ich, es möchte kein großes Wagnis sein, die Anordnung meiner Instruktionen auszuführen, die lautete, »so genau es die Umstände erlauben, die Bank, welche sich von den Trialfelsen gegen Timor erstreckte, zu erforschen«. Nach welcher Autorität diese Bank so geschildert war, wußte ich nicht. Aber daß sie weder nach Timor noch nach Roti reiche, war dadurch bewiesen, daß wir an dem westlichen Ende letzterer Insel vorbeigekommen waren und das Senkblei mit mehr als 200 Faden geworfen hatten, ohne den Meeresgrund zu erreichen. Mir war es wahrscheinlich, daß, wenn eine solche Bank existierte und gegen NO irgendeine Verbindung hätte, dieses eher mit der Untiefe Sahul als mit Timor der Fall sei. Ich steuerte daher einen Kurs, um auf die Linie zwischen beiden zu kommen und dann gegen W quer über die Richtungslinie zwischen diesen Felsen und Timor zu fahren, so daß ich allemal auf die Bank treffen mußte.

Wir loteten alle zwei Stunden und fuhren auf diesem Wege nach SW bis zum 16. April mittags, wo wir unter 126°35′ ö. L. und 16°15′ s. Br. waren, ohne in 100 bis 240 Faden Tiefe Meeresgrund zu finden. Unsere Fahrt ging dann WzS, und wir loteten ebenso, bis wir am 21. desselben Monats unter 115°37′ ö. L. und 17°45′ s. Br. waren, aber ohne eine Bank gefunden zu haben. Dann steuerte ich gegen SO, um die Felsen selbst aufzusuchen.

Die Trialfelsen erhielten ihren Namen von dem englischen Schiffe »Trial«, das an ihnen im Jahre 1622 scheiterte. Aber ihre Lage scheint nicht genau bekannt zu sein. Herr Dalrymple hat nach dem Berichte eines holländischen Schiffes, das wahrscheinlich von Batavia eigens zu ihrer Erforschung abgesendet war, eine Kartenskizze entworfen und setzt sie 240 Seemeilen von der Küste Neuhollands und unter 19°30′ s. Br. ein. Herr Arrowsmith zeichnet aber die Trialinseln in seiner großen Karte von der Südsee unter 112°9′ ö. L. (oder im Vergleich zu Herrn Dalrymples Angabe in der doppelten Entfernung von Neuhollands Küste) und 20°40′ s. Br. ein. Die Lotungen zweier Ostindienfahrer nahe diesen Klippen, welche in dieser Karte angegeben sind, gab letzterer Angabe eine Glaubwürdigkeit, die meine Meinung zu ihren Gunsten entschied, und folglich fuhr ich an die bezeichnete Stelle.

Trübes Wetter mit öfterem starkem Regen, Donner und Blitz hatten seit unserer Abfahrt von Kupang geherrscht, und es bewirkte auf die Gesundheit der Mannschaft dasselbe, was ähnliche Witterung zuvor im Carpentariagolf getan hatte. Wir hatten zu dieser Zeit zehn Mann auf der Krankenliste, die an Durchfall litten. Viele andere waren minder krank. Es schien möglich zu sein, daß der Wechsel der Nahrung von Salzspeisen zu frischem Fleische, Obst und Gemüsen von Timor – ein Wechsel, von dem ich hoffte, daß er jedes Symptom von Skorbut vertreiben sollte – auf diese neue Krankheit einen Einfluß habe, und war dies der Fall, so hieß dieses, die Skylla vermeiden, um in die Charybdis zu fallen, und die war wirklich übel genug.

Mittags am 23. hatten wir 112°57′ ö. L. und 20°49′ s. Br. erreicht, ohne mit 100 Faden auf den Meeresgrund zu kommen. Dann steuerte ich vom Abend bis zum Anbruche des Tages westlich, und am folgenden Mittage waren wir unter 111°28′ ö. L. und 20°49′ s. Br. Dieses war über einen halben Grad von der auf Herrn Arrowsmiths Karte angegebenen Lage, und wir konnten mit 140 Faden keinen Grund finden. Auch erblickten wir nichts, was uns etwa die Nähe eines Landes angedeutet hätte. Ich fuhr deshalb gegen NW, um etwas nördlich von 20°40′ s. Br. zu gelangen und weitere Untersuchungen in dieser Richtung anzustellen.

Am 25. April sahen wir einige Tropikvögel, und am folgenden Tage, als unsere Länge 112°34′O und unsere Breite 20°36′S war, sahen wir mehrere Vögel von der Art der Sturmvögel um unser Schiff fliegen. Dieses sind zwar sehr unsichere Anzeichen vom Lande, aber sie gaben uns einige Hoffnung. Einmal glaubten wir Brecher zu erblikken und steuerten auf sie zu. Aber es war Täuschung; den ganzen folgenden Morgen setzten wir unsere Fahrt gegen O fort. Da aber der Wind von S auf SO gedreht hatte, brachte er uns ziemlich weit nördlich, und nachdem wir unter 114°20′ ö. L. und 19°53′ s. Br. angekommen waren, ohne Grund oder Anzeichen vom Land zu finden, steuerte ich nach SSW und gab die Untersuchung auf.

Aus unserer Untersuchung ergibt sich, daß die Trialfelsen nicht in dem zwischen 20°15′ und 21° s. Br. und 111°4′ bis 114°9′ ö. L. begriffenen Raume liegen. Daß sie vorhanden sind, leidet keinen Zweifel, und sie werden wahrscheinlich nahe bei der ihnen von dem holländischen

Schiffe angewiesenen Lage zu finden sein. Aber von da kann sich keine Bank nach Timor erstrecken.*

Am 13. Mai kamen wir auf die Breite von Kap Leeuwin. Am 14. um sechs Uhr abends waren wir 21 Seemeilen vom Point d'Entrecasteaux entfernt. Wir steuerten mit einem frischen Winde und einer uns günstigen Strömung in einer Entfernung von 21 bis 24 Seemeilen entlang der Küste des Australlandes. Daß ich der Küste so nahe kam, war Absicht, um längs der äußeren Teile des Recherchearchipels, welche vorher unvollkommen gesichtet wurden, zu fahren und einen oder zwei Tage in der Goose Island Bay anzulegen und Gänse für unsere Kranken, Robbenöl für unsere Lampen und einige Fässer Salz von der Mittelinsel zu erhalten.

Hier starben Herr Charles Douglas, mein Bootsmann, und William Hillier, einer meiner besten Leute, an der Ruhr. Der Wundarzt hatte 14 Personen auf seiner Liste, die keine Dienste tun konnten. Wo wir im Jahre 1802 65 Gänse erlegten, bekamen wir jetzt nur zwölf. Auch war kein Salz zu haben, da der anhaltende Regen alles vorhandene aufgelöst hatte.

Am 26. Mai starb der Sergeant der Seesoldaten, James Greenhalgh, an der Ruhr, den ich herzlich bedauerte, da er durchaus die Pflichten seiner Stelle mit Eifer und Treue erfüllte. Am 2. Juni verloren wir den Quartiermeister John Draper, einen der ordentlichsten Leute auf dem Schiffe. Es schien die Ruhr gerade den schätzbarsten Teil der Schiffsmannschaft hinzuraffen. Endlich liefen wir am 9. Juni in Port Jackson ein. Vier von unserer Mannschaft starben trotz aller ihnen geleisteten Hilfe in wenigen Tagen. Der erste war Herr Peter Good, botanischer Gärtner, ein

* Vermutlich sind die beiden Riffe der Rowley Shoals oder nur eines von beiden gemeint. Das Mermaid Riff (Riff der Seejungfrau) liegt unter 119°37′ ö. L. und 17°10′ s. Br., das Imperieuse Reef (Kaiserinriff) unter 118°53′ ö. L. und 17°40′ s. Br. (Anm. des Hrsg.)

für seine Wissenschaft eifriger, verdienter, allgemein bedauerter Mann.

Leutnant Murray war mit der »Lady Nelson« nach einer etwas schwierigen Fahrt von den Barriereriffen gesund hier angekommen. Er hatte sich selbst einen Anker von schwerem Holze, das an der Küste wuchs, verfertigt, und zwar aus Furcht vor einem Unglücke, der seinen einzigen noch vorhandenen Anker treffen könne. Aber er hatte ihn glücklicherweise nicht gebraucht. Außer der »Lady Nelson« lagen in Sydney Cove das königliche bewaffnete Schiff »Porpoise«, das Extraschiff der Ostindischen Kompanie »Bridgewater«, die Schiffe »Cato«, »Rolla«, »Alexander« und die Brigg »Nautilus«. Der »Géographe« und der »Naturaliste« waren erst einige Monate, nachdem ich Port Jackson verlassen hatte, um nach Norden zu gehen, nach der Südküste abgesegelt, und bis Ende Dezember lag Kapitän Baudin bei der Kinginsel in der Bass-Straße. Daher war es nicht sehr wahrscheinlich, daß er den Carpentariagolf bis Mitte Februar erreichen würde, zu welcher Zeit ich dessen Untersuchung vollendet hatte, auch nicht einmal bis Anfang März, wenn der Südwestpassat ihm entgegenwirkt.

Wir trafen zu Port Jackson auch Herrn James Inman (dermalen Professor der Mathematik an dem königlichen Schiffahrtskollegium zu Portsmouth) an, den das Längenbüro abgeschickt hatte, um statt des Herrn Crosley, der uns am Kap der Guten Hoffnung verlassen hatte, die Expedition als Astronom zu begleiten. Der Sorge dieses Mannes vertraute ich alle größeren astronomischen Instrumente und auch die Chronometer an, nachdem Beobachtungen angestellt waren, um ihre Längen mit denen von Cattle Point zu vergleichen. Diese war auf 150°61′49″ ö. L. bestimmt worden, und der mittlere Fehler der Chronometer betrug 5′42″.

Um die Gesundheit der Schiffsmannschaft wiederher-

Eingeborener aus der Gegend um Port Jackson

zustellen, schloß ich einen Kontrakt für eine regelmäßige Lieferung von Gemüsen und frischem Fleische, und so groß war die günstige Veränderung in dem Zustande der Kolonie in einem Jahre, daß das Fleisch, einen Tag von Schweinen, den folgenden von Schafen, einen Mittelpreis von neun dreiviertel Pennies für das Pfund kostete, während es zuvor, wenn man es nur erhalten konnte, gewiß das Doppelte gekostet haben würde. Auf mein Ansuchen bei dem Gouverneur ward der Kommissar beordert, uns zwei Pipen Portwein zu liefern, und eine Pinte ward täglich allen denen, die sowohl an Bord als an Land waren und deren geschwächte Gesundheit dieses nach dem Urteile des Wundarztes bedurfte, verabreicht.

Als die zu der Gesundheit der Schiffsgesellschaft dienenden Verfügungen getroffen waren, sendete ich dem Gouverneur den Bericht von dem Master und dem Schifferszimmermann über die Beschaffenheit des »Investigators« im Carpentariagolf zu und verlangte, daß Offiziere von Seiner Exzellenz bestimmt würden, um eine Untersuchung anzustellen. Diese ward in meiner Gegenwart von Herrn W. Scott, Kommandanten des königlichen bewaffneten Schiffes »Porpoise«, Herrn E. H. Palmer, Kommandanten des Extraschiffes »Bridgewater« der Ostindischen Kompanie und Thomas Moore, Baumeister in dem Territorium von Neu-Südwales, angestellt. Ich ging mit den Offizieren um das Schiff herum und war über den Zustand der Verrottung, in dem sich die Planken befanden, zutiefst überrascht. An der Steuerbordseite des Buges waren 13 ganz dicht beieinander, deren jede man mit einem Stock hätte durchstoßen können; das war genau die Seite, durch die in der Torresstraße vor der ersten Untersuchung zwölf Zoll Wasser in der Stunde in das Schiff gesickert waren. Auf der Fahrt entlang der Südküste hatten wir eine steife Brise aus Süden, dadurch blieb die Steuerbordseite des Buges über Wasser, und das einsikkernde Wasser überstieg nicht fünf Zoll. Wäre der Wind von Norden gekommen, hätte das bißchen, was wir mit den Pumpen hätten herausholen können, kaum gereicht, das Schiff über Wasser zu halten, und ein ordentlicher Sturm, gleich aus welcher Ecke, hätte uns auf den Meeresgrund geschickt. Das einhellige Urteil war, daß der »Investigator« zu künftigem Dienste unbrauchbar sei.

Da dieses Urteil ergangen war, entwarf man verschiedene Pläne, um die Entdeckungsreise fortzusetzen, wobei man hauptsächlich den Gouverneur zu Rate zog. Was allein aber gewählt werden konnte, ohne der Regierung schwere Unkosten zu veranlassen, war die Verwendung des bewaffneten Schiffes »Porpoise«, und, da dieses Schiff

Kähne der Eingeborenen aus der Gegend um Port Jackson

zu klein war, alles, dessen ich bedurfte, zugleich mit dem erforderlichen Proviant zu fassen, das Übrige in die »Lady Nelson« unter das Kommando meines Zweiten Leutnants zu geben. Da beide Schiffe damals in Kolonialdiensten an Van-Diemens-Insel einige Wochen zubringen mußten und meine Leute nicht imstande waren, unmittelbar ein neues Schiff zu erbauen, wurden unsere letzten Anordnungen bis auf die Rückkehr derselben verschoben. Ich benutzte diese Gelegenheit, mich in die Niederlassung am Hawkesbury am Fuße der inneren Berge zu begeben. Der Genuß der gesunden Luft, verbunden mit einer vegetabilischen Diät und ärztlicher Hilfe, bewirkten bald eine große Veränderung in den skorbutischen Geschwüren, die mich seit vier Monaten untauglich gemacht hatten. Anfang Juli kehrte ich ziemlich wiederhergestellt zum

Schiff zurück. Die Kranken im Hospitale waren auch in der Wiedergenesung begriffen, und einige hatten es verlassen. Aber bei einem oder zweien war die Wiederherstellung zweifelhaft.

Am 4. Juli langte die »Porpoise« von der Van-Diemens-Insel an, und ich kam darum ein, daß der Gouverneur den Befehl zu ihrer Untersuchung erteilen möge, damit man ihre dermalige Beschaffenheit kennenlerne oder ob sie in kurzer Zeit fähig gemacht werden könnte, den Dienst, der noch zu leisten sei, zu verrichten. Ich hatte viele Nachrichten gehört, daß sie schadhaft sei, und es war schlimmer als Tollheit, sich die Mühe und die Unkosten zu machen, ein Schiff auszurüsten, welches außer einer Wiederholung der Gefahr, die wir im »Investigator« erlitten hatten, auch die Absicht der Reise unvollendet lassen könnte. Seine Exzellenz verordnete mit dem ihm eigenen Eifer für den königlichen Dienst, der ihn charakterisierte und den er in jedem Punkte, der meine Reise betraf, so auszeichnend bewies, daß sogleich eine Untersuchung der »Porpoise« angestellt werde. Es stellte sich heraus, daß außer dem Verluste eines Teils des kupfernen Beschlags, der hier nicht ersetzt werden konnte, die Vollendung der noch ausstehenden, zu der Reise nötigen Ausbesserungen derselben nicht vor zwölf Monaten geschehen könnte; und auch dann war dieses Schiff, wegen seiner geringen Größe und weil es keinen flachen Boden besaß, sehr schlecht zu diesem Dienste geeignet. Andere Anordnungen wurden daher vorgeschlagen, und ich erhielt vom Gouverneur folgendes Schreiben:

Gouvernementshaus, *Sydney, den 10. Juli 1803*

Sir!

Ich lege den Bericht über die Untersuchung der »Porpoise« hier bei und bin sehr betreten, daß die Ausbesserungen und Veränderungen dieses Schiffes zu ihrer Vollendung für den Dienst, den

Sie zu vollbringen haben, so viel Zeit erfordert. Da dieses der Fall ist, so kann ich keinen anderen Ausweg für Sie sehen, als daß Sie unter folgenden Vorschlägen wählen:

1. *zu warten bis die Porpoise ausgebessert und kalfatert ist;*
2. *die »Rolla« zu kaufen und auszurüsten;*
3. *die »Lady Nelson« und den Kolonialschoner »Francis« zu nehmen;*
4. *des »Buffalo« Rückkehr aus Indien zu erwarten, welche gegen den kommenden Januar erfolgen wird; oder*
5. *nach England zurückzukehren und um ein anderes Schiff nachzusuchen, um das zu vollenden, was Sie so erfolgreich begonnen.*

Was den ersten Punkt betrifft, so werden Sie selbst am besten bestimmen können, ob es zuträglich sei, so lange auf die Ausbesserung der »Porpoise« zu warten, da ich nicht glaube, daß solche hier in kürzerer Zeit vollendet werden könne.

Der Baumeister und Ihr Zimmermann berichten mir, daß die »Rolla« nicht weniger als sechs Monate brauche, um auch nur in einen einigermaßen passenden Zustand zur Aufnahme von Ihnen, Ihren Sachen und Vorräten gesetzt zu werden. Auch muß man in Erwägung ziehen, daß sie mit einer vollen Ladung an der Brake auf Grund lief, weshalb manche Mängel sie in kürzerer Zeit untauglich machen könnten, als Sie ihre Reise beendigen können. Hierzu kommt noch, daß ich mich selbst nicht berechtigt fühle, die Verantwortung einer Zahlung von 11550 Pfund Sterling für wenig mehr zu geben als den Rumpf, die Masten und das Tauwerk dieses Schiffes. Und der Besitzer verlangt, wie er mir gesagt hat, so viel.

Denken Sie, daß die »Lady Nelson« und der Schoner »Francis« dazu hinreichen, was Sie beendigen sollen, so stehen solche zu Ihren Diensten. Da der letztere Steinkohlen und Zedernholz holt, so kann ich nicht sagen, in welcher Beschaffenheit er sei. Aber er wird für eine lange Reise bedeutende Ausbesserungen erfordern.

Der »Buffalo« besucht jetzt die östlich von Java liegenden

Inseln, um zu sehen, ob man von denselben Zuchtvieh erhalten kann. Ist dieser Dienst verrichtet, so geht er nach Kalkutta, um eine Ladung Kühe einzunehmen, und kann etwa im Januar erwartet werden, wenn er einige Ausbesserungen gebraucht. Es ist, wenn Sie nicht darauf bestehen, ihn zu benutzen, meine Absicht, die Kolonie mit Zuchtvieh mittels des sicheren und kurzen von Ihnen entdeckten Kanals durch die Torresstraße zu versehen.

Halten Sie es nicht für ratsam, die Ausbesserung der »Porpoise« zu erwarten, so ist meine Absicht, dieses Schiff im Sommer um das Kap Hoorn nach England zu senden, welchen Weg es auch in seiner jetzigen Beschaffenheit zurücklegen kann. Aber glauben Sie, daß es endlich den Dienst, in dem Sie angestellt sind, befördern kann, wenn Sie in ihm nach England gehen, um dort die Vervollkommnung der schon begonnenen Vermessung in die Wege zu leiten, so will ich den Befehlshaber dieses Schiffes anweisen, Sie und so viele Ihrer Offiziere und Mannschaft in demselben aufzunehmen, als darin Platz finden können, und daß er Ihren Anordnungen folge und Ihnen jede Unterstützung bei jedem Umstande gewähre, der in Verbindung mit der Ausführung der Befehle steht, die Sie von den Lord-Kommissaren der Admiralität erhalten haben.

Sie, mein Herr, werden die Güte haben, obiges in Erwägung zu ziehen, und sei auch das Resultat Ihrer Überlegung, welches es wolle, so will ich herzlich gern meine Mitwirkung und meinen Beistand geben, da ich weiß, daß Ihre eifrige Ausdauer in dem Wunsche, den Dienst, den Sie so wohltätig begonnen haben, nur durch unvorhergesehene und zu bedauernde Umstände verhindert ward; welches aber, wie ich für die Erweiterung der Wissenschaften und Schiffahrtskunde hoffe, nur ein einstweiliger Verzug war.

Ich bin usw.

Philip Gidley King.

Jeder von dem Gouverneur vorgeschlagene Plan war mit demselben Nachteil verbunden: der Verzögerung der Vermessung. Gegen den letzten Vorschlag schien keine Einwendung gemacht werden zu können. Aber die vier ersten führten so viele Beschwerlichkeiten und Nachteile sowohl für die Expedition als auch für die Kolonie mit sich, daß ich die Notwendigkeit einsah, des Gouverneurs Meinung beitreten zu müssen, trotz dem Widerwillen, nach England zurückzukehren, ohne die Absichten, in denen der »Investigator« ausgerüstet ward, völlig ausgeführt zu haben. Meine Wahl war daher, mich als Passagier auf der »Porpoise« einzuschiffen, um meine Karten und Tagebücher den Lord-Kommissarien der Admiralität vorzulegen und, beliebte es denselben, ein anderes Schiff zu erhalten, um die Erforschung des Australlandes zu vollenden. Der letzte Dienst, den ich der Kolonie mit meinem Volke erweisen konnte, war, daß ich noch einige Ankertiefen in Sydney Cove bestimmte. Als dieses vollbracht war, verließen wir das Schiff, dessen Rumpf nun als Magazin diente, am 21. Juli 1803 und bereiteten uns zur Abfahrt vor.

Die »Porpoise« ward von Herrn William Scott, einem alten Schiffskapitän, kommandiert. Da aber er und der größte Teil seiner Mannschaft den Wunsch um Entlassung erklärt hatten, so ward dies erfüllt und Herr Fowler, Erster Leutnant des »Investigator«, erhielt das Kommando, und eine andere aus 38 Personen bestehende Mannschaft aus der Schiffsgesellschaft wurde gewählt. Andern Personen überließ man die eigene Wahl, ob sie sich anschließen wollten. Der Wundarzt ging auf dem »Bridgewater« nach Ostindien. Der Kanonier blieb zurück, um für die Geräte des »Investigator« zu sorgen. Herr Evans, der Unterschiffer, ward krank im Spitale zurückgelassen. Die Herren Brown, Bauer und Allen blieben zu Port Jackson, um ihre naturhistorischen Forschungen bis zu meiner Ankunft in einem anderen Schiffe fortzusetzen oder bis 18 Monate vergangen wären, ohne Nachricht von der Fortsetzung der Reise erhalten zu haben. Neun Mann erhielten auf ihr eigenes Gesuch den Abschied, und die 22 übrigbleibenden Offiziere und Mann, mich eingeschlossen, schifften sich als Passagiere auf der »Porpoise« ein.

Worterklärungen

Bramsegel	oberstes Segel
Brigg	Schiff mit zwei vollgetakelten Masten mit Rah- und Gaffelbesegelung
Carronade	Schiffsgeschütz, benannt nach dem Ort der ersten Herstellung, der Gießerei der Gebrüder Carron in Schottland. Seit 1779 als Oberdecksgeschütze verwendet.
H. M. S.	*H*is *M*ajesty's *S*hip, Seiner Majestät Schiff, steht vor dem Schiffsnamen.
kalfatern	die Fugen des Schiffsrumpfes mit Werg und Teer abdichten
Lee	die dem Wind abgewandte Seite, z. B. eines Schiffes; hier auch für die der Strömung abgewandte Seite eines Riffs gebraucht.
Manglebaum	Mangrove, Charakterbaum der im Gezeitenbereich liegenden Küsten der Tropen
Pastinak	30 bis 100 cm hohes, gelbblühendes Doldengewächs, dessen fleischige, nach Möhren riechende Wurzeln früher in Europa oft als Gemüse gegessen wurden. Als Nahrungspflanze verlor der Pastinak seine Bedeutung durch die Ausbreitung der Kartoffel.
Theodolit	Gerät zum Messen von Horizontalwinkeln für die kartographische Aufnahme
warpen	dazu wird ein Anker mit einem Boot vorausgefahren und auf den Grund fallengelassen. Durch das Einholen des Ankertaues wird das Schiff dann vorangezogen, Anwendung meist bei Flaute oder Gegenwind in flachen Gewässern.

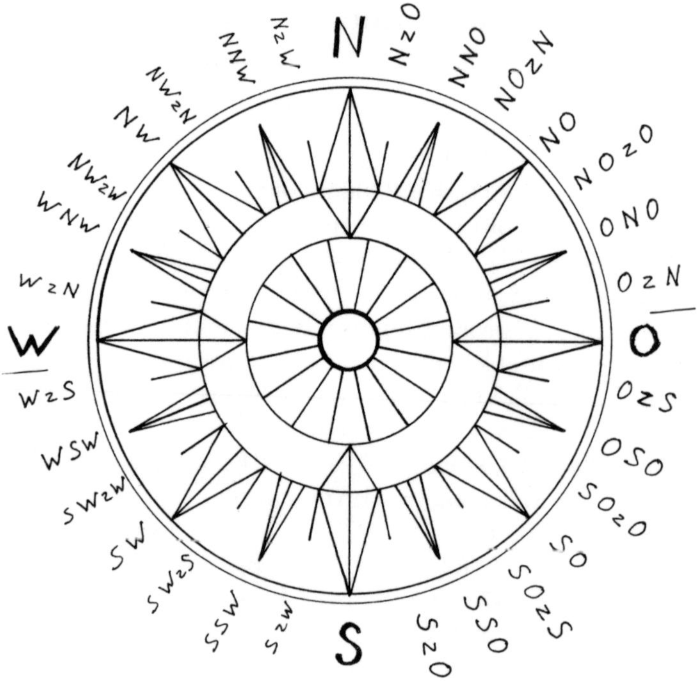

32teilige Kompaßrose, wie sie auch von Flinders im Text zur Richtungsangabe verwendet wird.

Maße und Gewichte

1 Acre = $4047 m^2$
1 Bushel = 36,369 l
1 Faden (= 6 Fuß) = 1,8288 m
1 Fuß (= 12 Zoll) = 0,3048 m
1 Kabellänge = ⅛ Seemeile = 231,625 m
1 Linie = 2,18 mm
1 League (= große Meile) = 3 Meilen oder Seemeilen (Flinders unterscheidet nicht zwischen beiden) = 4,828 km bzw. 5,565 km
1 Meile = 1,609 km
1 Pfund = 453,544 gr
1 Pikul (in Makassar) = 61,51923 kg
1 Pint = 0,568 l
1 Pipe = 476,9018 l
1 Quart = 1,137 l
1 Seemeile = 1,853 km
1 Yard = 0,9144 m
1 Zoll = 0,0254 m

Literatur

Allgemeine Geographische Ephemeriden. 3.–46. Band. Weimar, 1799–1815 (enthält zahlreiche Aufsätze und Mitteilungen zur Entdeckungsgeschichte Australiens).

COLWELL, MAX: *The Voyages of Matthew Flinders.* London, New York, Toronto, 1970.

FLINDERS, MATTHEW: *A Voyage to Terra Australis; undertaken for the purpose of compleating the Discovery of that Vast Country, and prosecuted in the years 1801, 1802 and 1803 in His Majesty's Ship the Investigator.* 2 Bände und Atlas. London, 1814.

FLINDERS, MATTHEW: *Reise nach dem Australlande, in der Absicht die Entdeckung desselben zu vollenden; unternommen in den Jahren 1801, 1802 und 1803 von Matthew Flinders.* Aus dem Englischen von Ferdinand Götze. = Neue Bibliothek der wichtigsten Reisebeschreibungen. 6. Band. Weimar, 1816.

HENZE, DIETMAR: *Enzyklopädie der Entdecker und Erforscher der Erde.* Graz, 1975 ff.

PÉRON, FRANÇOIS / FREYCINET, HENRI: *Voyage des Découvertes aux Terres Australes, exécuté par Ordre de Sa Majesté l'Empéreur et Roi, Sur les Corvettes le Géographe, le Naturaliste et la Goelette le Casuarina. Pendant les Années 1800, 1801, 1802, 1803 et 1804* . . . 2 Bände und 2 Atlasbände. Paris, 1807 bis 1816.

TOOLEY, R. V. / BRICKER, CHARLES / CRONE, GERALD ROE: *Landmarks of Mapmaking.* New York, 1976.

Bildnachweis

FLINDERS, MATTHEW: *A Voyage to Terra Australis; undertaken for the purpose of compleating the Discovery of that Vast Country, and prosecuted in the years 1801, 1802 and 1803 in His Majesty's Ship the Investigator.* 2 Bände und Atlas. London, 1814: 23, 30/31, 35, 45, 58, 59, 62/63, 65, 68/69, 106, 109, 116, 142/143, 166/167, 179, Vorsatz, Nachsatz.

PÉRON, FRANÇOIS / FREYCINET, HENRI: *Voyage des Découvertes aux Terres Australes, exécuté par Ordre de Sa Majesté l'Empéreur et Roi, Sur les Corvettes le Géographe, le Naturaliste et la Goelette le Casuarina. (...) Paris, 1807 bis 1816: 88, 102, 126, 127, 135, 138, 139, 147, 157, 189, 224/225, 269, 272, 278, 280.*

VERLAGSARCHIV: Frontispiz 47, 157.

Die Kompaßrose zeichnete der Herausgeber des vorliegenden Bandes, Wolf-Dieter Grün, nach einer alten Vorlage.

Die Illustration auf dem vorderen Vorsatz zeigt eine Bucht an der Nordküste der Känguruhinsel; die Abbildung auf dem hinteren Vorsatz dokumentiert die Katastrophe, die sich während der Heimreise der Expedition ereignete, als Flinders' Schiffe an einer Sandbank strandeten.

Matthew Flinders
Die erste Umsegelung Australiens
ISBN 3 522 61150 0

Umschlaggestaltung: Michael Kimmerle, Stuttgart
Abbildung auf der Umschlagvorderseite: AKG, Berlin
Satz: Utesch Satztechnik, Hamburg
Schrift: Baskerville
Druck und Bindung: Friedrich Pustet, Regensburg

6 5 4 3 2 01 02 03 04